세상을
여는 사람들 (1)

세상을 여는 사람들 (1)

ⓒ 박광석, 2022

초판 1쇄 발행 2022년 5월 15일

지은이   박광석
펴낸이   이기봉
편집   좋은땅 편집팀
펴낸곳   도서출판 좋은땅
주소   서울특별시 마포구 양화로12길 26 지월드빌딩 (서교동 395-7)
전화   02)374-8616~7
팩스   02)374-8614
이메일   gworldbook@naver.com
홈페이지 www.g-world.co.kr

ISBN   979-11-388-0953-5 (03190)

한 글 은   뜻 글 이 다

세상을
여는 사람들 (1)

혜자 **박광석** 지음

좋은땅

- 차 례 -

1. 책 머리에 - 혜자와 우리말의 이해

지금까지 우리 민족이 사용하고 있는 우리말은 옛말과는 다르게, 유기체처럼 처음에 만들어진 의미와는 조금씩 다르게 변화되어 왔으므로, 이 글을 쓰는 이유는 지금까지 사용하면서 말이 변화되는 이치와, 변화의 방향을 알고 앞으로 우리말이 어떻게 변해야 하는가를 제시하고, 바르게 쓸 수 있는 근거를 알리는 데 있습니다.

그리고 우리말이 처음 만들어질 때부터 가진, 신중하고도 철저하게 영적인 깨달음으로 인도하게 되며, 이는 믿음이 아닌 당연한 하늘의 이치로서, 저절로 이루어지는 작용을 안내하는 우리말의 가치를 되살리는데 있다고 할 수 있습니다.

우리말에 숨겨진 뜻과 그것을 표기하는, 부호로서의 우리글이 제시되는 방향을 알고, 서로 다른 말을 이어서 볼 수 있는 길을 안내하고, 함께할 수 있도록 하는 우리글을 재조명하고자 합니다.

도중에 끊어지지 않고, 계속 연구하여 새롭게 변할 수 있는 열쇠가 되어, 우리말과 자기의 인생을 함께 바라볼 수 있는 척도와 자리가 되도록, 보장되는 일을 함으로서 앎과 씀이 되어 지도자로 이루어지는 소질과, 지도로 되는 우리글이 가진 그 속을 열어보므로, 스스로 변하게 되는 자신의 속과 함께 내면적 성장을 하게 된다는 것을 알게 됩니다.

이 책을 읽음으로서 우리글은 이렇게 세상과 우리를 변하고, 성장하게 하는 힘을 가지고 있으면서도, 지금까지 아무도 모르고 살아왔다는 것을 알게 되리라 확신합니다.

우리글은 인종차별하지 않고 널리 알려서, 우리의 영혼이 자랄 수 있는 영적 가르침의 교본으로 보아도, 손색이 없다고 할 수 있습니다.

우리글이 왜 인정받지 못하는가를 알고 변해야 하는 지도서로서, 우리글이 뜻글로서 가르침을 보여 주고 있다는 것을, 알고 스스로 고쳐 나간다면 지도를 받은 자로서, 외적으로는 인정되고 내적으로는 스스로 성숙하게 되는 자리는, 이미 예정된 것과 같다고 할 수 있습니다.

이 자리를 빌어 모르는 것은 묻고 알려서, 이 자리를 더욱 재미있게 함께 만드는 정성으로 보여드릴 수 있도록, 빠짐없이 열어 나가겠습니다.

이후로 이해가 되지 않거나, 서로 의견이 다른 분은 서로 바른 앎이 될 수 있도록 도와주신다면, 자랄 수 있는 기회로도 좋고, 마음을 하나로 모을 수 있는 기회로서도 우리글은 더욱 빛나게 되리라 생각하며, 앞으로 완성된 우리글이 저절로 이루어질 수 있도록, 두 손 모아 기원하면서 인사를 올립니다.

혜자 박광석 드림.

2. 혜자의 '글'에서 '길'을 찾는 법

지금부터는 쓴 글이 난해하다거나, 알듯하면서도 모르겠다거나, 잡힐듯하면서도 저만큼 멀어지는듯하다는 말씀을 자주 듣습니다.

아주 정확한 표현입니다.

그래서 혜자의 글은 읽는 것이 아니고, 보는 것입니다.

처음에는 일렁이는 물결로 보이지 않는 물속을 가만히 바라보면, 저절로 보이듯이 혜자의 글은 보이지 않는 속을 볼 수 있는 눈을 요구하는 글입니다.

혜자가 쓴 글을 한번 읽는 것으로 다 알려고 하지 마십시오.

혜자도 지난날의 글을 반복하여 보고 있습니다.

혜자의 글에는 보이지 않는 길이 있습니다.

그렇습니다.

눈 밝은 자는 금방 지나온 길이, 아! 하고 환하게 무엇이 보였다는 것을 알아보실 수 있습니다.

가야하는 '길'을 눕혀서 보면 '글'이 되는 이유는, '길'의 중성 모음 'ㅣ'를 뉘이면 'ㅡ'로 되는 이치로서, 보는 자의 위치에 따라 'ㅡ'로도 보이며 'ㅣ'로도 보이는 것은, '글'과 '길'의 뜻은 전하고자 하는 메세지의 정보는 같으나, 방법이 서로 다름으로서 서로 다르게 보이는 이치입니다.

글을 보고 길을 알듯이, 혜자의 글 속에서는 삶의 길을 찾는 자만이 가질 수 있는 것입니다.

땅속에 숨겨진 금광을 찾듯이 말입니다.

혜자의 글 속에는 그런 광맥처럼 숨겨져 있다는 것을 예전부터 알고서 스스로 광맥을 찾듯이 살피게 되었던 것입니다.

여러분도 모르면 물으면서 함께 광맥을 찾듯이, 혜자의 글은 읽지 마시고 살펴보시기를 권합니다.

3. 한글이 배면 한자는 승무원이다

오늘의 이야기는 우리글과 한자의 작용에 대해서 말씀드리도록 하겠습니다.

한글로 '명'이라고 적어 보면, 어떤 의미로서 쓰여졌는가를 알 수 없습니다.

그래서 우리글은 각각의 소리로만 전달되는 글자가 아니라, 각각의 의미를 담은 부호들을 모아서 문장으로 이루어집니다. 자기의 소질을 드러내는 성질과 같이, 혼자 있는 자리에서는 알 수 없으며, 드러나지 않는 재주나 능력이, 여럿이 함께할 때에는 그 능력이 드러나게 되는 것은, 우리글이 가지는 성질과 우리글을 사용하는 국민성은 서로 같다고 할 수 있습니다. '명'이라고 하는 글을 의미로 보면, 한자로는 밝을명明, 어두울명瞑, 울명鳴, 이름명名, 목숨명命, 새길명銘 등, 여러가지의 의미로 분류되어 쓰이는 글자이므로, 혼자서는 어떤 자리에 있든지 자기의 존재를 드러내지만, 함께하는 자리에서는 자기의 존재가 여럿에게 희석되어, 서로의 전하고자 하는 의미가 희석되어 선명하게 가치를 발휘하지 못하게 되는 것이 한자가 가지는 언어적 특성입니다.

우리글은 '명'이라고 쓰고서 무엇을 의미하는지는 정확하게 알 수 없으므로, 전체적인 흐름에 동조하는 작용을 함으로서, 스스로 의미를 가질 수 있는 세부적이거나, 정확한 의미전달을 할 수 있는 전체와 부분을, 빠르게 이해할 수 있는 현명함을 요구하기도 합니다.

그래서 우리글은 긴소리나 짧은 소리로서, 구분하여 보완이 되게 하는 이유이기도 합니다.

길게 하는 소리와 짧게 하는 소리는, 어떻게 구분되어지는가 는 아직도 분명한 규정이 없으므로, 전래되어진 말소리에서 찾는 어리석은 현실입니다.

어떻게 구분되어져야 하는가의 올바른 규정은, 지칭하는 사물 이나 대상이 큰 것은 큰 소리, 작은 것은 작은 소리, 낮은 것 은 낮은 소리, 긴 것은 긴소리, 짧은 것은 짧게 하는 소리로 서 구분되어져야 한다는 것입니다.

그리고 우리글이 구성되는 원리와 이어져 사용되는 의미를, 정확하게 파악되지 않으면 우리글을 사용하면서도, 매우 어려 운 체질로 변하게 하는 작용을 합니다.

그래서 앞으로 한글이 만들어지는 제자원리와, 구성체계와 이 어진 글을 알아보면서, 우리말과 글에 숨겨진 의미를 찾아보 도록 하겠습니다.

'배우지 않아도 알게 되는 이유는, 알고 있지 않으면 불가능 하다'는 것을 믿지 않는 분은, 이 글을 보실 필요가 없습니다.

이 글은 예전에 쓰고 싶었던 것을 기회가 없어서, 이번 생에 서 그 일을 하려고 하는 이유입니다.

그러므로 글의 내용 중에 현재 알고 있는 지식과 다를 수 있 으므로, 혼돈하지 마시기를 당부를 드립니다.

아직은 여기에 게재된 내용을 알고 있는 자는 오직 한 사람 이므로, 이런 것을 '두고 보면 안다'고 합니다.

두고두고 읽으시면서, 공감하면 함께하시고 그렇지 않으시면 용기를 꺾지 마시고, 두고 보신다면 이 글을 쓰는 일이 힘들지 않고도 할 수 있으리라 생각합니다.

전부와 전체를 바라보는 최고와 최저로 된 지금의 자리에서, 모르는 길을 찾듯이 앎이 씀으로 이어져, 변하게 하는 글로 이해하시기를 바랍니다.
마음으로 쓴 이 글은 혜자의 생각과는 다를 수도 있다는 것을 알고, 이제부터의 글을 읽어 주신다면 고맙겠습니다.
앞으로는 재미있고 유익한 글로서, 두고서 보아도 좋고, 가지고 놀아도 좋은 절대자(절대적인 잣대-진리, 절대적인 척도)의 자리에서 볼 수 있도록 조심해서 계속하겠습니다.

훗날 이 글을 다 읽으시고 다시 처음부터 보실 때는, 스스로 얼마나 자라게 되었는가를 알게 됩니다.
그때가 하루빨리 오게 하실 수 있는 분은, 이 책을 읽는 오직 자신과 혜자 뿐입니다.
여기의 글은 알 듯 모를 듯, 복잡하게 보이다가도 갑자기 단순하게 보여 지게 되는 작용이 될 때는, 스스로 성장하였다는 것을 알게 하므로, 고민하실 필요는 없습니다.

이것은 점과 점이 서로 떨어져 있을 때는 전혀 다른 별개로 보이게 되지만, 서로 이어서 보면 하나의 선으로 이루어지듯이, 제주도와 거제도는 전혀 다른 섬이지만, 바닷물을 걷어 내면 하나로 이어져 있다는 것을 금방 알게 됩니다.
우리의 지식이나 관점도 역시, 지금까지의 지식, 관념, 인식 등의 한계로서 그러하다는 것을, 영적인 성장과 내면의 성숙을 통하여, 저절로 알게 되는 것입니다.

이러한 관점의 변화를 스스로 알게 하고, 삶이 변하게 되고, 그리고 앞으로 변하게 되는 것을 제시하는 것으로, 정상으로 이르게 하는 지도는, 우리가 너무나 흔하고 쉽게 사용하고 있는 우리말에 있었다는 것을, 지금부터 하나하나 풀어 나가겠습니다.

4. 우리말 우리글 속에는
    세상을 바꾸는 사상이 있다

우리글은 훈민정음에서 이루어진 글이라는 것은 누구나 알고 있으며, 그 뜻은 백성을 가르치는 올바른 소리라는 뜻입니다. 말이나 글도 유기체와 같이, 역사와 시간을 지나면서 변하게 되는데, 그 변화는 진화(살아남)와 퇴화(사라짐)의 방향을 가지게 됩니다.

창제된 훈민정음의 원문을 보면, '백성을 가르치다'라는 내용이 있습니다.

다시 말해서 '모르는 것을 알게 하기 위해서 올바르게 백성을 가르치는 말씀(소리)'이라는 뜻입니다.

세종대왕께서 가르치려 한 것은 백성의 삶을 '모름'에서 '앎'으로 이어지게 하고자 하였습니다.

'모름'이라는 글을 살펴보면, '모'와 '름'으로 이루어진 합성어입니다.

'모'에 대해서 먼저 설명을 드리자면, 자음 'ㅁ'과 모음 'ㅗ'로 조립된 글입니다.

먼저 ㅁ은 각각의 모서리에 꼭지점으로 이루어진 각을 가지고 있으므로, 어떤 유형의 형태를 가진 물질적인 형체를 그림과 같은 의미로서 표현하고 있습니다.

그래서 ㅁ의 의미는 형태를 가진 물질적인 의미를 표현하는 부호이며, 상대적으로 ㅇ은 각이 없으므로 형태가 없는 무형이나, 정신 등의 비물질을 의미하는 부호입니다.

ㅁ과 ㅇ은 우리글에서 아주 중요한 의미를 가지고 있으며, 앞으로도 자세하고 자주 언급되며, 반복하여 설명하므로 꼭 이

해를 하시기를 권합니다.

사람은 생명을 가지고 성장하는 영성체로서, ○의 영혼과 □
의 육체와 결합된 존재입니다.
부호로 보면 □으로 표현되는 물질적인 육체와, 내면의 ○과
합쳐진 ▣ 으로 볼 수 있습니다.
그래서 앞에서 말씀드린 **'모름'**의 속을 살펴보면, □의 속에는
○이 들어 있으므로, '모름'의 □속에 들어 있는 ○으로 보면,
'오름'이 내재되어 있다는 것을 알 수 있습니다.
이러한 구조는 앞으로 자주 반복하여 설명되며, 다른 글에서
도 많이 발견할 수 있으므로, 점차 자세하게 설명을 드리겠습
니다.
다시 설명을 드리자면, 세상에 존재하는 모든 만물은, 스스로
진화하여 성장하고자 하는 의식으로서 진화 즉 '오름'을 원하
지만, 그 과정에서 바로 다가오는 처음의 과정은 애기가 걸음
마를 배울 때 넘어지듯이, 오름의 시작은 모름으로부터 시작
하며, 모름은 알려고 하는 작용으로서 무름(물음)을 통하여
아름(알음, 앎)이 되는 것입니다.
모름은 아름(알음)으로 이루어지기 전의 과정으로서, '무름
(물음)'의 과정을 거쳐 아름(알음)이 되어, 무엇인가 알게 되
었을 때, '아!'라고 속으로부터 터져 나오는 감동스러운 우름
(울음, 울림)으로 이어져 나타나게 됩니다.

내면에서의 오름으로 이르고자 하는 열망을 이루게 되는, 자
신의 속에서 떨림이 '울림'이 되어, 겉으로의 육체를 통해서
드러나는 소리를 '울음'으로 나타나는 이치로서, 울림 → 울름

→울음(모음 ㅣ → ㅡ 로의 변화)으로 이루어지게 됩니다.

이는 살아가는 '일'의 명사형으로 적어보면 **'일임'**이 됩니다.

이를 세로쓰기로 적어보면 임 이 되며, 이루고자 하는 진화

의 일을 하는 존재의 의미로서 ㅣ를 뉘이면 ㅡ로 변하므로,

임 으로 되어 이루어 '이르러다'라는 뜻의 이르럼, 즉 이름

은 를 이게 되는 이치입니다.

그래서 이름은 태어나서 처음으로 가지는 목표와 같이 살면

서 이루어야 할 일임을 의미하는 말입니다.

태중에서 태동으로서 이루어지는 '울림'은 몸 밖에서는 '울음'

으로 변하게 되는 것으로서, '림'의 모음 ㅣ → ㅡ로 변하여 '

름'으로 변하는 구조로 이루어진 같은 예입니다.

경상도에서는 '모르다'라는 말을 '모리다'라고 하는 것과 같으

며, 여러 많은 말에서도 ㅣ는 ㅡ로 이어져 변하게 되는 구조

의 말을 발견할 수 있습니다.

'모르다'의 중간자 '르'를 살펴보면 'ㄹ과 ㅡ'로 조립되었으며,

모음 ㅡ는 ㅣ에서 변하여 이루어진 구조임을 다음의 글에서

는 더욱 자세하게 알 수 있습니다.

사람이 살아가는 삶의 과정은 처음의 ㅣ에서 ㅡ로 이어져 변

하며, 이러한 변화는 진행하는 방향을 의미하며, 처음 몸을

가지고 태어날 때의 몸을 알몸이라고 하듯이, '알'이 자라서

부화되어 자식을 가지게 되는 것과 같이, 알'의 ㅏ는 ㅜ로 변

함으로 울림이 되는 '울'은 기본형 '울이다'이며, 이는 세상을

살아가며 펼치는 모양의 '우리다'로 변합니다.

성장의 의미를 가진 ㅣ는 세로축 또는 저절로 축으로서, 성숙

의 의미를 가진 ─ 는 가로축 또는 스스로 축이라고 합니다. ㅣ가 90° 회전하면 ─로 변하여 회전하는 순환구조를 가지고 있다고 할 수 있습니다.

이러한 구조로 이루어진 우리글을 살펴보면 '어린'의 종성 '린'을 살펴보면 중성모음 'ㅣ'가 자라서 고개를 숙이듯 90° 회전하면 ─로 변하므로, **'어린'**은 **'어른'**으로 변하게 된다는 것을 알 수 있습니다.

'어린'이 자라면 **'어른'**으로 변하게 되는 것은 당연하듯이, '어린'과 '어른'은 전혀 다른 뜻을 가진 말이지만, 이렇듯 전혀 다른 점과 점이 서로 이어져, 하나의 선으로 보여 주고 있음을 알게 하는 말입니다.

앞으로 언급될 여러 많은 글에서도, 같은 구조의 이치를 가지고 있음을 확인할 수 있습니다.

모름의 종성 '름'에 대해서 설명을 드리자면, 초성자음 ㄹ과 모음 ─와 종성자음 ㅁ으로 구성되었습니다.

각각의 초성과 종성의 자음이 가지는 의미에 대해서는 나중에 별도로 설명하기로 하고, 우선 중성으로 이루어지는 모음은 훈민정음에서는 · ─ ㅣ을 원방각으로 천지인을 상형했다고 기록되어 있습니다.

훈민정음은 모음을 천, 지, 인의 의미를 부여하여 · 을 하늘처럼 둥글다는 의미와, ─는 땅처럼 평평하다는 의미와, ㅣ는 사람이 바로 선 형상의 의미로 설명하였습니다.

이는 훈민정음이 만들어지기 훨씬 이전부터 사용되어진 말과 부호이며, 훈민정음으로서 글자를 이루어 모음으로 사용되고 있으나, 지금까지 그 뜻은 전혀 알지 못하고 쓰이고 있었음을 앞으로의 설명되는 글에서, 선명하게 알 수 있도록 하였습니다.

이것은 당시의 상황에서, 한자의 음운구조와 훈민정음 창제되기 훨씬 이전의 고시대로부터 사용되어 온, 여러 부호들을 참고하여 만들었음을 짐작케 하는 것이며, 그래서 사용되었던 각 부호로서 가지는 의미를 제대로 알지 못했던 것이라 생각하며, 앞으로의 글에서 이를 증명하게 됩니다.

자음 '르'은 무형의 ㅇ이 반복되는 회전운동을 통하여, 이루어지는 ㅁ로 변하기 이전의 진행과정으로서,   처럼 태극의 모양과 같이 운동이 계속되는 진행형의 의미라고 볼 수 있습니다.

그리고 모음 ㅡ는 앞에서 설명을 드린 것과 같이, 진행방향에 따라서 ㅗ, ㅛ, ㅜ, ㅠ로 표현되며, 모음 ㅣ는 ㅓ, ㅕ, ㅏ, ㅑ로 작용되는 진행방향에 따라서, ㅣ는 자라서 ㅡ로 진행되는 구조이므로 '름'은 '림'에서 진행되었다는 것을 알 수 있습니다.

르은 그림과 같이 ㅇ에서의 반복되는 회전운동   은 작은 변화로 연속함에서 이루어진 모습이며, 고정되지 않은 작은 비틀림으로서 계속 이어지는 진행형임을 보여주는 과정이므로, '림'은 '임'의 초성자음 'ㅇ'에서 '르'의 과정을 거쳐 각각 분리되어, 물질적인 형체를 이루는 'ㅁ'으로 이루어지게 되는 과정으로 알 수 있습니다.

그리고 '모름'을 풀어 보면 '모림'에서 변화되었으며, 이는 '모임'에서 변화되었다는 것을 앞글에서 이미 알게 되었듯이, '모름'의 바탕이 되는 의미는 '**모** 이다(임)'입니다.

'모'라는 글자의 쓰임새를 살펴보면, 모서리, 모름, 모판, 모심기, 모자람, 모습, 모퉁이, 모든, 모두, 모종 등으로 볼 수 있듯이, 아직은 덜 자라고 원만하지 못한 미완성의 모습으로서 드러나지 않고, 숨겨져 보호받으며 자라야 할 것을 의미한다는 것을 알 수 있습니다.

이와 같이 '모'의 다음 과정으로 자라고 채워져 스스로 힘을 발휘하여 활활 불타듯이 변하게 하는 일을 할 수 있는 어른이 되는 체질을 '부(불)'이라고 합니다.

그래서 합쳐진 이름이 부와 모가 합쳐져 부모라고 하며, 부(불)로 될 수 있는 것은 씨앗에서 그 바탕이 되는 밭에서, 싹이 트기 이전의 씨앗과 같이 숨겨진 모습을 '모'라고 합니다.

'모'의 뜻을 더 자세하게 살펴보면, 덜 자라고 덜 채워진 상태를 '모자람'이라 하며, 이것은 '모 자람'의 의미로서 '모가 자란다'라는 뜻입니다.

둥근 원형이 되기 이전의 각이 지고 뾰족하여 덜 깎여진 곳은 모서리, 평평하지 못하여 굴곡이 되어 구석진 곳을 모퉁이라 하고, 나무로 자라기 전에 어린 묘목을 모종, 모종으로서 안전하게 싹을 틔우기 위한 곳을 모판이라 하며, 벼가 되는 나락으로 자라기 전에는 모라 하며, 이를 논에다가 심는 것을 모심기라 합니다.

그리고 모습이라는 말은 형태를 갖추기 이전의 변화가 진행 중인 내면적인 것을 표현한 말이며, 물질적인 겉으로 완성되기 이전의 모가 있는 형태를 모양이라고 하며, 이러한 말은 둥근 원형을 완성체로 기준으로 하는 척도로서 의미를 가지고 있습니다.

이러한 의미를 다시 살펴보면 '모이다'는 '모 이다'와 같이 작은 것과 숨겨진 것들이 채워지고 깎이고 자라게 되면, '모이다'는 '보이다'와 같이 진행되어 아주 작은 티끌도 저절로 보여지게 되는 이치입니다.

모이기 이전에는 보이지 않다가 거듭될수록, 자라면 보이는 것과 같은 이치로서, ㅁ은 다음의 과정으로 변하여 ㅂ으로 이루어집니다.

이것은 'ㅁ'이 씨앗이 되어, 위쪽으로 싹이 난 모습과 같은 모양이 'ㅂ'의 의미와 같습니다.

이렇듯 우리글 자음 ㅁ이 자라서 ㅂ으로 이어지는 의미입니다.

앞으로 더욱 자세하게 자음이 만들어지고 변하게 되는 이치를 쉬운 그림으로 그려서 보이도록 하겠습니다.

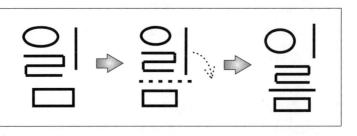

5. 태양이 아니라, 해라고 불러야 한다

부모가 어린 자식에게 걸음마를 가르치듯, 스승이 제자에게 반복하여 가르치며 하는 말로서

"매일 동이 트는 해는, ○을 바탕으로 도는 하늘의 둥근 해와 그 이치가 같아서, 도 + ○ = 동(해)이 틈으로서 세상을 밝아지게 합니다."

이것을 세상에서는 '동이 트다'라고 하며, 스스로 돌아가는 ○을 바탕으로 해서 '도가 트다'라고 합니다.

또한 '하는 일의 이치를 꿰뚫어 훤하게 잘 알다'라는 뜻으로 '도가 트다'라는 말을 흔히 사용하듯이, '트다'라는 말은 '비틀다'라는 뜻으로서, 비틀지 않으면 고정된 자리에서 맴돌게 되므로, 우리의 사고도 비틀어야 트이게 됩니다.

아침에 처음 보는 해는 잠에서 깨어 일어나, <u>해를 보자</u> 라고 하고, (**해보자**)

처음 해보는 서툰 일처리에 다시 반복하며, 다시 <u>해 보아라</u> 라고 하고, (**해보아라**)

날이 저물어, 지는 해를 <u>해 진다</u>라고 하는것은 (**해진다**)

'해보자'는 애기가 서툰 걸음마 배울 때 하는 말이며 (**배움**)

'해보아라'는 배운 걸음마를 혼자서 할 수 있을 때 하는 말이며 (**자람-가르침**)

'해진다'는 스스로 혼자서 걸음을 걸을 수 있을 때 하는 말입니다. (**일=재미, 보람**)

도를 이루어 전해오는 도가(道家)나, 불교적 큰 깨달음으로
전해오는 선가(禪家)에서는, 큰 깨달음을 얻은 큰 스승을 큰
도둑이라고도 합니다.

큰 도둑이라고 하는 이유는 큰 홍수나, 나라의 난리를 예방할
수 있는 큰 지혜의 둑을 쌓은 것과 같이, 많은 사람을 보호하
는 자로서, 홍수나 난리 등의 세상의 잘못을 바른 이치로서
전함으로서, 낡고 잘못된 지식은 아무도 모르게 훔쳐가는 것
으로서, 세상의 큰 도둑 또는 세상을 훔치는 도둑이라고 합니
다.

그 속의 의미는 큰 깨달음의 도로서 높은 둑을 쌓을 만큼, 도
력이 높다는 뜻을 가지고 있습니다.

이는 갈릴레오가 지동설을 세상에 밝히면서, 낡은 지식의 지
각설을 훔쳐 간 것이라고 할 수 있는 것과 같습니다.

세상의 사람들은 쉽게 알 수 없는 하늘의 귀한 보물이라 할
수 있는, 수준이 높은 하늘의 이치로서 이루어진 진리를, 세
상에서는 자연의 이치, 즉 큰 도를 이루게 되어야 알게 되는
것입니다.

높고 귀하여 오르기 어려운 하늘의 보물이라 할 수 있는 진
리를 훔쳐와, 이 세상의 사람들에게 지혜로서 바른 앎을 알게
해 주려는 마음으로, 하늘로 이어진 길을 가도록하는 제시하
는 앎을, 도 또는 진리라고 하며, 말(馬)로 보면 천마(天馬)
를 타고 하늘, 즉 진리로 이루어진 이상의 세계를 달리는 것
이며, 하늘의 이치를 알게 하는 말(馬)은 말(言)과 같아서 이
를 도(道)라고 합니다.

우리가 일상적으로 흔히 쓰고 있는 말 속에 숨겨진 그 이치를 제대로 안다는 것은, 빠르게 달리는 천마를 타고 하늘을 향해 달려서, 하늘에 있는 보물인 진리의 깨달음으로 이르게 하는, 우리말 속에 숨겨진 그 진리의 뜻을 생활화로 이룰 수 있다는 것을 의미합니다.

하늘에 이르게 하는 천마(天馬)는 처음의 서툰 걸음마로 시작할 때 '해보자(동이 트다) → 해보고 또 해보면 → 해진다(도가 트다).'로 이루어지는 ㅇ으로 작용하는 지도와 같습니다.

하루의 해는 높은 하늘을 오르게 하는 것과 같은 작용을 함으로, 서툴게 시작하여 바르게 알게 되는 것으로 하는 **'말'**과, 바르게 실천하고 행동하는 것으로 쓰여지는 **'씀'**은 서로 합하여 진리의 **'말씀'**으로서 함께 하게 됩니다.

처음 일을 배울 때는 누구나 서툰 일솜씨였으나, 하루의 밝은 해는 부모님과 같이 앞선 선지자의 **'말씀'**이 지도가 되어, 스스로 세상을 밝게 비추듯이 지도를 따라 원하는 것을 '이루어질 때'의 보람으로, '해 질 때'의 저녁노을은 성장과 성숙의 힘든 과정을 거쳐 이루어지는 배움과 자람의 모습은 해가 지는 저녁노을과 같이 참 아름다운 이유이라고 할 수 있습니다.

'동이 트다'라는 말은 종성자음 'ㅇ(이치)'을 바탕으로 해서 이루어진 '도가 트여져 세상도리에 밝아지다'라는 뜻으로서, 어두운 세상의 일에 대한 지혜가 열린다는 뜻이므로, 동이 틈으로서 세상을 밝게 비추게 되는 것과 같으며, 이는 서로 이어진 말로서 각각 다르게 쓰이지만, 의미로서는 이어져 있다는 것을 알 수 있습니다.

'해'라는 것은 '해 보고 → 또 해 보면 → 해 진다'와 같이, 지도자의 지도법과 배우는 자의 과정이 서로 같으며, 처음 시작할 때의 동이 트는 때와, 일터에서 일을 마치고 집으로 돌아올 때의 일솜씨는 다르듯이, 그래서 하늘은 우리에게 다만 해처럼 세상을 밝혀 주면서, 해 볼 수 있도록 말없이 매일 밝음으로도 스스로를 알아 볼 수 있도록, 보여 주고 있습니다.

해가 솟아오르는 것을 '동이 트다'라고 하는 말은, 솟아오르는 해가 어두운 세상을 밝게 비추는 현상으로서, ㅇ을 바탕으로 이루어지는 도(道)로 트여진 큰 지혜로서, 어둡게 살아가는 세상의 많은 사람을 밝은 삶으로 열어 주게 되는 이치와 같다는 것을 의미합니다.

"해 보고
해 지는 것은
저녁노을이 아름다운 이유더라."

저는 이렇게 우리글이 의미 있고, 아름다운 글인 줄 예전엔 몰랐었습니다.
훈민정음을 아무리 뒤집어 봐도 보이지 않는, 위대한 우리글과 우리말입니다.
우리말과 글이 이렇게 연구할 가치가 높다는 것은 혼자만의 생각일까요?

6. 우리말은 도통하는 말이다

'올바르다'는 것은 '아래에서 위로 오름 또는 위에서 일방적으로 내림'의 수직적인 방향성(ㅣ)을 가진 '오르다'와, 비뚤어짐이 없는 '바르다'의 수평적인 작용(ㅡ)을 의미하여, 서로 합쳐져 한쪽으로 편중되지 않은 이치를 부호로서 ╋으로 표현하며, 전체적를 의미하는 ○모양과 배움과 자람으로 표현되는 개체, 즉 운동 또는 일을 하는 존재의 ㅣ와 ㅡ가 합쳐진 모양을 ⊕ 로서 표현합니다.

ㅣ는 '오르다'는 높이를 뜻하며 '옳다'는 의미를 가지는 말로서, 더 높은 위치로의 '진화하다'라는 의미가 담겨져 있는 말로서, '오르다'는 낮아서 멀리 볼 수 없는 현실에서 배움과 앎을 통하여 더욱 옳은 삶을 이루어지게 되는 것입니다.

알다는 옳음을 전제로 함으로서 진행되는 '알음'을 이루는 말로서 이는 올음, 오름을 전제하는 말입니다.

알음은 말금(맑음, ㅇ→ㅁ)으로 이어지는 과정을 거치게 됨으로서, 발금(밝음, ㅁ→ㅂ)이 되며, 바름은 '밝음'으로서 이루어지는 현실적인 바른 삶이라는, 뜻을 가지고 있습니다.

그래서 현실은 엎어지거나, 바르지 못한 걸음걸이를 하고 있다는 뜻이기도 합니다.

이는 구겨진 베를 바르게 펴서 재단하는 것을 마름질이라고 하는 것과 같이, 마름이라는 말은 바르게 아름(알음,앎)을 통하여 정확한 마름질이 되는 과정으로서 바른 순서로 이어지는 말입니다.

'말금(맑음)'에서 이어진 '발금(밝음)'은 '확실하여 선명하다'

라는 의미이므로, 밝음은 굴곡지거나 어두움이 없이 '바르다'
라는 의미로 이루어졌음을 알 수 있습니다.

이는 그림과 같이, ㅂ은 씨앗이 되는 ㅁ에서 위로 새싹이 돋
은 모양이므로, 작은 티끌도 보이지 않던 것이 모이면 보이게
되듯이, 땅속에서의 씨앗이 싹을 틔워 바깥세상으로 모습을
드러내 보이게 된다는 의미를 가지고 있습니다.

다시 설명을 하면 ○으로 이루어지는 바른 알음(앎)은, 말음
(맑음)이 되고, 이는 말금에서 이어지는 발금(밝음)으로 진행
되며, 발금은 바름으로 이루어지는 이치입니다.

앎은 모름에서 배움을 통하여, 자신을 자라게 하는 것으로 밝
은 세상을 이루게 되는 지도로서, 어린이 자라서 성숙한 어른
으로 이루어지는 것과 같습니다.

모가 나지 않아 원만하며 선명하고, 의젓하게 살아가는 자의
보여 주지 않아도 보여지게 되는 것으로, 살아가는 모습은 처
음의 '오름'을 원하던 의식(얼)에서 시작하여, 새로운 바름으
로서 오름으로 이루어지는 모습입니다.

이는 ▣에서 ㅁ 속에 들어 있는 ○이 자라서 확장되면, ㅁ의
밖으로 퍼져 나오게 되어, ▣과 같은 구조로 변하며, ○은
육안으로는 보이지 않으므로 육안으로 보이는 것은 ㅁ으로 보
이게 되며, 보이는 '사람'의 ㅁ 속에서 자란 ○이 확장되어 ㅁ
의 밖으로 드러나면, **'사람'은 '사랑'**으로 보이게 되는 것입니
다.

이것은 사람의 성장은 육안으로 보이는 **'자람'이며, 이는 '자
랑'**으로서 증명되는 이치와 같습니다.

자람으로 증명되지 못하는 자람을 공치사라고 하며, 헛된 자
랑질이라고 합니다.

훈민정음으로서 바라보는 시각을 떠나서, 우리말과 글을 조금 더 관심 가지고 관찰하면, 훈민정음에서 설명되지 못한 자음과 모음이 가지는 각각의 의미를 알게 됩니다.

부호로서 조합된 문자와 낱말, 문장으로 이루어진 글이나 말로서 전달하고자 하는 정보가, 왜곡되지 않고 선명하고 폭넓게 전달함으로서, 우리글과 말의 속에는 숨겨진 자음과 모음의 각각의 의미와 순서로서, 철저한 뜻글로서 이루어져 바른 삶의 방향을 제시하고 있다는 것을 알 수 있습니다.
우리글이 가지는 큰 의미는 지금의 현실적 삶을 좀 더 발전적이고, 올바르게 변화시키게 하면서, 어른스럽고 성숙케 하는 자세한 방향성을 제시한다는 것을 알 수 있습니다.

더욱 높은 수준으로의 진화를 위하여 진보적으로 변화하듯이, 지금의 위치를 살피고, 다음으로 이어지는 과정을 알게 하고, 이어져 진행하게 되는 삶의 방향을 제시하는 보물지도가 우리글과 말에 숨겨진 의미로서, 우리의 삶에 새로운 세상을 열어 가는 새로운 사상이 존재한다는 것을 알게 합니다.

새로운 세상이란 어제보다 올바른 오늘로 진화하기 위한 삶으로 보면, 여느 종교의 수행이나 수도의 과정도 마찬가지로서, 삶의 과정과 다를 바 없다는 것을 알 수 있습니다.
그 과정은 우리말과 글의 씀이 되는 삶으로서, 세상을 살아가는 도리, 즉 지도(指導, 地圖)로 작용한다는 것입니다.

중국의 철학자 노자는 '도는 규정하는 것이 아니다'라고 하였으나, '**도는 함께 하는 것이다**'라고 정확하게 우리글에서 제시하고 있습니다.

도(道)는 삶과 따로가 아니듯이, 나 하나의 개인도 전체 속에서 함께하는 '부분이면서 전체다'라는 뜻이기도 입니다.

우리는 일상의 우리말 우리글 속에서 아주 선명하게, 도(道)를 이미 가지고 쓰고 있다는 것을 알 수 있습니다.

'우리'라는 말은 '우리끼리'라는 표현처럼 타인이나 남과의 제한을 의미하는 것이 아니며, 돼지우리나 소우리, 울타리 등과 같이 혼자가 아닌, 여럿이 함께하는 공간의 경계이며, 더 크게 바라보면 우주만큼 큰 집이 되는 이치, 즉 함께하는 우주 도리로서 우리(宇理)의 의미이기도 합니다.

우리글 속에 이렇게 큰 보물지도가 있으나, 한자문화권으로 이루어진 제한된 시각적 영향으로, 우리글이 가진 값진 가치는 아무도 모르게 지금까지 숨겨져 왔습니다.

훈민정음이 만들어지기 이전에도, 훨씬 오래전부터 우리말을 사용하였으며, 훈민정음으로서 더욱 많은 정보를 보관하고, 전달할 수 있는 매개체로서 문자를 가지게 되었습니다.

우리 민족은 우리글이 만들어지기 이전에, 이두로서 정보를 전달하고자 하는 말의 의미와, 소리가 비슷한 한자를 사용하였습니다.

희미하고 선명하지 못하여 '아마도'는 씨앗이 되어 자라서 선명하게 모든 이가 함께하는 '아무도'로 진화하게 되는 이치는 앞글에서 설명을 드렸습니다.(ㅏ→ㅜ)

'아무리'가 변화하여 '마무리'로 변화하는 과정(○→□)을 보면, 부족한 조건을 채우기 위해서 성장을 위하여 **도전**을 하는 것은, 씨앗을 땅속에 심듯 '씨'의 모음 ㅣ가 자라서 줄기가 되어, 고개를 숙이는 과정은 ㅡ로 이어지게 되며, 이는 '쓰'로 채우는 이치가 됩니다. (ㅣ → ㅡ)

세로축(저절로 축) ㅣ와 가로축(스스로 축) ㅡ의 두축이 서로 합하여 ┼를 이루는 것으로 불교의 가르침에는 두개의 수레바퀴 ✕로 설명하였으며, 기독교에서는 십자가 ┼로 표현되고 있습니다.

우리말에는 얼을 가지고 태어나, 배움과 자람, 앎과 씀으로서 물과 불로 이루어지는 맛있는 밥이 되어, 함께 배를 불리게 되는 과정을 ⊕ 기호로서, 후세에게 바른 삶의 의미로 전해주고 있습니다.

씀이란 '씨'가 자라서 배를 불리듯, 씨는 자음 ㅣ가 자라면, '쓰'의 모음 ㅡ의 의미로서, 이러한 이치를 우리(우주이치, ㅣ와 ㅡ가 합쳐진 모양, ㅣ + ㅡ = ┼로 된다는 것을 배우고 살아가는 삶은, 세상의 이치에 밝은 전문가로서 어느 쪽으로도 치우치지 않은 완벽, 완전함의 도(道, ⊕)로 이루어지게 됩니다.

우리글의 '도'라는 글은 ㄷ과 ㅗ로서 조립된 글입니다.

'ㄷ'의 의미는 그림으로 보면 무엇을 담을 수 있는 그릇과 같으며, 'ㅗ'는 바탕에서 위로 오르는 모양이며, 어떠한 일을 하기 위한 바탕이 되는 **터**의 작용을 의미합니다.

'ㄷ'은 초성자음의 의미로서 하늘과 같이, 사람이 배우고 자라며 추구하는 올바름의 이상을 제시하며, 'ㅗ'는 모음으로서 사람이 살아가는 바탕으로 되는 지(地), 즉 땅의 작용과 같은 삶의 **틀**과 같습니다.

자식은 부모의 행동 생각 등을 보고 배우듯이, 부모가 어떻게 작용하느냐에 따라서, 자식의 자람은 다르게 변하는 이유와 같습니다.

모음 'ㅗ'는 어떻게 작용하는가에 따라서 ㅗ를 돌려보면 'ㅓ' 와 'ㅏ'와 'ㅜ'로 변화된 모습으로도 볼 수 있습니다.

이것은 각 과정에 따라서 변화되는 모습이며, 이를 ㄷ과 이어서 보면 '**도**'는 '**더**'와 '**다**'와 '**두**'로 변화하게 되며, '도는 함께하는 것이다'라고 한 것처럼, '**도**'는 **더** 하는 것으로, **다** 하게 되어, 재미있게 한수두수 **두**게 되는 바둑판처럼 세상살이를 함께하는 것이라는 것을 알려주고 있습니다.

음성모음 ㅗ는 양성모음 ㅜ로 작용하며, 음성모음 ㅓ는 양성모음 ㅏ로의 작용되며, 이는 음에서 양의 방향으로 작용하는 이치이며, 카메라는 피사체와 실물이 서로 반대로 보여 지는 이치이며, 동전의 양면의 모양은 다르나, 액면가가 같음이며, 자동차와 운전사와의 관계와 같습니다.

어디서 어떻게 보느냐에 따라서, 각각 다르게 보이는 음과 양의 모습입니다.

그래서 **도**(ㅗ)는 **더**(ㅓ)하여 **다**(ㅏ)하면 **두**(ㅜ)게 되는 작용으로 볼 수 있습니다. (ㅗ→ㅓ→ㅏ→ㅜ)

또한 존재하는 자신의 모습이 높은 수준으로의, 진화를 위한 **배움**은 오르는 모습일 때는 ㅣ로서 의미할 수 있으며, 그 작용으로는 ㅓ가 되고 밖으로는 ㅏ로 표현되며, 존재하는 나의 모습이 **자람**이 되어 채워서 씀으로 작용되는 방향일 때는 ㅡ로서 표현되며, 그 작용이 위로 향할 때는 ㅗ로 되며, 아래로 작용할 때는 ㅜ로 표현되는 것이, 우리글 모음이 가지는 의미입니다.

'도'는 '더'하면 '다'하게 되며, 다하면 '두'게 되듯이, 두게 될 때는 삶이 묘수로서 재미있게 살아가는 바둑과 같이, 앎의 과정처럼 배운 수를 알고서 쓰게 되며, 이미 그 도는 삶속에서 바둑을 재미있게 두듯이, 그 삶은 주변의 이웃과 함께 널리 밝은 빛으로 변하여 주변을 밝히게 됩니다.

7. 도란도란 무엇인가?

이것저것 도 아닌 것이 없으나,
여기에 도 저기에 도 도가 있으나,
도를 모르면 도라고 할 수 없다.
도는 스스로 길을 가는 자에게만 필요하다.
뱃길은 사공이 알아야 하며,
선객은 사공만 믿고 따르면 목적지에 닿을 수 있는 것과 같다.

도를 말하는 자
그대는 사공인가? 선객인가?
그대 지금 살아가는 인생의 뱃길에는 어떤 어려움과 어떤 즐
거움과 어떤 보람이 있는가?
나는 그것을 묻고 싶습니다.

그래야만 "나는 이렇게 들었다(여시아문如示我聞)"에서 "나는
이렇게 해 보았다(여시아행如示娥行)"으로서 '누워서 떡 먹
기'가 얼마나 어려운지를 알게 되며. 어떤 어려운 일도 누워
서 떡 먹기처럼 쉽게 할 수 있는 자가 되는 것입니다.

그때는 서로의 정담(精談)으로 얘기꽃이 피어나는 말하지 않
아도, 알아듣게 되는 불교에서는 부처님과 가섭존자와의 미소
로서, 전달되는 것을 염화시중(拈花示衆)이라 하듯이, 시끄러
워 소란하지 않으며, 도란도란하게 되는 것입니다.

8. 한글의 가로쓰기와 세로쓰기

한글의 쓰임새는 현대에 이르러서 가로쓰기를 하고 있으며, 그 이전에는 훈민정음 창제의 그 이전부터, 이두를 사용할 때와 한자를 빌어 와서, 사용할 때부터 세로쓰기를 원칙으로 하였던 것은, 그 시대적 문화와 사회적 환경과는 무관하지 않습니다.

그래서 우리말을 한자처럼 세로쓰기로 적어 보면, 가로쓰기에서 알지 못하는 많은 의미를 알게 된다는 것을, 이미 읽으신 앞글을 통에서 알 수 있었습니다.

가로쓰기는 진행방향이 수평적인 모양의 배열로서 一와 같이, 왼쪽에서 오른쪽으로 진행하며, 높낮이가 없는 수평적, 평등과 널리 펴는 의미이기도 합니다.

세로쓰기는 진행방향이 수직적인 모양의 배열로서 ㅣ와 같이, 위에서 아래로의 방향으로 작용하며, 폭은 좁아서 널리 펴는 넓이의 작용보다는 오직 위에서 아래로, 아래에서 위로 작용됨으로서, 왕의 교시나 절대자의 말씀을 일방적으로 전하는 경전 등에 쓰이며, 계층이 많은 권위적인 사회적 작용을 합니다.

현재의 쓰임새는 모든 것을 가로쓰기를 원칙으로 하지만, 지금으로부터 30여 년 전에는 신문도 세로쓰기로 편집이 되었으며, 대통령이 국민에게 알리는 담화문도 세로쓰기로 쓰였습니다.

이는 시대적 흐름에 따라서 당시의 시대적 문화의 특성에 따라 변하며, 그 변화의 방향은 한글에서도 발견할 수 있으며, ㅣ → ㅡ로 변하듯이 수직적인 방향에서 수평적인 방향으로 90° 회전하는 것으로 변화하며, 다시 수직적인 방향으로 반복하는 것은 천지자연의 이치이기도 하거니와, 우수한 유전자를 가지기 위한 반복되는 진화의 방향이기도 합니다.

전하고자 하는 정보의 쓰임새에 따라서 그 작용력이 다르므로, 세로쓰기와 가로쓰기를 용도에 맞게 함께 사용하는 것이 전달하고자 하는 의미가 더욱 정확하게 전달된다고 볼 수 있습니다.

9. 정월 대보름과 한글의 사상

보름날이라는 말은 기울어진 달이 가장 크게 채워져 밝게 빛나는 때로서, 아직은 온전하지 못한 미완의 사람이 완전함을 이루려는 삶의 과정과 같은 의미를 가지고 있습니다.

그래서 우리 민족은 농경사회를 이루면서부터 정착하게 되어, 달의 차고 기우는 작용이 농사에 큰 영향을 미치게 된다는 것을 알고, 밝게 빛나는 보름달에게 소원을 빌면서, 한해의 건강과 안녕을 기원하며, 평소의 일손을 잠시 놓고서 달집태우기나 쥐불놀이로서 세상을 밝히며, 지난해의 묵은 짐스런 것들을 채우고, 날려 보내는 연줄 끊기와 딱딱한 껍질에 싸여 있는 씨앗을 부름으로 깨뜨리면서, 집안의 발전과 가족의 안위를 바라며, 동네의 주민들은 각각의 가정을 방문하여 장독간과 부엌과 곳간 등을 돌아보며, 성주지신풀이로서 각각 신을 불러, 액살을 풀면서 집안의 번성을 축원하며, 흥겨운 놀이로서 즐기며 대보름을 기렸습니다.

한민족의 터전으로 살아온 한반도는 지형학적으로 대륙에서 돌출된 국토로서, 발산하고자 하는 양(陽)의 기운이 아주 강한 곳이기도 합니다.

그래서 한국 사람들은 외국으로 나가서 활동을 하게 되면, 그 능력이 훨씬 배가 되어 크게 인정받게 됩니다.

그러나 양의 기운이 강한 사람은 자신을 드러내기를 좋아하므로, 국내에서는 개인의 능력을 인정받기가 쉽지 않습니다.

일본이나 중국, 미국 등과 같이 음의 기운이 많은 나라에서는 양의 기운을 필요로 하므로, 자기의 가치관이나 고정관념을 깨고 변화하여, 준비가 잘 된 한국인들의 활동무대가 되면, 큰 효과가 나타나게 되는 것입니다.

이렇듯 자기를 성장하게 하기 위하여 새롭게 깨어나게 되는, 시작의 기운을 정월 보름날에 부름을 깨는 의미를 살펴보면, 한글로서의 '보름'과 '부름'이 가진 의미와 그 사상이 서로 통한다는 것을 알 수 있습니다.

'보름'과 '부름'은 '보'의 모음 'ㅗ'와 '부'의 모음 'ㅜ'의 차이입니다.

쉽게 이해를 돕기 위해서 다시 살펴보면, '모름'과 '무름'의 구조적인 차이와 같아서, 모르는 것은 물어야 한다는 말입니다.

모르는 것은 누구에게든지 물어야만 알게 되며, 이는 아는 만큼 쓸 수 있기 때문입니다.

그리고 '모름'의 속에 들어 있는 'ㅁ' 속에 보이지 않게 들어 있는 'ㅇ'이 있음으로, ㅁ 속에 들어 있는 ㅇ으로 읽어보면 '오름'으로 볼 수 있으므로, 모름은 인식하는 현재의 속에는 오르고자 하는 의지가 발현된 상태라는 것입니다.

모른다는 것은, 즉 오르지 못했다는 의미로서 오르기 위해서, 첫 시작으로 다가오는 과정은 모름이라는 뜻입니다.

모름을 무름(물음)으로서 '알음'(알임-알, 앎)은 알림이 되며, 알음은 '울음'으로 이어지는 큰 감동으로서 스스로를 변하게 합니다.

울음은 자기의 내면에서 일어나는 감동의 '울림'이, 몸의 밖에서는 '울음'으로 보여주는 것으로서, 이는 ㅣ에서 시작되어 ㅡ

로 이루어지는 발전적 변화입니다.(ㅣ → ㅡ)

'울림'이 '울음'으로 보여주게 되는 이치에 대한 설명은 나중에 잊지 않고, 다시 자세하게 설명하도록 하겠습니다.

보름 때처럼 밝아지려면 많은 시간과 재료들이 모아져서, 이루어지는 것으로 재정이라고 합니다.

즉, 살림살이와 같이 많은 재정을 불려서 채워져야 만족하게 되므로, 보름은 부름(불음, 불림, 불러, 부르는)을 통해서 '바름(밝음, 비뚤지 않고 곧음)'을 조건으로 채워지게 됩니다.

'모름'과 '보름'의 차이는 'ㅁ'과 'ㅂ'의 차이이며, 그림으로 살펴보면 ㅁ은 세상에서 알몸으로 태어나, 아직 그 체질이 드러나지 않는 어린 새싹과 같으며, ㅂ은 ㅁ의 위로 줄기가 자란 형태로 보이게 되므로, 싹이 자라서 나무로 되듯이 자기의 타고 난 체질을 밖으로 드러나 보이는 의미이며, 이렇게 변하게 하는 작용되는 것을 불(부)이라고 합니다.

이렇듯 진화를 위한 시작은 높은 수준으로 진화하여, 오르고자 하는 인간 본성의 시작을 '오름'이라 하고, 오르려 하지만 어떻게 올라야 하는가를 알지 못함으로 이것을 '모름'이라 하고, 모름을 극복하고 알고, 오르기 위해서는 '부름'이 되고, 부름(불음)은 채우며 불리는 작용으로서 만족하게 될 때의 결과는 밝음과 같이 선명하게 '알음'으로서 '바름'을 이루게 되는 이치로서, 처음의 모름은 알음으로서 바름을 이루어, 오름으로 이루는 것입니다.

부족하여 비뚤어져 살아가는 스스로의 삶을 바루는 과정으로서, '보름'은 우리의 삶이 바르게 이루어지도록 하는 지도이며 가르침입니다. '바름'을 배운 '앎'과 '씀'으로 채워 '부름'이 되며, '부름'은 '부림'으로 이어진 말이라는 것을 알 수 있습니다.

부 ㄹ ㅣ ㅁ → 부 ㄹ ㅡ ㅁ으로 변하는 구조처럼, ㅣ → ㅡ로 이어져 변하는 것은, 농사를 지을 때 소를 잘 부림으로 많은 일을 하게 되어, 재산이 불음(부름)으로 되는 이치입니다. 바름은 부름으로 이어지는 '채우다'라는 말과, 바름은 발금(밝금,밝음)에서 이어져 '바르다'라는 의미로서, 밝은 보름날을 맞이하는 삶의 의미이므로, 우리말이 보여 주는 삶의 방향성은 서로 틀리지 않다는 것을 알 수 있습니다.

정월대보름날이 가지는 의미는 새롭게 시작하는 한해의 일상에서, 자기의 몸과 같이 딱딱한 부름을 깨어 □의 속에 갇힌 ○을 활짝 열고, 새롭게 깨어나는 영적인 성장으로 살아갈 수 있도록 설계를 하는 것이며, ◙ 에서 ⬭ 으로 이루어지는 자음 ㅁ과 ㅇ의 의미이기도 합니다.

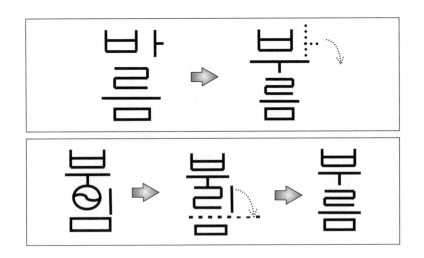

10. 한글의 이치와 아리랑

우리는 어릴 때부터 글보다는 먼저 도리도리, 진진, 잼잼 등의 말을 배우면서, 말소리의 길고 짧으며, 높고 낮은 운율에 맞추어 노래와 놀이로서, 재미있게 그 의미를 가르치고 있습니다.
그러나 노래로서 삶의 깊은 의미를 최초의 조상이 전하려고 했던 의도와는 다르게, 오해와 무지로서 변질되어 잘못된 지식으로 세상을 더욱 시끄럽게 합니다.

'아리랑 아리랑 아라리요.'
'아리랑'을 세로로 쓰고 이어서 보면 앑랑 이 되며, 이는 바탕에 자음 'ㅇ'을 두고 있습니다.
'알이라'라고도 할 수 있으며, 이어서 읽으면 '알리라'라고도 할 수 있으며, '알'의 이치로서 '알이다, 알리라'라는 뜻으로도 볼 수 있습니다.
'이'는 '리'로 발음되기도 합니다만, 'ㅇ'과 'ㄹ'은 그림과 같이 'ㅇ'이 반복적으로 회전운동을 통하여 분리되는 작용으로서 태극과 같이 　　　　은 ㄹ'의 형태로 나타나게 됩니다.

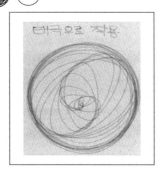

'**알**'이란 알 속에는 '**얼**'이 들어 있다는 말이며, '알'의 양성모음 'ㅏ'는 음성모음 'ㅓ'와 같은 의미로서, 안과 밖을 표현합니다.

얼이 없는 알은 얼이 빠진 것이므로 무정란과 같으며, 겉으로 보기에는 유정란과 무정란을 구분할 수 없으나, 그 속을 자세하게 알려면 전문가적인 깊은 지혜를 필요로 합니다.

이는 세상을 태어나 살아가는 우리들의 삶도 '알몸'으로 태어나고 자라서, 우리가 되는 가족을 이루며 함께하는 과정은 자연의 이치와 다르지 않다는 것을, 바르게 알고 쓸 수 있게 하기 위해서 살아갑니다.

살면서 알게 되는 자연의 이치를 쓰임새에 맞게 쓸 수 있는 법은 세상도리이므로, 쓰리랑은 또한 'ㅇ'을 바탕으로 하는 '**쓰리라ㅇ**'와 '**쓸ㅣ라ㅇ**'로 볼 수 있습니다.

쓰리랑은 'ㅇ'을 바탕으로 하여 '쓸 이치'이며, 아리랑은 'ㅇ'을 바탕으로 '알의 이치'를 노래로서 후세에 전하고 있습니다.

이렇듯 아리랑을 배움으로서 알게 되는 것은, 얼을 가지고 알몸으로 처음 태어나는 것과 같이, 알고 알리는 알의 이치와 부모로 자라서 세상을 살아가며 자식을 위해 바르게 쓸 수 있는 도리로서, 새롭게 태어나는 자식에게 가르치면서 함께하게 된다는 것을 전하고 있습니다.

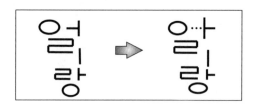

11. 몸과 몸집 그리고 몸통과 몸체

몸과 몸집은 운전자와 자동차와의 관계와 같으며, 영혼과 육체와의 관계와 같으며, 'ㅁ' 속에 'ㅇ'이 들어 있는 것과 같습니다.

'ㅇ'과 'ㅁ'은 '영'과 '명'으로 작용되며, '명'은 수명을 가지고, 할 일을 가지며, 밖으로 선명하게 드러난 것을 의미하며, 물질적 의미를 가진 'ㅁ'은 자라서 체를 이루어 체질이 됩니다.

'ㅇ'은 영을 이루며, 정신적이며 무형의 근본 요소로서, 어떠한 필요조건의 일을 하기 위한 ㅁ으로, 즉 명으로 드러나기 이전의, 형체가 없는 존재를 의미합니다.

존재를 의미하는 'ㅣ'는 활동공간의 위치에 따라 왼쪽, 오른쪽, 위쪽, 아래쪽에 자리하게 됨으로서, ㅁ으로 표현되는 것입니다.

물질적으로 존재하는 체로서 'ㅣ'는 위치에 따라서 위(⎺) 아래(＿) 왼쪽(ㅣ) 오른쪽(ㅣ)을 모아서 보면, ㅣ와 ㅡ로 이루어진 사방의 'ㅁ' 모양으로 공간적인 터로 만들어집니다.

'ㅁ' 속에는 'ㅇ'이 있어서 ▣ 와 같이 집 속에 주인이 살아가는 모양이므로, 집주인이라고 할 수 있는 'ㅇ'은 '몸(얼)'이라고 하고, 주인이 살아가는 집은 'ㅁ'으로서 '몸집(얼집=알)'이라고 할 수 있습니다.

몸을 몸집이라고도 하는 이유로서, 겉으로 보이는 것은 몸집이므로, 몸속에 있는 주인은 육안으로서는 보이지 않으므로, 몸집으로 대변되기도 하여 몸을 몸집이라고 합니다만, 주인으로서의 몸이 살아가는 집을 몸집이라고 합니다.

친구가 나를 찾아와서는 대문 밖에서 우리집을 바라보며, '누구누구야~'라고 부를 때는 집주인은 보이지 않으며, 집을 바라보고서 부르게 되는 것입니다.

이때 집을 바라보면서 '누구누구야~'라고 불렀습니다만, 집은 그대로 있는데, 집 속에서 집주인이 나오게 되는 것과 같은 이치입니다.

우리의 몸을 몸집이라고 부르는 이유는, 몸이 사는 집을 육체 또는 몸집이라고 하고, 몸(신체)은 속에 들어 있어 보이지 않는 주인이므로, 보이는 것은 집(몸집=육체)만 보이며, 집 속에 들어 있는 주인을 우리는 눈에 보이는 몸집을 보고서, 몸과 같이 혼용하여 부르고 있습니다.

그래서 빈집이 아닌 주인이 있는 집을 인체(人體)라고 하며, 살아가는 사람을 말합니다.

누군가가 집주인을 찾는 경우에는, 집 밖에서 바라보는 것은 집이지만, 보이지 않는 주인을 부르는 것을 위치와 자리의 구분입니다.

이것을 우리의 조상은 아리랑의 한 가락 노래로서, 삶을 의미하여 가르치며 노래를 부르면서, 이루고자 하는 한을 풀 수 있도록 재미있게, 마음의 문을 열게 하는 법을 지도하였던 것입니다.

'나를 버리고 가시는 님은 십 리도 못가서 발병 난다'는 것을 다시 살펴보면 '나'는 당연히 집주인을 의미하며, 세상을 살면서 자기의 본질을 잊지 말라는 것입니다.

나는 나는 자이나
남은 남는 자이니라.

'십리'는 十의 이치를 말하며, 十은 이제껏 말씀을 드린 대로
ㅣ와 ― 가 합쳐진 모양입니다.

이것은 하늘의 이치를 앎(ㅣ)과 씀(―)으로서, 배우고 자라는
의미가 표현된 부호입니다. 그리고 '발병난다'는 말은 발은 행
동하는 것을 말하며, 병이 난다는 것은 제한 당하는 의미이므
로, 실천할 수 없음을 뜻하는 것이며, 멈추어 진화할 수 없음
을 의미합니다.

실천하는 것은 앎을 이루어 발전하는 세상의 도리이므로, 삶
의 목적을 위하여 무엇을 행동해야 하는지, 알아야 하는 앎과
배움을 'ㅣ'로 볼 수 있으며, 앎에 따른 자람과 채움을 의미하
며 겸손하여 고개를 숙이는 '―'로 볼 수 있습니다.

발병이 났다는 것은 나아가야 할 길을 포기함으로서, 더욱 높
은 곳으로 오르지 못함과 같으며, 이치에 어긋난 행동과 알면
서도 실천을 하지 않으므로 나타나는 현상으로서, 이것을 세
상에서는 병이라고 합니다.

'병'이라는 글자를 살펴보면, '명'의 초성자음 'ㅁ'의 위로 싹
이 나고 자란 모양은 'ㅂ'의 모양과 같아서, 병은 명에서 오는
이유이며, 명을 알면 병을 알고, 병을 알면 명을 알 수 있습
니다.

다시 말해서 발에서 병이 들었다는 것은 더 이상 진행하지
못하는 멈춤을 의미하며, 이는 처음 오르려 했던 시도와는 다
르게 어려움을 만남으로서 계속 진행하지 못하여 발생하는

포기와 멈춤을 의미합니다.

발은 머리와 가장 멀리에 위치하므로, 지식의 창고와 같은 머리에서 판단하는 앎과, 실천하는 일이 서로 일치되지 않는 자에게는 발에 병이 나는 이치입니다.

주변을 살펴보시면 말과 행동이 일치하지 않는 자에게서는 틀림없이 발에 병이 있게 되므로, 자세하게 관찰해 보시면 확인할 수 있습니다.

우리는 몸을 몸집이라고도 합니다.

몸이라고 하면 될 것을 왜 몸집이라는 말을 사용할까요?

앞글에서 먼저 말씀을 드렸듯이, 이름이 다르다는 것은 이루고자 하는 일이 다르다는 것입니다.

'몸집'이라는 말은 '몸이 살아가는 집'을 뜻합니다.

즉, 몸은 몸집에서 살아가는 주인이라는 뜻입니다.

통은 몸으로 이루어진 체로서 몸통이라고 합니다.

몸체는 몸통으로 된 체로서 보면 잘못 보는 것이며, 잘 보는 것은 몸이 담긴 그릇을 통이라고 하고, 그 통의 모양을 체라고 합니다.

몸통이 되어야 몸체가 되는 것입니다.

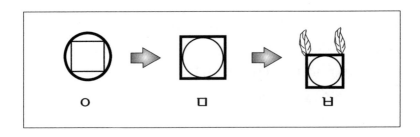

"나의 몸은
부름을 가지며
나의 몸집은 이름을 가졌으니
나는 부르면 좋아라고 답하는 주인이면서
종처럼 일을 하며 살아가는 체질로 이루어진
내 몸집을 부리는 주인입니다."

12. 일과 이름과 부름

"세상 만물은 이름을 가지고 있으나, 오직 모르는 것은 이름이 없다."

세상의 만물은 이름과 연결된 혼자만이 가지는 일을 가집니다.

만물은 각각이 존재하며 이루어가는 일은 이름으로서, 이루게 하는 '이르다'라는 의미이며, 이르러야 하는 일과 이름은 서로 이어진 말입니다.

'이름'은 이어서 세로쓰기로 적어 보면 처럼 '일름'이 되고, '일음'은 '일임'에서 진행되었다는 것을 과 으로의 변화를 알 수 있습니다.

이것은 모음 ㅣ → ㅡ으로 변하는 이치이며, '일'은 'ㅇ과 'ㅣ'이 서로 '작용하다'라는 뜻의 처럼 'ㄹ'과 조립되어 이루어진 글입니다.

'ㅣ'는 위에서 아래로의 작용하는 수직적인 방향으로서, 위에서의 점과 아래에서의 점과 서로 이어져 있는 선이라는 것을 알 수 있습니다.

이것은 위와 아래로 이어진 모양으로서 배우고 자람의 의미이며, 아래에서 위로 오르는 방향성과 부모가 어린 자식에게 젖을 먹이듯, 위에서 아래로 또는 아래에서 위로 향하는 일방적이고, 유일한 방향을 제시하는 저절로의 작용방향을 의미합니다.

'ㅣ'를 옆으로 뉘어서 보면, 'ㅡ'로 보여 집니다.

'ㅡ'는 옆으로 뉘어져 있어 수평적이고, 위아래가 없이 동등하게 함께 작용하는 의미를 표현합니다.

그래서 'ㅣ'는 씨앗이 싹이 나고 자라는 형상으로서, 어린이의 성장과 배움과 앎을 가르치는 의미이며, 오직 선택할 수 있는 폭이 좁습니다.

'ㅡ'의 의미는 성장을 멈추고, 벼가 익어서 머리를 숙이듯이, 어른으로서 성숙을 의미하며, 채움과 씀으로서 함께하며, 위아래가 가지는 계층의 높낮이보다는 선택할 수 있는 넓은 폭으로서 스스로 작용하는 의미를 가지고 있습니다.

씨앗이 싹이 나고 자라서 열매를 맺듯이, 'ㅣ'가 먼저 시작하여 나중에 'ㅡ'로 이루어지는 순서는 천지자연의 이치와 같이, 우리말과 글에서의 쓰임을 살펴보면 많은 곳에서 발견할 수 있습니다.

'ㅣ'와 'ㅡ'는 앞으로 읽으시는 글에서도 더욱 자세하게 여러 글에서 반복하여 설명되는 내용이므로 점차 설명하겠습니다.

일이란 혼자 하기도 하고 함께 하기도 하며, 세상은 혼자 살아가지만 만물과 어울려 살고 있으므로, 서로의 해야 할 일이 다르듯이 이름이 서로 다른 이유입니다.

이름이 하는 일은 '이름'을 '부름'으로서 일을 하게 됩니다.

'ㅣ'에서 시작하여 'ㅡ'로 변화되는 이치로서, **이름**을 가지면서 이르러야 하는 일과 같이, 이름을 세로쓰기로 적어 보면 름 → 을 으로 볼 수 있으며, 이는 일↓에서 보듯이 ㅁ 는 성장의 뜻을 가진 저절로의 축 ㅣ 에서, 성숙을 뜻하는 스스로의 축 ㅡ 로 자라게 되는 의미로서, **'이름'**은 **일임**에서 이어진 것으로 알 수 있습니다.

이와 같은 구조적 이치로서 보면, 불ₙ 처럼 '**부름**'은 '**불림**'에
서 변화된 것으로도 알 수 있습니다.

'불림'은 재산을 불리듯이 '불러 모아서 많게 하다'라는 뜻이
기도 하며, 소나 말을 부리듯이 스스로의 몸을 부리면서 재산
을 모아 불리듯이, '불려서 더욱 많아지다'라는 뜻을 가지고
있습니다.

이름을 자주 불려지게 되면, 여러곳에서 자기를 필요로 하여
찾는 이가 많아서, 바쁘게 되므로 해야 할 일도 많아지게 됩
니다.

해야 할 일이 많아진다면, 이루게 되는 일이 많아지므로 스스
로의 재산을 불리는 것과 같으며, 일을 중심에 두고 보면 내
몸을 경영하는 나는 이름을 가지게 되며, 상대는 부름을 가지
게 되는 것입니다.

스스로의 이름을 부르지 않듯이, 이름은 상대에게서 불려지는
것입니다.

이름을 부름으로 많이 불리게 되면 바쁘게 많은 일을 할 수
있는 것처럼, 일하는 자와 일을 할 수 있도록 일거리를 불려
서 모아 주는 자와의 관계가 됩니다.

"당신은 이름을 가졌습니까?
부름을 가졌습니까?"

13. 아리랑과 쓰리랑

우주의 가장 기본원소로서 ○으로 이루어진 얼을 가지고, 알의 몸으로 태어난 바를 바르게 알고, 알리고 쓰면서 배우고 자라 온 바로, 자식들을 키우며 알알이 모여 울을 이루며 우리가 되어 함께하는 의미로서 "아리 아리랑 쓰리 쓰리랑 '아라리'가 낫네."라고 합니다.

쓰지 못하는 것은 쓸데없는 것이므로, 그것이 지식이든 재산이든 건강이든 쓸데없이 채우지 말아야 하며, 채우는 만큼 상대에게서는 줄어드는 것이 세상 물정이라는 것도 알게 됩니다.

쓰면 쓸수록 증가하는 것은 세상도리로서 이루어진 사랑이므로, 아리랑은 배우고 자라서 함께하는 우리랑으로 되는 것으로서 사람 속의 사랑을 알리고, 가슴을 울리고, 세상을 울리는 노래로 자리하는 것입니다.

아리랑은 언제나 알알이 모여 우리랑으로서 사람의 속에 사랑이 들어 있음을 알리고 있습니다.

보이는 것은 사람이지만, 그 속에 든 주인은 사랑이라는 것을 □속에 들어 있는 ○을 의미하므로, 사람을 바라보고 주인을 부르면, 나타나는 주인은 사랑으로서 ⬭ 속에 들어 있는 '○'은 '매'속에 '애'가 들어 있는 것과 같이, 속에 들어있는 애를 써야 할지? 매를 써야 할지? **애매**하므로 **'사람'**의 속을 알고서, 바르게 씀이 되는 것은 **'사랑'**임을 알게 합니다.

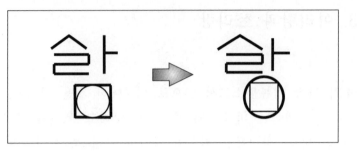

우리집을 이루면서 부모와 자식이 함께하며, 부모로 바르게
자란 가족이 자식과 사랑으로 살아가는 것을, '사람'의 종성모
음 □ 속에 들어 있던 ○이 확장되어 집 밖으로 나온 주인으
로서 '사랑'의 모습, 즉 ⬭으로 보이게 되는 것을 우리말 우
리글로 이루어진 아리랑의 노래로서 가르치고 있습니다.

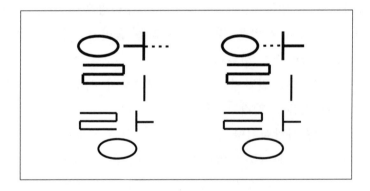

14. 오름과 모름

'알'이란?

높은 데 올라보면 아래가 훤히 보이듯이, 높은 위치에 오르기 전에는 알 수 없는 **'모름'**을 극복하려면 오르게 하는 **'오름'**으로 되는 과정을 이치(□의 속에는 ○이 들어 있음으로서 '모' 속에는 '오'가 들어 있는 이치임 = 집 속에 집주인이 살고 있음)로서 나타낸 것입니다.

오르고자 하는 의지가 모여 '얼'이 되며, 그 얼은 잉태되어 씨앗에서 싹이 돋아나듯이 형태를 가진 '알' 몸으로 태(胎)를 받아 태어나며, 싹은 줄기로 되고 나무가 되어 많은 열매와 같이 자식농사로서 '우리'라는 '울'로 이루어 '모름'은 비로소 알음(아름)을 통해서 '오름'으로 이루게 되는 것입니다.

다시 말씀을 드리면, 현재보다 더 나은 '오름(진화)'을 얻기 위해서는 밖으로 드러난 '모름'이 먼저 내게로 다가오게 되는 것입니다.

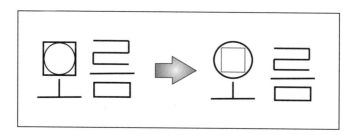

'모름'의 반대말은 '앎(아름)'으로서 서로 아주 멀리 있는 것으로 보이지만, 모름의 다음에 오는 말로서의 앎이므로 □과 ○은 겉과 속으로서 이어진 말이기도 합니다.

'오름'은 '오르다'의 의미로서, 세로쓰기로 적어보면 $\frac{오}{름}$ 으로 표현되므로 '옳음'의 원래 의미라고 할 수 있습니다.

한 올 한 올이 모이고 꼬여서 실이 되고, 실이 모여서 줄로 되는 것처럼, 올이 모여서 이쪽과 저쪽을 이어 주는 튼튼한 줄이 됩니다.

처음의 고요함에서 더욱 순도를 높이 오르고자 하는 **올**음은 한 가닥 의지가 모여 **얼**이 되어, 세포분열을 하기 이전의 단일 세포와 같이, 얼은 **알**로 이어지며, 이는 세포분열을 하듯 가족이나 민족, 인류 등의 조직을 이루게 됩니다.

순도와 차원이 높은 존재로의 진화하려는 방향으로 이어진 결과체로서 '**울**'이 되고 이는 함께하는 공동체로서 '**우리**'를 이루게 되는 것입니다.

'우리'가 되기까지는 '올 – 얼 – 알 – 울'로 이어지는 것은 삶의 여정에서도 알 수 있습니다.

'얼'과 '알'은 음성모음 'ㅓ'와 'ㅏ'의 차이로서 서로 이어진 글입니다.

얼과 **알**의 관계는 내면에서 우러나는 **멋**과, 겉으로 드러나 느끼게 되는 **맛**을 이루는 우리글의 의미와 구조가 같으며,

영혼의 양식이 되는 **법**(진리)과, 육신의 양식이 되는 **밥**의 구조와 같으며,

내면으로 숨겨진 **성**(性)과, 겉으로 드러난 형태를 가진 **상**(像)이 되는 우리글의 구조가 같으며,

내면적으로 이어진 **정**(情)은, 세상에서 작용되는 바탕터전으로서의 **장**(場)을 필요로 하는 의미와 이치가 같은, 구조를 가지고 있습니다.

15. ㅁ과 ㅂ 그리고 모음의 의미

한글학적으로 보면 '발'은 '말'이 되는 'ㅁ'의 물질적 체가 자라서, 'ㅂ'의 형태로 진행된 체질로서 드러낸 모습과도 같습니다.

즉 '말'에서 'ㅁ'이 모습을 드러내면 'ㅂ'으로 나타난다는 것입니다.

완전하지 못한 유전자로서 '모'는 완성을 이루기 위해서 싹이 틔우고 자라면서, 줄기가 되어 꽃 피고 열매가 열리게 되는 것은, '모'라고 하는 씨앗 속에 들어 있는 정보가, 자람으로 '보'로서 보이게 되는 것과 같습니다.

그래서 발병이란 말이 병이 된 것이므로, 말과 발은 보이지 않는 것과 보이는 것을 표현한 것입니다.

말은 자신의 앎을 표현하는 도구로서 머리(하늘)에 있으며, 발은 행동하고 실천(땅, 세상)을 하는 인체의 도구입니다.

앎과 씀이 일치되지 않음은 머리와 이어진 손발까지의 통로에서 통하지 않고, 막힌 것을 병이라고 합니다.

그래서 병은 이쪽과 저쪽이 서로 잘 통하는 큰 파이프로 되어야 잘 통하게 됩니다만, 중간에 막히게 되면 서로 통하지 못하고 흐르지 못하므로, 순환되지 못하고 물이 고이듯 점점 굳어져 병으로 만들어지는 것입니다.

자연의 이치를 알고 배운 것으로 체질로 이루어질 때까지는 병이 오더라도, 그 병의 원인이 되는 막힌 곳을 찾아서 서로 통하도록 변하면서 중도에 포기하지 않으면, 비로소 앎이 되는 말과 실천이 되는 씀이 하나로 되어, **말씀**으로 이루어짐니다.

삶에서의 옳게 알음은 씀으로 되어야 한다는 것을 '쓰리랑'의
의미로서 알리고 있습니다.

'십리'라는 말은 '십'은 '열'과 같으며, 아홉에서 이어진 완성
수로서 새로움이 열리는 열(開)이기도 합니다.

ㅅ에서 ㅡ를 위에 얹으면 ㅈ이 되듯이, '십'이라는 글자의 위
에 하늘의 위치에서 ㅡ를 얹으면, '집'이 됩니다.

이것은 구(九)의 의미로서 굴려서 모으는 작용이며, 굴려서
채워지는 '십(十)'을 이루어야, 체가 형성되어 가족이 함께할
수 있는 울타리를 가지듯, 서로 보호하는 공간으로서 '울'은
'우리'가 되어 '우리집'을 이루게 되는 이치입니다.

'열'은 아홉에서 채워진 열은 막혔던 길이 열리는 현상이므로,
다시 시작하게 되는 마무리의 숫자로서 열과 십은 같은 의미
입니다.

우주만물의 근본 요소로서 'O'은 이 세상터(□)를 배우고 알
고 말하는 것을 (|)로 표기하며, 자라고 채우고 쓰는 것을
(ㅡ)로 표기하며, 이를 서로 합쳐진 의미의 이치로서 (十) 표
현된 것(田)이며, '十'은 한글의 모음 'ㅗ'와 'ㅓ'와 'ㅏ'와 'ㅜ'
의 변화하는 과정(十 十 十)을 순서대로 합쳐진 모양이며,
변하는 순서대로 회전하여, 다시 돌아와 반복하게 됨으로서
순도를 높이며, 인간본성의 근원을 바탕으로 하는 삶을 의미
하는 'O'을 가르치는 노래가 '아리랑'이라고 할 수 있습니다.

아리랑은 후렴구와 같이 '아리 아리랑, 쓰리 쓰리랑'으로 계속
돌아가는 것은 'ㅇ'을 바탕으로 해서 '올이라(오르라) → 얼이

라(어리라) → 알이라(아리라, 알리라) → 울이라(우리라, 울리라)'로 이어져 후대로 반복함으로서, 자식과 함께하는 부모는 어른으로서 소질이 개발된 체질을 이루어, 청천하늘의 잔별과 같이 영롱하고 밝은 빛이 되어, 스스로의 위치와 자리에서 밤길을 비추는 별빛처럼 살아가는 일을 하게 됩니다.

신체는 육체의 작용을 무시하고, 오직 신체가 목적하는 자유로운 생각과 같이 한 곳에 머무르지 않으며, 육체는 또한 신체의 희망이나 바람과는 전혀 개의치 않으며, 편하고 고정되어 머무르기를 좋아하는 것으로, 서로 일방적으로 작용을 합니다.

위치와 자리의 관계를 살펴보면, 아리랑 고개 위로 오르는 힘듦으로도 만족하는 위치를 가진 육체는 더 이상의 진행을 포기하며, 위치를 누리면서 군림하려 하는 것은 세상자들의 육체에만 의존하여 살아가는 이유입니다.

신체는 모든 이가 우러러 보는 아리랑 고개에 이르러, 육체가 머물려는 것을 슬퍼하면서, 고개 너머의 새로운 세상의 자리에서 모든 자와 나누며 함께 어울려 살면서, 세상의 밝은 빛으로 살아가기를 원하는 것입니다.

그러나 세상의 사람은 큰 뜻을 이루지 못하고, 포기하므로 십리도 못 가서 발병이 난다는 뜻으로서, 아리랑 고개를 넘지 못하여 더 큰 자람을 포기한다는 의미입니다.

아리랑 고개를 넘어서면 세상의 물처럼 낮은 곳으로 향하듯, 스스로를 낮추며 이제까지 아리랑 고개를 오르면서 새롭게 알게 된 앎을 선지식이라고 합니다만, 이러한 앎을 다시 점검하고 검증하게 되는 것은 세상의 모든 사람들이 쉽게 씀이 되도록 하는 것입니다.

세상에서 모든 이가 잘 알고 쓸 수 있도록 정리 정돈하는 새로운 과정을 맞이하게 됩니다.

그러나 많은 사람들은 이렇게 반복하는 과정으로 이루어지는 완성을 포기하여, 아리랑 고개 위에서 내면의 자신이 추구하는 진화의 가치를 버리고, 육신의 안위만을 추구하며 더 이상의 발전적인 가치 추구를 포기하게 되는 곳이 바로 아리랑 고개입니다.

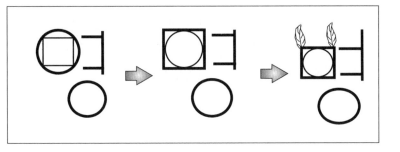

16. ㅇ, ㄹ, ㅁ, ㅂ, 마음과 마름, 그리고 바름

살면서 멋진 옷을 만들어 입고 싶을 때가 있습니다.

요즘같이 날씨가 더울 때는 한산모시로 지어 입고 싶은데, 가격이 만만찮습니다.

옷을 지으려면 베의 치수를 재고, 자르며 재단하는 작업을 마름질이라고 합니다.

정확하게 재고도 삐뚤게 자르면, 지어진 옷은 몸에 맞지 않을 뿐더러 엉망이게 됩니다.

바르게 재는 것은 삶으로 보면, 바르게 배움으로서 바르게 앎과 같습니다.

배운 것으로 바르게 살아가려고 해도 쉽지 않은 것처럼, 원단을 가위로 잘라 보면 바르게 자른다는 것은 쉽지 않습니다.

여러 조각의 마름질로 이루어진 베를 모아 정성으로 바느질을 할 때도, 아차 하면 손가락을 바늘로 찌르게 됩니다.

능숙한 솜씨를 필요로 하는 과정입니다.

바느질은 아주 정확하지 않으면 손가락을 다치기도 하며, 지어진 옷의 매무새도 나지 않습니다.

정확하게 재고 자르며 마름질 된 베를 바르고 섬세한 바느질을 거쳐서, 지어진 멋진 옷은 세상을 멋있게 살고자 했던 처음의 '마음'에서 시작하여, '마름'과 '바름'을 통하여 이루어지는 멋있는 날개를 달듯이 삶을 이루게 되는 것과 같습니다.

옷으로 지어 입는 베는 선택할 수 없는 사람이 태어나는 바탕과 같습니다.

어떤 옷을 지어 입을지는 스스로의 선택과 배움으로 이루어지는 삶에서의 앎과 쏨이라고 할 수 있습니다.

지금 우리가 살아가는 삶을 옷이라고 보면, 지금 입고 있는 옷은 어떤 옷을 입고 살아가고 계신가요?

아직도 옷을 짓고 있습니까?

아니면 잘못 기워진 옷을 뜯고, 다시 바느질을 하고 계신가요?

누더기가 멋있다고요?

에이…… 설마요. ㅎㅎ

'마음'에서 이어진 '마름'은 종성 ㅇ과 ㄹ의 차이에서 만들어지는 변화입니다.

ㅇ은 어떠한 목적을 이루기 위하여 반복적인 회전운동으로서, 작용되는 것을 이전의 글에서 보여드린 ○에서 태극으로 변하는 그림처럼, 작은 각도의 변화로 반복되는 회전운동으로 만들어지는 태극과 같은 ㄹ의 모양으로 이루게 됩니다.

이는 어떠한 옷이 필요하여 지어 입으려는 의도를 마음이라 하고, 베나 바늘과 실, 잣대 등의 필요한 재료와 도구를 준비하는 과정이 ㄹ로 볼 수 있으며, 마름질과 바느질의 과정은 ㅁ과 같으며, 다 지어진 옷을 입고 처음의 목적했던 의도가 드러나게 되는 것을 ㅂ의 의미라고 할 수 있습니다.

ㅇ의 바탕에서 ㄹ의 작용과 ㅁ으로 이어져, ㅂ으로 드러나는 우리글의 의미입니다.

이와 같이 우리글은 점과 또 다른 점은 서로 다른 별개로 보이지만, 속으로는 이렇게 서로 이어져 자라는 것으로 작용되는 것을 보여주는 글입니다.

ㅇ으로 시작되어 태를 받아 알몸으로 태어나, 바른 삶을 이루기 위하여 현재의 위치와 다음으로 다가오는 과정이 어떠한가를 예측하고, 지금의 과정이 충실한가를 스스로 이어보며 점검해 볼 수 있는 척도와 그 변하는 과정을 표현하여, 보여주는 지도서와 같은 우리글입니다.

17. 새해에는

새해에는 처음 떠오르는 해를 구경하기 위해 많은 사람들이 해맞이를 나섭니다.

해를 바라본다는 것은 떠오르는 해의 장엄함에 저절로 고개 숙여지게도 하며, 일년의 새해를 맞이하며 여러 가지 기원을 합니다.

해를 **본다**는 것은 어떠한 일이든지, 새롭게 도전하여 **해 보는** 것과 같습니다.

새해 첫날에만 해를 보는 것보다는, 일 년 내내 평소에 하고 싶었던 일을 도전해 보는 것으로, 일 년의 마무리 때의 결과 는 직접 보지 않아도 알 수 있습니다.

우리는 이것을 거창하고 특별한 선견지명의 능력이 아니라, 아주 당연함이라고 합니다,

해를 본다는 것은 해 본다는 의미와 같습니다.

뙤약볕에서의 일하며 하루해를 보다 보면, 저녁에는 서산으로 해가 지듯이, 처음 해 본 일도 해가 질 때 즈음에는, 저절로 해지게 되는 것입니다.

평소에 하고 싶던 일을 미루고 있었던 것을, 새해에는 새롭게 해 보는 일로 가득차길 바랍니다.

그리고 서툴더라도 해 보다 보면 저절로 해지게 되는 것은, 우리는 겪어 보지 않아도 이미 어릴 때 넘어지면서도 걸음마 를 배운 것으로 당연하게 알고 있습니다.

오늘도 장엄하게 떠오르는 해와 같이, 새롭게 해 보는 일의

의미로서 우리에게는 그만큼 장엄하게 보이는 것입니다.

떠오르는 해가 우리에게 환하게 세상을 밝혀 보여주듯이, 내가 도전하여 해 본 일로서 해처럼 세상을 환하게 비추는 빛이 되는 것입니다.

18. 새해와 할 일

어제 해와 오늘 해는 어떻게 다른가요?

지난해와 올해는 어떻게 다를까요?

매일 떠오르는 '해'는 '해라'는 말과 같아서, 하여야만 하는 사명과 같이 '하다'와 같은 의미입니다.

그래서 어제 해야 하는 일과 오늘 해야 하는 일이 다르며,

지난해에 했던 일과 올해에 해야 할 일이 당연하게 다른 것입니다.

새로운 일을 해야 하는 새해에는

하지 말라고 해도 해야 하는 일이 무엇인지,

하기 싫어도 해야 하는 일은 무엇인지,

하지 않으면 안 되는 일은 무엇인지를 알면,

'일'이란

오직 하나로서 둘이 아닌 선택의 여지가 없어 혼란하지 않은 아주 쉬운 길이다.

'해'를 살펴보면 'ㅎ+ㅐ'이며 ㅎ은 'ㅇ+ㅗ'와 같습니다.

즉, 'ㅇ+ㅗ'의 의미는 'ㅇ으로서 반복하며, 회전하는 작용은 에너지의 팽창 확장되는 작용으로서, 초월과 오르는(진화) 결과이며, ▢ 에서 ◯ 로 변하는 것으로 ◯적인 확장으로 자신이 밝아지는' 의미입니다.

ㅐ의 의미는 ㅣ로서의 나와 만나는 또 다른 상대적 존재로서

의 ㅣ, 즉 사람, 생각, 일, 도구, 위치, 집, 음식, 기술 등과 같이 서로 이어주는 만남입니다.(ㅐ=ㅓ와 ㅣ와의 ㅡ로 서로 이어주는 만남)

부디 올해에는 지난해에 이루지 못했던 일들을, 남김없이 해처럼 뜨거운 열정으로 활활 태워서 남기지 마시고, 태우고 가십시오.

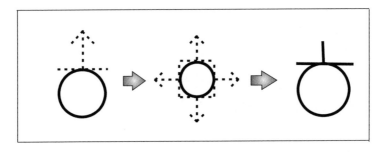

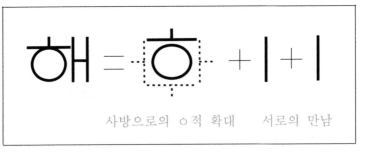

사방으로의 ㅇ적 확대   서로의 만남

19. 설날의 의미

설날은 지난날들을 되돌아보고 소홀했던 것이나, 앞으로 살아갈 일을 조금은 여유롭게 설계하는 우리들의 살아가는 날들 중에서 가지는 참 좋은 날입니다.
설날은 우리말과 우리글로서 어떤 의미를 가지는 날인가를 살펴보도록 하겠습니다.

'설'을 풀어보면, 'ㅅ + ㅓ + ㄹ'로 볼 수 있습니다.
초성 자음 'ㅅ'을 그림으로 보면, 뿌리와 같이 아랫부분의 펼쳐진 것들이 모여, 뿔처럼 위의 한곳으로 향하는 방향성을 표현합니다.
어느 한쪽으로 기울어지지 않고, 모두가 모여 오직 한쪽으로 향하는 모습으로서 뿔처럼 강한 힘을 느낄 수 있기도 합니다.

'설'의 중성모음 'ㅓ'는 음성모음으로서, 땅속에 묻혀 자라는 뿌리나 씨앗처럼 보이지 않으나, 언제든지 싹을 틔우고 줄기와 꽃을 피우고 열매를 맺어, 드러나 보이는 양성(陽性)으로 변화하는 양성모음 'ㅏ'로 변하기 이전까지는, 음성(陰性)의 성질을 가지고 있습니다.
이렇듯 음성(陰性)은 양성(陽性)과 이어져 있으므로, 튼튼한 뿌리를 보면 앞으로 튼튼하게 자라게 될 줄기를 미리 알게 되는 것은 당연하듯이, 또한 튼튼한 열매를 보면 보이지 않는 땅속의 뿌리도 튼튼하게 자라고 있음을, 우리는 보지 않아도 알 수 있습니다.

그래서 '설'은 음성모음 'ㅓ'로 이루어졌으며, 이것은 양성모음 'ㅏ'로 변하게 되어, '살'로 이루어지는 것은 보지 않고도 알 수 있는 이치입니다.

'설'의 종성자음 'ㄹ'을 그림으로 보면, 흐르는 강물이나 꾸불꾸불한 길처럼, 멈추지 않고 끊기지 않고 계속 이어져 나아가는 모양입니다.
이러한 'ㄹ'의 의미는 우리말의 길, 물, 들, 발, 달 등과 같이 많은 부분에서 쉽게 발견할 수 있기도 하므로, 여러분도 관찰해 보시기를 권합니다.
'ㄹ'은 앞서 ㅇ의 반복운동으로, 태극의 모양으로 진행되는 상태를 'ㄹ'의 의미로서 밝힌 바와 같습니다.
이 책의 맨 뒤쪽에 첨부된 태극의 회로를 보시면, 반복되는 ㅇ운동에서 시작하여 작은 각도의 연속된 변화로서, 태극의 형태로 이루어지는 과정을 표현한 기형(氣形)입니다.

'설'의 음성모음 ㅓ와 '살'의 양성모음 ㅏ의 의미는, 음양을 표현하는 말로서 '살'면서 바르게 서야 하는(설;'바르게 서다'의 진행형) 방향성을 가지고 있다는 것을 알려주고 있습니다.
'설날'은 해를 거듭하며 살면서 이루어야 하는, 목표와 같은 미래형을 제시하는 말입니다.
현재의 미완성적인 위치에서 포기하지 않고, 배우는 앎과 자람과 채움을 통한 씀으로서, 이어지면 정상에 우뚝 서듯이 '서는 날'로 이루어지게 됩니다.
'살날'들이 모여 채워지면, '산 날'로 이루어지게 되는 것은 '설날'들이 모여 '선'날이 되는 이치입니다.

우리가 평생 살아갈 날들은 보이지 않는 속, 즉 음으로는 '설날'들로 채워져 있으므로, 마무리 때에는 '선 날'이 되며, 앞으로 살아가면서 이루게 하는 '살 날'들이 채워져, '산 날'로 되는 것은 살아온 날들의 결과가 얼마나 바르게 서게 되는, 결과인가와 같아서 이를 이룬 결과, 즉 **살림살이**라고 합니다.

이렇듯 우리가 살아가는 날들을 살펴보면, 미완성의 기울어지고 비뚤어진 지금의 날들에서 조금이라도 바르게 '설'려고(서려고) 하는 시간적 의미를 담고 있으며, 우리의 삶이 마무리 할 때에는 얼마나 바르게 **'설 날에서 선 날'**들로 이루어졌는가를 알 수 있으며, 이것을 **'산 날'의 내용으로서 남겨진 살림살이**로서 드러나 보이게 됩니다.

살림살이는 한해 한해를 살아가면서, 더욱 바르게 설려고 했던 이유처럼 물질적 살림살이가 아니라, 누구에게도 기대지 않고 스스로 바르게 선 모습으로, 이루어진 내면의 충족된 살림살이로서 누구에게도 줄 수 없고, 뺏기지 않는 스스로의 질(質)적인 진화이며, 죽어서도 변하지 않는 ○적인 성장을 의미합니다.

20. 설날에 가지는 마음과 생각

마음은 외부로부터 내부로 수용하는 방향성을 가지며, 생각은 내부로부터 외부로 요구하는 작용의 방향성을 가집니다.

내부에서 외부로 향하는 작용은 끝이 없으며, 외부에서 내부로 향하는 작용은 끝이 있으며, 그 끝을 우리는 중심이라고 합니다.

그래서 중심에 선 자는 마음도 생각도 흔들림이 없으며, 이것을 공부에는 끝이 있다고 하며, 중심에 선 자는 다만 남은 삶을 효율적으로 살아가기 위해서, 전체를 위한 세상을 운영할 뿐입니다.

중심에 바르게 선다는 것으로 볼 때, 아직은 바르게 서지 못하고 기울어져 있다는 것으로 현재의 존재 이유가 아닐까요?

지난해보다 좀 더 바르게 선(立) 모습으로 변모한다면, 설날은 앞으로 살면서 좀 더 바르게 서야 하는 설(立)날이 되며, 지난해보다는 더욱 잘 살면서 배운자로서 한 번 더 해 보는 한 해가 되어, 도전자로서 **더** 해 보면 **다** 하게 되므로, 지나온 **도**를 **전**하는 **자**로서 또 도전해 보는 자리에서 저절로 해지는 자리로 한 해가 이루어지기를 바라는 마음으로 혜자의 생각을 전합니다.

올 해는 오르게 하는 해로서,
'**해라**'보다는 '**해 보자**'가 좋고,
'해 보자'보다는 '**해진다**'가 더 좋은 이유는

떠오르는 **해보다**
해지는 석양이 화려하고 아름다운 이유더라.

좋은 설날 되십시오.

오늘도 **해** 보자

21. 날씨와 운명

'날씨가 좋다'라고 하는 말은 하늘에 구름 한 점 없이, 맑아서 깨끗하여 흠이 없다는 말로서 어원은 '날'과 '씨'가 합쳐진 말입니다.

'날'은 돗자리나 옷감의 베를 짤 때에 옷감의 폭을 정해서 베필의 길이가 되는 실로서, 베를 짜기 전에 먼저 길이를 정하여 감은 실을 '날줄'이라고 하며,

'씨'는 북 속에 감겨져 있다가 북이 날줄 속으로 지나가면서 저절로 풀어지는 즉, 가로지르는 실을 '씨줄'이라고 합니다.

그래서 하늘도 빛깔 고운 옥색비단의 펼쳐진 옷감으로 비유하여, 잘 짜여진 베는 실의 매듭으로 인한 흠집이 없이 고르게 잘 짜여진 베와 같다고 합니다.

좋은 날줄과 씨줄로서 이루어진 베처럼, 구름한 점 없는 맑은 하늘의 날씨가 좋다는 것은 좋은 옷감으로서 멋진 옷을 지어 입을 수 있게 되는 의미로 된 말입니다.

좋은 날씨에 좋은 옷감으로 지어서 좋은 옷을 입게 되는 것은, 우리가 태어나 일생을 베를 짜듯이, 이미 정해진 명으로 살아가는 정명으로서의 날줄과 주어진 조건에서 어떻게 살아가느냐에 따라서, 달라지는 운명을 씨줄로 본다면 여러분의 일생은 하늘의 날씨와 같이 흐렸다가 맑았다가 하게 되는 것으로, 이제까지 살아오면서 이미 알게 되었던 것과 같습니다. 지금 장마처럼 흐린 날씨라 할지라도 곧 맑아지게 된다는 것은 누구나 알고 있습니다.

농사꾼은 맑아질 때의 날씨를 준비하듯이, 지금은 농사지을 연장이라도 준비하면, 속 깊은 한숨은 조금이나마 줄어들게 됩니다.

우리들의 인생도 이와 같아서 언제나 힘든 일만 있는 것은 아니며, 정해진 명으로 태어날 때부터 힘들게 살아간다 하더라도, 살아가는 동안에 만나고 이루어지는 삶을 운영을 한다면, 운명도 주인으로서 만들어 쓸 수 있는 삶의 옷이 아니겠습니까?

정명은 태어날 때부터 이미 가져온 해야 할 일로서, 꼭 겪고 지나가야 하는 선천적인 명이며, 운명은 살아가면서 주어지는 환경에서 이루어 가는 일로서 바꿀 수 있는 후천적인 명입니다.

이 글을 읽는 여러분께서는 언제나 삶의 날씨가 좋은 날 되십시오.

22. 아내

안해는
채워야 하는 안은 밝은 해라오.
그래서 우리집은 아내가 밝은 해라오.

안해는
알지만 행하지 않는다는 말이오.
그래서 나는 아내가 이르는 말을 잘 듣지 않는다오.

안해는
그래서
아! 내구나!

아내는 집안에서 안아 주고
아! 내는 내 안에서 열어 주니
아내는 안에서 열어 주는 자인가 보다.

* '안해'는 아내의 옛말(古語)

23. 바다는

바다는
모든 것을 다 받아 준다고
바다인가 보다.

'**바다**'를 세로쓰기로 적어 보면
받 로도 볼 수 있으므로
'**받아**'와 같습니다.

같은 이치로 적용되는 글이 평소 사용하는 주변에는 너무나
많습니다.

'글이다'와 '그리다'는
'그리다'라는 글을 세로쓰기로 적어 보면 금방 알아보게 되는
글로서, 조립된 글로 보면 **글** 로도 보이게 됩니다.
전하고자 하는 메세지가 압축되어 부호로 표현된 것을 글이
라 하고, 반대로 그림은 그 메세지를 넓게 풀어서 표현된 것
입니다.
그래서 글이나 그림이 서로 이어진 글로서 전달하고자 하는
그 메세지는 같다는 것을 알 수 있습니다.

'뿔이다'와 '뿌리다'는
산의 꼭대기처럼 모든 것이 압축되고 결집되어 모여진 것을
뿔이라 하고,

씨앗을 넓게 뿌리는 것이나 나무의 뿌리가 땅속에, 넓게 퍼져 있는 모양은 뿔과 반대로 펼쳐진 모양으로서, 동전의 양면과 같이 뿔과 뿌리는 보이는 부분과, 보이지 않는 모습이 뿔처럼 하나로 이루어진 것을 의미하며, A 처럼 윗부분과 아랫부분을 나누어보면, 뿔과 뿌리의 의미로서 알 수 있습니다.

'머리'와 '멀리'라는 말도 '머리'라는 글을 세로쓰기로 적어 보면, 멀처럼 같은 구조로서 만들어졌음을 알 수 있습니다.
머리가 멀리와 통하는 이유를 살펴보면, 머리는 행동하고 실천하는 일보다는 생각이나 판단 등을 하는 기관이며, 반대로 실천하고 행동하는 직접적인 일을 하는 손이나 발과의 거리는 멀다고 할 수 있습니다.
예전에 스승님께서 하신 말씀 중에 "'할 수 있다'와 '하고 있다'와의 거리는 구만리장천(九萬里長川)이다."라고 하셨습니다.
즉 '언제든지 즉시 할 수 있다'라고 생각하는 것은 머리이며, 현재 지금 행동하고 실천하고 있는 것은 손과 발이므로, 생각을 바로 실천한다는 것은 구만리의 긴 강만큼이나, 어렵고 멀리에 있다는 뜻입니다.

우리말에서는 이렇듯 전혀 다른 점과 점이 만나서, 하나의 선으로 이어지게 된다는 것을, 여러 곳에서 이와 같은 구조로 만들어졌음을 알 수 있습니다.
또한 그 속에는 심오한 깨달음으로 인도하는 삶의 방향성을 알려주고 있다는 것을 알 수 있습니다.
이러한 우리말은 과히 하늘에서 내려 주신 것이 아니라면, 어떻게 사람의 머리에서 나올 수 있었겠습니까?

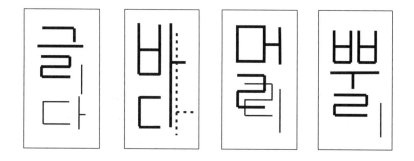

24. 배움은 배로 움트게 한다

"배운다"는 것은
'알다'의 의미보다는
'행동하다'의 의미가 깊다.

'배움'이라는 말은 '배로 움트다'라는 뜻입니다.
씨앗의 속에 배아가 싹이 나서 떡잎이 되고, 씨눈이 자라서 줄기가 되는 것과 같이, 배아가 움트는 것은 나무줄기로 자리기 위한 새 생명의 태동으로서, 배움은 우리의 삶이 존재하여 소명을 이루기 위한 첫걸음입니다.

하나의 씨앗이 자라서 많은 열매를 가지게 되는 것은, 배움으로서 많은 지혜를 가지게 되는 이치와 같으며, 두 배, 세 배로 많은 결과로 돌아온다는 뜻이기도 합니다.
배아가 싹으로 움트고 자라서, 두 배, 세 배의 많은 열매로서 보답을 받게 되는 것이 배움입니다.
제대로 된 배움은 제대로 된 자람을 약속합니다.
제대로 된 배움은 옳은 앎을 가지게 되므로, 잘 자라게 되어, 내가 원하는 것을 이루기 위한 경계의 강을, 건너갈 수 있는 배(船)를 만드는 일입니다.

25. 도움은 도로 움트게 한다(도와주다)

"하늘에는 할 일이 있고
땅에는 사랑이 있다."
- 하늘의 도(道)와 땅에서의 주(主)는 같다. -

'도와주다'라는 말은 어렵거나, 힘든 일을 함께 거들어 준다는
뜻입니다.
그래서 '도와~주다'라는 말은 '~주다'의 뜻을 가지고 있으며,
'받다'의 반대말이기도 합니다.
줄 수 있다는 것은 채워져서 가진 것이 있다는 뜻이므로, 가
진 것이 있다는 것은 채워진 만큼 줄 수 있습니다.
그래서 가지지 못하였다면 줄 수도 없을 뿐 아니라, 비워졌음
으로 언젠가는 더욱 채워야 한다는 것입니다.

우리의 주변에서 흔히 볼 수 있는 경우로서 도와주려고 해도
도와줄 수 없는 이유는, 가지지 못한 이유로서 채워지지 못하
여 나누어 줄 수 없다는 것입니다.
설령 가지고 있다고 하더라도, 만족하지 못하며 채워지지 않
은 만큼 비워져 있음으로, 나누어 줄 수 없습니다.

줄 수 있다는 것은 가진 만큼의, 채워진 자가 할 수 있는 세
상을 위해서 도리에 맞게 쓸 수 있는, 주인으로서 권한과 같
습니다.
참주인은 필요한 곳에는 언제든지 줄 수 있을 만큼 채워져

있으며, 써야 할 때는 언제든지 도리에 맞게 조달하여, 세상에서 자유롭게 쓸 수 있는 하늘의 이치를 도(道)이라 하고, 사람이 살아가는 땅에서는 주(主)과 같다는 것입니다.

인간세상에서의 주(主)님이라고 하는 뜻은 언제든지 줄 수 있는 이 땅에서의 주인이며, 하늘에서의 주인은 천지자연의 이치로서 도(道)라고 하는 것입니다.
그래서 '도와주는 사람'이라는 의미는 **가진 도(道)와 주인으로서 주는 사람**이라는 뜻과, '도와주다'이라는 말은 **도(道)와 주(主)는 어른 된 사람(者)으로서 하는 일**이라는 뜻으로서, 이것은 도(道)로서 의미하는 하늘이라는 뜻과, 우리가 태어나 살아가는 의미는 하늘의 바람을 이루는 일꾼이라는 의미로서, 스스로 하늘의 자손 즉 도리(道理)로서 영적인 진화를 위해서 살아가는 삶의 가치라는 의미입니다.

이렇듯 하늘의 이치를 알고, 이 땅에서 주인으로서 자란다는 것은 어렵습니다.
그래서 구도자는 도를 찾아 수행의 길을 바르게 가기 위해서 사랑하는 가족을 떠나 출가를 하듯이, 도는 쉽게 찾아지지 않을 뿐 아니라, 도를 가진다는 것은 더욱 어려운 일입니다.
수행자가 도를 찾아 출가하여 겪게 되는, 온갖 어려움 속에서도 포기하지 않고 갈구하는 자를 구도자라고 하듯이, 그만큼 도를 구한다는 것이 어렵기 때문입니다.

그러나 우리가 일상으로 사용하는 우리말을 살펴보십시오.
'도와주다'를 다시 살펴보면 '도 와주다'라고 볼 수 있습니다.

다시 말씀을 드리면, 도와주면 도(道)로 나에게 와 준다는 뜻으로서, 도와준 것이 다시 되돌아온다는 말이므로, 돌아올 때는 도(道)가 되어 나에게 와 준다는 뜻이기도 합니다.

구도자의 일생 동안 힘든 행로에서 찾는 도(道)는 도와주는 것으로서, 이루어진다는 것을 우리들은 너무나 일상적으로 사용하면서도 밝게 볼 수 있는 눈이 없고, 들을 수 있는 귀가 막혀 있었던 것입니다.

도와준다는 것은 알면서도 실천하기 어렵듯이, 가졌음에도 나누기 어렵듯이, 평소 사용하면서도 알 수 없었던 것처럼 쉬운 일이 아닌 것으로, 아주 수준이 높은 세상의 주인으로서 채워진 자가 할 수 있는 사랑의 모습이며, 하늘에서 이루고자 하는 이 땅에서의 일이기도 합니다.

여러분의 주변에 어렵고 힘든 자를 도와주십시오.

도움은 도로 움트게 한다는 말입니다.

그 도움은 무럭무럭 자라서 훨씬 큰 보답으로 나에게 다시 되돌아오게 된다는 것을 알게 됩니다.

그때는 도가 크게 자라서, 이미 스스로 주인으로 이루어졌음을 알게 됩니다.

도와준다는 것은 가진 것으로, 채워진 주인만이 할 수 있는 주는 일입니다.

가지지 못한 자는 줄 수 없고, 할 수 없는 일입니다.

26. 가르침과 가를 침

가르친다는 것은 **가를 친다**는 것과 서로 다른 말이지만, 그 의미는 서로 통하는 말로서, 시작과 뿌리가 같은 말입니다.

'가를 치다'라는 것은 나무로 보면 쉽게 알 수 있습니다.

나무를 키울 때에 좋은 열매를 가지기 위해서는 삐뚤어진 가지나, 다른 가지에 나쁜 영향을 미치는 가지는 잘라야 하는 것은, 아직도 덜 자란 나무는 바르게 자랄 수 있도록, 좋은 가지를 키우기 위함입니다.

사람을 나무에 비유하여 꿈나무라고 표현하듯이, 우리의 속에는 여러 가지 성질로서 만들어진 소질로서의 가지를 가지고 있습니다.

사람을 가르치는 법은, 나무를 잘 키워 많은 열매가 맺을 수 있게 농사를 짓는 법과 같아서 농자천하지대본이라는 말을 합니다.

이것은 농사를 짓는 이치와 천하를 이루는 이치와 같으므로 그 근본을 아는 자를 뜻하며, 농자라는 말은 농사짓는 사람, 농부가 근본이 된다는 말은 아닌 것입니다.

퍼즐퀴즈는 가로열쇠와 세로열쇠의 조건을 충족시켜야 정답이 되듯이, 이어서 보고 떼어서 보아야 서로 통한다는 것을 알 수 있으므로, 모든 것을 다시 바라보는 정성을 필요로 합니다.

'가르치다'라는 말은 교육을 의미하므로, 모르는 것을 알게 하는 지식의 전달뿐만 아니라, 나무의 가지를 자르듯이 잘못된 습관이나 가치관, 행동을 고칠 수 있도록 고통과 아픔을 참으면서 배우고 가르치는 일이므로, '가를 치다'라는 말과 그 의미는 서로 같습니다.

서로 따로 보이지만 이어져 있음은, 섬과 섬이 따로 떨어져 별도로 보이지만, 서로 이어져 있음을 모르는 이유로서 우리의 눈은, 바닷물을 제거되어야 확연하게 알 수 있습니다.

바닷물 때문에 보이지 않는다며 무시하지 말고, 천천히 깊은 물속을 보듯이 기다리며 다시 살펴보면, 잘 보이게 되므로 이제까지의 글과 앞으로 게재되는 글을 읽고서 많은 충고와 질문과 소감을 부탁합니다.

인간이 가진 성질도 잘 자랄 수 있도록 가를 쳐야지, 자라지 못하게 억압하거나 죽도록 자르면 안 되는 것으로, 성질이 다듬어지면 소질이 되는 이유입니다.

가르친다는 것은 전달의 과정이 아니라, 잘라야 하는 힘듦과 함께 한다는 것을 알고 가르친다면, 우리들의 부모님과 스승님께 대하는 자세도 달라지리라 믿습니다.

자라-다를 세로쓰기로 이어서 적어 보시고, 다시 풀어서 따로 읽어 보면 **잘ㅏ-다**로 보이게 되며, 다시 보면 **잘라-다**로 보여집니다.

우리는 잘 자라기를 원하지만, 자란다는 것은 잘라야 하는 아픔과 함께한다는 것을 알아야 합니다.

"가르침은 가를 침이니
자랄 수 있도록 잘라야 하느니라"

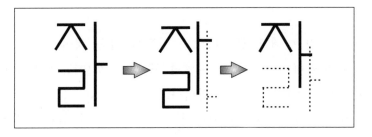

27. 뽈과 뿌리는 하나다

뽈과 뿌리는 엄연히 다른 말이지만, 어원이 같다는 것을 볼 수 있는 말입니다.

한글의 자음 ㅅ의 위쪽처럼 모아진 곳은 뽈이며, ㅅ의 아랫부분처럼 펼쳐진 것은 뿌리의 펼쳐진 모양입니다.

돌부리라는 말은 돌이 땅에 드러나 보이는 부분과, 땅속에 묻혀 보이지 않는 곳을 뿌리라는 뜻이므로, 돌의 전체의 형태는 겉으로 뾰족하게 드러난 돌부리와 돌뿌리까지이며, 겉으로는 보이지 않으나 없는 것이 아니므로, 보이지 않으나 땅속에 숨겨져 있음을 우리는 알고 있습니다.

이렇듯 보이지 않아도 알 수 있는 것을 이치라고 합니다.

바다의 섬은 바다의 위에도 있고, 바다 밑에도 땅은 있으나 물에 가려져 보이지 않아도, 서로 이어져 있음을 우리는 이치로서 알고 있습니다.

'뽈이다'를 줄여서 쓰면 '뽈임'이 되듯이, '글이다'를 줄여서 쓰면 '글임'이 되는 것처럼, 어원이 가지는 정보는 같으나 쓰임이 다른 이유로서 모양이 다르고, 하는 일이 다르므로 표현도 다르게 합니다.

뽈임을 세로로 쓰고 이어서 보면 뿌림이 되며, '뿌림'은 '뿌리임'으로 서로 이어져 있음을 알 수 있습니다.

뿌림은 씨앗을 뿌리다와 같이 펼침을 말하며, 뿌리도 펼쳐진 모양으로 ㅅ의 아래쪽 모양과 같습니다.

보이지 않는 물밑과 보이는 물 위의 섬을 보려면, 물을 걷어내고 보면 물밑 부분이 쉽게 보이듯이, 돌부리로 보면 뽈처럼 땅 위로 솟아난 부분과 땅속에 숨겨진 뿌리는 하나의 돌에서 이루어졌으나, 보이는 부분과 보이지 않는 두 개의 부분을 하나의 돌로 보이게 되는 것을 이치 즉 도(道)라고 합니다.

실제는 돌의 뿔과 뿌리는 엄연히 다르게 보이면서, 서로 다르게 쓰임이 되므로, 이 세상에서는 드러나 보이는 것과 보이지 않으면서도 엄연히 존재를 하며, 그러한 것을 바르게 알고 쓰임이 되도록 한글이 만들어진 근본이치입니다.

'원, 방, 각'이 되는 천지자연의 이치를 표현하였다고 훈민정음에서는 전하고 있습니다만, '뿔과 뿌리, 쓰임'의 의미와 같이 원, 방, 각이 가지는 의미와 같습니다.

이러한 내용은 다음의 기회에 좀 더 깊고, 자세하게 설명을 하도록 하겠습니다.

하나라고 하기도 하고 합일이라고도 하며, 우주라고도 하는 것은 어떠한 그 무엇으로서 존재한다는 것을 의미하며, 그 존재는 전체를 뜻하며, 전체를 구분하면 나와 상대로 나눌 수 있는 것과 같습니다.

전체 중에서 쓰임이 되는 나를 하나의 기준되는 축(ㅣ)으로 하고, 상대되는 또 하나의 세상의 존재로서 축(ㅣ)으로 보면, 존재한다는 것은 ‖처럼 두 개의 축이 하나로 서로 이어져 ㅐ 붙어 있는 모양으로 됩니다.

이는 하나로 보이는 모양을 하고 있다가, 어떠한 일을 하기 위해서는 세포가 분열하듯이 분리 작업이 이루어지는 모습은 ∧이나 ∨로 나타나게 됩니다.

각각이 주체가 되어 일을 하는 분리된 개체로서 작용하는 것은 ㅣ와 또 다른ㅣ로 분리된 것이며, 나와 상대의 만남이 모음 ㅐ 의 형태로 표현되는 것입니다.

이는 물론 ⊥ 와 같이 방향을 바꿔서 표현되는 것처럼 볼 수 있습니다.

존재한다는 것을 ｜로도 볼 수 있으며, ─ 으로도 볼 수 있는 것은 보는 위치에 따라서 다르게 보이는 것이며, 분리하지 않고 하나로 된 존재로서, 두 개가 완벽하게 합쳐진 모양으로 ✛ 로 표현된 것입니다.

✛ 는 완성이며, 합일이며, 하나된 모습이며, 이상이나 진리를 의미하며, 이 세상은 부족함을 채우고 자라야 하는 이상을 실현하기 위한 터전으로서 일하는 곳입니다.

우리가 원하는 이상의 완성된 세계와는 부족함과 차이가 있는 지금의 이 세상이므로, 이 세상은 ✛ 이 아닌, ✕ 로서 표현되며, 완성된 이상의 세상과 부족하여 진화를 위하여 살아가는 지금의 세상 ✕ 에서, 제시되는 하나로 이루어진 모습을 ✛ 와 ✕ 를 합하여 ✳ 로 표현할 수 있습니다.

이것은 훈민정음이 만들어지는 제자원리이며, 앞으로 글에서 이해를 돕기 위해 설명한 글이기도 합니다.

훈민정음은 새로운 세상, 즉 지금보다 질적으로 차원이 높은 하늘로서의 의미와 같은, 지혜로운 삶을 살아갈 수 있는 백성을 가르치는 올바른 소리라는 것을, 앞으로의 여러 글에서도 같은 원리가 반복적으로 적용되는 설명이 되므로, 그 의미를 선명하게 알 수 있게 됩니다.

✛ ＋ ✕ ＝ ✳

이상　　　세상　　새로운 세상

28. 글과 그림

'글'과 '그림'은 서로 다른 것을 지칭하지만, 속으로는 아주 밀접하게 이어져 있음은 '선'으로 이루어진 '산'과의 관계와 같습니다.

> **바닷물이 없으면 섬도 산이 되지만,**
> **물로서 눈을 가리니, 산을 섬이라 하더라.**

'산'은 '선'에서 이어진 말로서 2차원적인 면에서는 선이 되고, 3차원적인 공간에서는 입체적인 산이 되는 것과 같습니다 ('선'의 음성모음 'ㅓ'가 산의 'ㅏ'로 진행되어진 표현).
선이 모여 이어지면 면이 되듯이, 부호로 조립된 글은 그 의미하는 선으로 이루어진 체계적인 부호들을 조립하여 정보를 함축하고 있으며, 그림은 부호로 이루어진 글과는 다르게, 선이나 색깔로서 메세지를 풀어서 보여 주고 있습니다.

'글이'는 '글ㅣ'로서 '그리'가 되는 것은, 세로쓰기로 적어서 다시 읽어보면 '글임'이 '그림'이 되는 것과 같으며, '뿔이' '뿔ㅣ'로서 '뿌리'가 되는 것은, '뿔임'이 '뿌림'으로 되는 것과 같으며, 뿌리의 퍼진 모양은 씨앗을 뿌리듯이 퍼져나감의 모양으로 깔대기 모양(ㅅ)의 위로 모여진 뿔과 아래로 펼쳐진 뿌리와 같습니다.
그래서 뿔과 뿌리는 서로 다른 것을 의미하는 말이지만, 속으로는 서로 이어져 하나로 이루어졌다는 것을 우리글의 구조

로서 알 수 있으며, 글과 그림이라는 글도 마찬가지로 전혀
다른 의미를 가진 이름이 서로 이어진 글로서 이루어졌다는
것을 이치로서 알 수 있습니다.

이어서 보기도 하고, 떼어서 나누어 보기도 함으로서, 글은
전혀 다른 뜻과 이름을 가진 각각의 점과 점으로 보이던 것
이, 하나의 이어진 선으로도 볼 수 있게 되는 것은 '길'을 아
는 자가 '글'을 쓰면, 글 속에 길이 있다는 것을 알 수 있으
나, 길을 모르고 글을 쓰는 자는 '**누리**'려는 자로서, 상대를
'**누르**'려는 것을 보지 않고도 이치로서 알 수 있습니다.

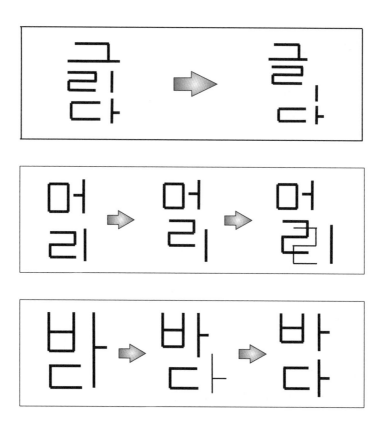

29. 앎과 씀

알지만 쓰지 못하는 것은 쓸 수 없는 앎입니다.

알기도 어렵지만 쓰기는 더욱 어려운 것이므로, 알지 못해도 쓸 수 있는 이유는 알에서 부화되어 병아리가 되듯이, 변화를 하여야만이 가능합니다.

쓸 수 없는 앎은 쓸데없는 앎입니다.

앎은 알아도 그만, 몰라도 그만이라서 속에서 변하지 않으면 쓸 수 없는 것입니다.

알에서 부화되는 얼이(얼 → 알) 변하여 보이게 되는 것은 병아리와 같이 변해야 합니다.

병아리는 모르면서도 살아가는 것은 이미 알 속에서 변한 이유이며, 병아리가 매정하지 못하고 보는 것의 그 이상을 알지 못하는 이유는, 어미닭으로 자람으로 변하지 못한 이유입니다.

사람도 마찬가지로서 알기만 하고, 쓰지 못하는 정보는 버려야 합니다.

속이 변할 수 없는 것은 속을 보여 주어야 보이게 되므로, 속을 보려면 속을 비워야 합니다.

비우는 것은 보여 주고자 할 때에 필요합니다.

속을 비우면 자연히 보이게 되므로, 바르게 볼 수 있으므로 속지 않게 되는 것입니다.

모유를 가진 엄마가 아기를 위해 젖통을 비우듯이, 보여 주는 것입니다.

잠 속에서도 애기에게 젖을 먹일 수 있는 것은, 부모로서 넓은 속을 가졌으므로 가능합니다.

주인의 속은 그렇게 보여 주는 것입니다.

효자는 부모의 속을 보고서 자라게 되므로, 당연하게 이루어지게 되는 것은 혈통으로 이루어져 배우지 않아도 알 수 있는 법으로서, 이미 태어나기 이전의 부모의 태중에서 변하는 이유입니다.

말은 알게는 하지만 쓸 수는 없습니다.

체질로서 이루어진 말은 마음의 소리이므로, 쓸 수 있게 되는 것입니다.

말은 매정하지 않아야 상대가 받아들일 수 있습니다.

상대에게 전하는 말은 인정되지 않으면 쓰여지지 않으므로, 보이지 않는 마음의 소리로 이루어진 말이어야 만이 말씀(말 + 씀)이 되는 것입니다.

씀은 쓰이게 되는 도구로 보이지만, 보이지 않는 약과 같이 변하게 하는 작용을 소리 없이 전하는 것입니다.

지금의 배운 자는 이렇게 말씀으로서 이 세상에서는 이루어지는 자로 살아가야 하는 것입니다.

한마디의 말이 씨가 되어 큰 나무로 잉태하듯이, 말은 살아 움직이고 자라면서 변화하는 유기체라고도 볼 수 있습니다.

충분하게 생각하고 하는 말이 아쉬운 이때에, 지금의 이 말이 소리 없이 지나가는 말이 되었으면 좋겠습니다.

물 흐르듯이 흐르는 말은 담기지 않으면서도, 소용돌이치는 말 한마디로 열중하게 하는 체질로서, 혈통으로 이루어지도록 속의 혈이 풀리게 하는 말과 씀이 되어, 변해야 하는 속은 복잡하지만 알고 보면 간단한 말입니다.

이 글을 가슴에 새기시면 말조심 하시게 됩니다.

세상자는
문지방 있어도 조심하지 않으나,
도를 이룬 도인은
문지방 없어도 조심하는 자이다.

30. 준비된 말씀

하지 말아야 하는 말은 하지 말고,
하지 않아도 되는 말은 하지 않고,
해서는 안 되는 말을 하면 탈로 작용합니다.

탈이 되는 말을 하면서도 탈이 된다는 것을 알고도 하는 말
과 모르고 하는 말로서 자신에게 돌아올 것을 알고서 해야
탈이 되지 않습니다.

부부는 서로 알려 주고, 감싸 주고, 도와주는 말로서 살아가
야합니다
부부가 서로 자만하거나, 무시하거나 도전하는 말은 서로 원
치 않으므로, 사전에 돌아올 말이 어떤 말인지는 누구나 알고
있습니다.

소처럼 천천히 하는 말은
소처럼 천천히 변하고,
말처럼 달리는 말은
말처럼 자기를 채찍질하는 말로서 변하고,

소와 같이 천천히 하면서도 정확하게 전달할 수 있는 말은
아마도 아침밥상이 달라지게 되는
도와주지 않아도 도와주는 것으로 알게 하는 지도법입니다.

용기가 되는 말은
용기가 모자라는 자에게 필요하고,

도전하게 되는 말은
용기보다는 새로움에 대해 두려워하는 자에게 필요하며,

보람되는 말은
보여주지 않아도 볼 수 있게 되면 저절로 이루어지므로
무조건 창조되지는 않는다는 것을 알게 됩니다.

창조할 수 있는 것은
준비 없이는 불가능하다는 것을 알아야만 창조할 수 있습니다.
무엇이든 창조하는 것은
무엇이든지 준비된 것이라는 것을 알면, 이미 깨달은 것입니다.

31. 말과 씀

말은
쌓아 가는 재물처럼 주고받는 속에서 자라므로
샘물을 모아서 물독에 붓듯이
모이는 말이어야 물처럼 흐르듯이 말이 됩니다.

말은
소리로 되어 많아지면 시끄럽고
줄이면 조용하므로 최고로 좋은 소리는
아름다운 노래처럼 이어지면서 함께할 수 있는 말이면서
훗날까지 전할 수 있는 말이면서
다시 들어도 새로운 소리는
말로서 타고서 빠르게 달릴 수 있는 말(馬)과 같이
이 세상에서는 최고로 좋은 말이라고 할 수 있습니다.

말은
많아도 탈이 되고
적어도 볼 수 없으므로, 알아들을 수 있어야 하면서도
아주 부드러우면서 환하게 밝히는 말은
인정되는 말이 됩니다.

살아가면서 이런 말을 만날 수 있는 기회는 많지 않습니다.
서로 좋은 말로서 자랄 수 있도록 도와주고,
억지 부리지 말고,

빈정거리지 말고,

모른다고 무시하지 말고,

신부의 면사포 벗기듯이 천천히 아주 천천히 다가가서

살짝 엿보고 다시 조심해서 벗겨야만,

제대로 알아볼 수 있으므로

함부로 덤비지 말고,

자기의 생각과 다르다고 도로 덮지 말고,

다시 보면서 애기 안듯이 부드럽게 감싸 주면서,

보여 주는 자는 살아 있는 말과 같은, 손발로서 실천하므로

'말'이 저절로 '씀'으로 이루어지게 되므로,

비로소 '말씀'이 되게 합니다.

32. 영문을 모르겠다

길거리를 돌아다니다 보면, 어떤 아저씨들이
"영문을 들어야 한다."라고 말을 하더군요. 영문도 모르고 따
라갔다고 할 때,
그 영문이라고 하던데, 구체적으로 영문이 무언지 알려 주세요.

====================================

영문에 대해서 알고 있는 몇 가지의 지식을 말씀드리겠습니다.
우선 '영문'이란? '영'과 '문'이라는 글자가 합쳐진 단어입니다.
'영'에 대해서는 후자로 미루고, '문'에 대해서 먼저 말씀드리
겠습니다.

'문'은 '담'이나 '벽'과 함께하는 것으로서, **문이 있다는 것은
벽이 있다**는 것과 같으며, 벽이 있다는 것은 또한 문이 있다
는 것을 의미합니다.
보이는 문과 보이지 않는 벽은, 이쪽과 저쪽의 경계로서 세상
살이에서 부딪히는 벽과 극복될 수 있는 문은 언제나 함께하
지만, 사람의 육안으로는 손바닥의 한 면만 보이는 것과 같습
니다.
그러나 양면을 함께 알 수 있는 것을 이치라고 하며, 지혜라
고 합니다.

손은 손바닥과 손등으로 구분되듯이, 문 안과 문밖으로 구분

되어지는 경계로서 문지방과 문틀이 함께 구성되어 있습니다.

한글로 보시면 '문'은 '무'와 'ㄴ'이 합쳐진 글자이며,

'무'는 무형의 'ㅇ'이 유형의 'ㅁ'의 형태로 나타난 것이므로, '무'의 의미는 유형의 '우'와는 반대로 무형을 형상화하여 나타낸 글자입니다.

그리고 'ㄴ'의 의미는 부정과 불안정 된 'ㄱ'의 의미와는 반대로, 긍정과 안정된 질(質)로 이루어진 형태를 나타낸 부호입니다.

그래서 '문' 이라는 의미는 쓰임에 따라서 열 수도 있으며, 닫을 수도 있는 체로서, 변하지 않아도 안정된 작용을 하는 체를 이루며, 인식할 수 있는 길이면서, 이쪽과 저쪽을 이어주는 연결고리이자, 서로 통하게 하는 통로라고도 할 수 있습니다.

이렇게 '문'에 대해서 설명을 드렸습니다만, 처음 접하는 내용이라서 조금은 혼란스럽더라도 천천히 반복해서 자주 읽어보시면, 틀림없이 이해하게 된다는 것을 말씀드립니다.

그리고 지금부터는

'영'에 대해서 말씀 드리겠습니다.

우선 '영'의 개념을 정리해야 할 필요가 있습니다.

흔히 알고 있는 '영'을 세분화하면, 'ㅇ'과 '령'과 '영'으로 구분할 수 있습니다.

'ㅇ'은 우주의 근본 요소이며, 에너지가 없는 근본이 되는 정보로서 집을 지을 수 있는 재료와 같으며, '령'은 집이 필요하다는 의식에서 필요성을 가지는 것과 같은 에너지를 가지게되며 '유체'라고도 합니다.

'영'은 완전하게 만족하게 되는 이루어진 사랑이나, 행복으로 이해하시면 '령'이 이루고자 하는 희망이나 목표라고 할 수 있습니다.

저기압과 고기압의 마찰로서 에너지가 발생되는 태풍으로 보면, 중심으로 끌어 모을 수 있는 회전에너지를 '령'으로 보면, 그 힘에 끌려온 각각의 불순물이 제거된 모습, 즉 공기가 맑고 대기가 안정된 상황을 '영'으로 보며, 저기압과 고기압은 태풍의 재료가 되며, 불순물과 맑은 공기는 각각 ㅇ으로 볼 수 있습니다.

'ㅇ'과 'ㄹ'의 설명은 앞의 단원에서 세밀하게 설명되어 있으며, ㅇ에서 운동을 시작하게 되는 처음 시작점과, 그 시작된 운동의 반복으로 이루어지는 태극의 도형으로 이해하시면, '령'에 대한 이해가 조금은 쉽게 접근하게 됩니다.
'ㅇ' 안에 그려진 태극은 ㅇ이 운동하는 작용을 표현한 것으로서, 'ㄹ'은 진행형의 작용으로 보시면 이해가 쉬우며, ㄹ의 쓰임으로 보면 막다른 골목과는 다르게, 계속 이어진 '길'이나 냇물이 흘러 강이 되고 바다로 이어지는 '물', 차고 기울기를 반복하는 '달', 자기를 낮추어 자라고자 하는 자세로서의 '절' 등과 같이, 멈추지 않고 계속 이어진 작용을 표현할 때 'ㄹ'을 사용합니다.

'영'이라는 글자로 보면,
'여'와 'ㅇ'이라는 부호가 합쳐진 글자로서
'여'는 'ㅇ'과 'ㅣ'의 부호가 합쳐진 글자이며,

'여'는 'ㅇ'과 'ㅣ'이 서로 같다(=)라는 의미로서 즉, ㅇ = ㅣ
로 볼 수 있습니다.

그래서 '여'는 한자의 '如(같을 여)'와 서로 통하고 있습니다.
'ㅇ'의 의미는 앞에서 표현한 바와 같이 근본요소라고 하며,
'ㅣ'는 위치('자리'와 '방향')에 따라서 ㅡ와 ㅣ로 볼 수 있으
며, 세상의 터전은 위와 아래의 위치를 가지므로 좌, 우를 합
쳐 보면 'ㅁ'의 모양으로 저절로 보이게 됩니다.

'ㅁ'은 '각도'가 없는 ○을 형상화된 물질적 존재로서 이해하
면, 근원요소의 ○과 존재 ㅣ는 서로 같다(=)라는 것으로,
'여(如)'는 '하나 되다'라는 의미를 가지게 됩니다.
'영'의 종성자음 'ㅇ'은 '근본요소의 ㅇ이 바탕으로 되다'의 의
미가 됩니다.

이렇게 어렵게 설명될 수밖에 없는 한계를 느끼면서, 스스로
의 사고를 반복하여 정리와 정돈을 하면서 좀 더 세밀한 가
치를 알 수 있기를 바랍니다.

'영문'이란?
근본과 하나 될 수 있는 경계, 즉 자기의 사고나 행동이 의식
과 무의식 속에서도 근본과 하나로 될 수 있는 문이라는 의
미로 보시면 영문을 통할 수 있게 됩니다.
다시 말해서, 자기의 영적인 질을 바꾸게 하는 기회나 동기로
보시면, '무리(억지로, 이치가 없음)'하지 않고, '우리(함께하
는, 저절로, 우주이치로 하나 되는)'가 된다는 의미입니다.

"무리는 무리하여 무리하느니라."

목표를 이루는 데 있어서, 그 목표를 이루려는 무리가 모이면, 위아래가 되는 순서에서 이치가 없어 조직적이지 못하여 무리하게 되며, 유리하게 일을 이끌지 못하고, 억지로 무리하여 탈을 일으키게 된다는 말입니다.

이 글은 쉬운 내용이 아니므로, 반복해서 읽으시기를 당부 드립니다.

$$영 = 으ㅣ + ㅇ$$

33. 터문과 터무니

모으면 보이게 되는 것처럼, 모은다는 것은 모일 수 있는 자리가 필요하며, 터는 모여질 수 있는 자리라는 말입니다.
토는 터가 되는 바탕을 말하며, 토대가 되어야 터로 작용하는 이치로서, 토지 위에 집터로 변하게 되는 것처럼 터는 쓰일 수 있는 터로서 이루어질 수 있는 조건을 말합니다.

집터나 묘터, 놀이터, 샘터 등은 사용하는 자의 조건에 맞아야 쓸 수 있듯이, **터로서 이루어지게 되는 조건을 터문**이라고 하는 것입니다.
흔히 토지의 용도와 같은 의미로서, 길도 없이 농사를 짓는 농지에서 용도변경을 하지 않고서 공장이나 집을 지을 수 없는 것과 같습니다.
터와 토는 이렇게 다르면서 서로 경계되어 구분되는 조건을 문이라고 합니다.
주어진 조건에서 살아가려는 우리는 손과 발을 열심히 움직이면, 토지 위에 얹게 되는 기둥처럼 바르게 이루어지지 않으면 터문은 열리지 않는다는 말로서, 터문이 열렸다는 것은 조건이 충족되어 이루어질 수 있다는 것을 의미합니다.

터문이 열리지 않은 일을 하는 것을 '터문이 없다'라는 말이 '터무니 없다'는 말이 된 것은, 용도에 맞지 않는 집을 지으려고 하는 것과 같아서, 열리지 않은 문으로 들어가려는 어리석음을 뜻하므로, '터문'에서 '터무니'로 변화된 말이라는 것을 알 수 있습니다.

언제나처럼 세상은 이렇게 운영되는 것으로서, 전부 이어 보면 세상도 하나로 볼 수 있는 것처럼, 전부와 전체로서 재미있게 알 수 있는 우리가 사용하는 한글입니다.

지금의 학자들이 놓치고 있는 것은, 지금까지의 책으로만 전해지는 학습으로 이루어진 결과이기도 하지만, 준비하지 않아도 되는 법을 알지 못하는 이유이면서, 우리말 우리글을 애정으로 보지 않는 이유입니다.

이제까지 병 속에서 치료법을 찾으려는 자세보다는, 삶 속에서 치료법을 찾으려는 자세가 필요하며, 병은 막힌 곳과 열린 곳으로 이루어져 있으며, 병도 열린 곳으로 들어가고 나오듯이, 부분이 활성화되어진 체(體)이므로, 준비되지 못한 자는 병으로서 보이지 않는 속을 알아볼 수 있도록 보여 주는 이치입니다.

왜 이렇게 살아야 하는가?

보다는 왜 이렇게 밖에 살 수 없는가?

로서 지금의 현실을 안과 밖에서 보는 시각이 언제부터인가 자연히 사라져 버린 것은, 터문이 터무니로 보이게 되면서, 문의 문 안과 문밖을 알아볼 수 있는 눈도 사라지게 된 것입니다.

천부적으로 타고 난 소질도 마찬가지로서, 터문이 되지 못하여 개발하지 못한다는 것을 알면, 스스로 터문이 열릴 수 있도록 준비하게 되는 것처럼, 터문을 배워야 알아보게 되는 것입니다.

위배되는 세상의 일에 나서지 못하고, 이불을 뒤집어쓰고 이 글을 쓰는 혜자는 언제 터문이 열릴 것인가?
에 대해서 앞으로의 글로서 예정합니다.

34. 얼씨구 절씨구, ㅅ과 ㅈ의 의미, 그리고 얼굴의 뜻

흥겨운 놀이판에서 노랫가락의 추임새로서, 함께 흥겨워하면서 흥을 돋우는 말로서, 우리는 '얼씨구', '절씨구', '잘한다' 등과 같이, 창부가 힘들어하는 고비에서 힘을 북돋우는 의미로서 추켜세우는 말을 추임새라고 합니다.

추임새는 우리의 삶이 힘들 때도 마찬가지로, 주변에서 힘내라고 응원하고 격려하는 의미로 만들어진 말이라는 것을 알 수 있습니다.

이미 여러 앞글을 정성으로 읽으신 분들은 아시겠지만, 이러한 추임새로서의 '얼씨구'라는 말은 '얼을 씨앗으로 굴리다'라는 의미를 가지고 있는 말입니다.

이와 같이 '굴리다'라는 말의 쓰임을 살펴보면 '돈을 굴려서 더 큰돈을 만들다'와 '머리를 굴려 더 좋은 생각을 하다' 등과 같이 '굴리다'라는 말은 이익이 되게 하거나, 좋은 해결책을 구하거나 모난 부분을 둥글게 만드는 의미로 쓰이는 말입니다.

우리가 흔히 사용하는 말 중에 '얼굴'이라는 말의 의미는 '얼을 굴리다'라는 것과 같이, 얼을 잘 굴려서 더 크게 성장하게 하는 삶을 의미하므로, 얼굴이라는 말은 지금가지 살아오면서 이루어진 모습이기도 하며, 내면적으로는 모난 얼을 굴려서 둥글게 만들어진 모습, 즉 얼의 꼴, 형태를 의미합니다.

씨가 된다는 것은 사람으로 태어나 얼이 자라서 성장하며 세상을 살아가는 삶을 의미하므로, 얼굴이라는 말은 얼의 꼴(골격의 형태)을 이루는 것입니다.

씨앗을 잘 가꾸는 것과 같이, 사람의 삶도 힘들고 고단할 때 주변에서 힘내라고 응원을 하는 의미로서, 함께 즐기는 놀이판에서는 추임새로 흥과, 용기를 추켜세우는 일을 하게 되는 것입니다.

'절씨구'라는 말도 얼씨구와 마찬가지로 '~씨구'라는 말은 '씨가 쏨이 되어 굴러가는'의 뜻으로 서로 같습니다.

이는 각설이타령에서의 '씨구씨구 들어간다. ~~'에서 알 수 있습니다.

'절씨구'의 '절'은 '얼'과의 차이는 ㅈ과 ㅇ의 차이이며, 음성모음 ㅓ로 이루어진 글자입니다.

'얼'은 영혼과 같으며, '알'은 알몸으로 태어나는 육체와 같아서 아버님의 씨를 받고, 어머님의 살을 빌어 어머니의 태벽에서 잉태하여 만들지는 것이, 우리가 처음 사람으로 태어날 때에 아무것도 걸치지 않는, '알맹이' 즉 '알몸'으로 태어나는 이유입니다.

알이라는 말은 어머니의 어두운 뱃속에서는 보이지 않는 **얼**의 작용으로 존재하다가, 태중에서 분리되어 밝은 세상으로 형태를 가지고 태어날 때의 모양이므로, 밝다, 빛나다, 크다 등의 뜻을 가진 말입니다.

얼은 알의 모양으로 태어나 독립된 존재로서, 이 세상을 살아가게 됩니다.

그래서 살아가는 모습, 즉 ㅣ의 형태이며, 이 세상은 좀 더 온전히 바르게 살아가는 과정이므로, ∧ 모양처럼 / 또는 / 의 모양과 같이 현재의 기울어진 상태에서, ‖ 와 같이 절대에 비추어 상대가 바르게 서는 과정으로 비추어 볼 수 있습니다.

미완성의 살아가는 모습을 ∧ 의 기호로 표현하며, 위쪽의 꼭 짓점을 향해서 추구하며 살아갑니다만, 높이 오르면 오를수록 반대급부적인 고통이나 어려움을 동반하므로, 기호적 의미로 본다면 위에서 제한하고 누르는 모양과 같으므로 ∧은 ⋀ 으로 만들어집니다.

하늘에서 더 이상 자라지 못하게 누르는 이유는, 모로 심은 벼가 자라서 꽃을 피우지만, 계속 자라기만 하여서는 열매인 나락은 여물지 못합니다.

초가을 들판을 다니다 보면 밤에 가로등을 끔으로써, 벼가 더 이상 자라지 않게 하여, 곡식이 여물게 하는 것을 볼 수 있습니다.

이와 같이 ㅈ은 ㅅ이 가진 성장의 의미에서, 다음의 과정으로 진행된 성숙의 자세로서 고개를 숙이게 되듯이, ㅅ을 위에서 더 이상 자라지 못하게, ㅡ으로 누르는 모양으로 머리를 숙이게 되어, 예를 갖추며 겸손하게 하는 사람의 의미가 있습니다.

그래서 '절'의 음성모음 'ㅓ'는 양성모음 'ㅏ'로 이어볼 수 있으므로, 액면가가 같은 동전의 양면과 같이 '절'은 '잘'로 볼 수 있듯이, '얼'은 '알'로 이어졌음을 알 수 있습니다.

고개를 숙이며 자신을 낮추고 절하는 모습은, 내면의 성장한 모습으로 대변되는 자세를 절이라 하고, ㅏ는 겉으로 성장하여 드러나 보이는 모습으로서, 사람을 의미하는 '잘'로 드러나게 됩니다.

이렇듯 자기를 낮추며 겸손하여 내면이 바르게 자라는 **'절'**이 씨가 되어 바르게 굴리는 삶은, 더욱 더 크게 **'잘'** 성장하게 되는 세상살이로서, 부모에게는 낳고 길러 주신 은혜에 보답하는 모습이며, 스승에게는 가르친 보람되는 일이므로, 세상살이에서는 효도라고 합니다.

얼은 알로 변하듯이 ㅓ는 ㅏ로 진행하므로, ㅅ은 설과 살로 이루어지며, ㅈ은 절과 잘로 이루어지며, ㄹ은 앞글에서의 그림을 보듯이 ○에서 ◎ ◐ 처럼 회전 운동을 하는 것을, 기호로서 ㄹ로 표현하여 진행형의 의미를 표현된 것입니다.
'절씨구'라는 말의 뜻은, 이렇듯 내면의 얼이 자란 모습을 **절**로 나타나듯이, 자기를 낮추며 더욱 크게 채운 모습은 **잘**과 같이 자란 모습으로 드러나게 되므로, 겉으로 자란 모양을 보고서 내면의 성숙함을 알게 되는, 겸손의 의미로서 **절**이라고 하는 말입니다.

얼씨구와 절씨구라는 말은 지금처럼 힘들게 살아가는 세상에서는, 더욱 필요한 말이므로 우리들의 주변을 살펴보고, 격려가 필요한 분들에게 따뜻한 말 한마디를 해 준다면, 스스로의 얼굴은 더욱 부드럽고 성숙하여 자신을 낮추는 온화한 모양으로 변하므로, 내면의 모습을 그대로 얼굴로서 표현되고 있음을 저절로 알게 됩니다.
세상의 살판과 같은 놀이판에서는 '잘한다'라고 추켜세우는 말은 '자란다'라는 뜻으로 자람의 용기를 주며, 힘든 고비마다 힘과 흥이 솟아나게 하여 더욱 성장할 수 있도록 돕게 합니다.
연기자와 구경꾼이 함께 어울려 서로를 위로하며, 놀이판을 더욱 재미있게 하여, 우리가 살아가는 세상 역시 마당놀이처럼, 내 삶의 연기자로서 주변에서는 관객으로서 재미있고 보람 있는 살판으로 함께 만들어가는 놀이이기도 합니다.

'얼씨구'는 세상에 태어나 성장하는 앎과 배움의 모습이며, '절씨구'는 자기의 삶을 살아가는 자람과 채움의 의미로 표현하며, 성장과 성숙의 과정을 통하며 살아가는 삶에서 '잘 한다'는 '잘함(자람)'의 모습을 담고 있는 결과를 의미하는 말입니다.

신나는 놀이판에서 배우나 창부, 악사뿐만 아니라, 구경하는 관중도 즐겁게 모두 함께할 수 있는 기회를 가지는 것이 추임새의 의미이기도 합니다.

사람으로 태어나 살아가는 삶의 가치를 가진 말로서, 어렵고 힘들 때 살아가는 지금의 세상판에서도, 너무나 필요로 하는 추임새입니다.

서로의 용기를 북돋우고, 서로를 도와주는 재미있는 놀이판과 같은 새로운 세상의 살판을, 함께 만들어 가는 일에 모두가 큰 소리로, 얼씨구~~~, 절씨구~~~, 잘 한다~~~~로 외쳐 봅시다.

35. '속이다'와 '속-이다'와 속지 않는 법

세상을 살면서 남에게 속거나, 자신에게 속거나 또는 악의적이든 선의적이든 내가 남을 속이기도 합니다.

진실과 다르게, 속이고 속는 세상살이에서 어떻게 해야 속지 않을까요?

또는 속으면서도 허허 하면서 웃어넘길 만큼 그릇을 크게 비울 수는 있을까요?

예를 들면, 우리는 남에게 큰돈을 빌려 주거나, 보증으로 크게 고통을 받게 되는 경우에는 살면서 돈을 빌려 주거나, 보증이 되는 것을 무조건 거부하게 됩니다.

이렇게 남에게 속임을 당할 때는 스스로의 잘못된 판단에 대한 점검보다는 믿음에 대한 배신감에 더 큰 마음의 상처를 받게 됩니다.

만약에 사람이 가진 여러 가지의 요소와 성질 중에 배신의 요소가 없다면, 사람이 아니거나 또는 누구나 가지고 있는 배신이라는 요소가 모자라는 사람이게 됩니다.

그러나 지난 세월을 돌이켜보면 나도 남에게 배신할 수 있는 요소를 가지고 있다는 것을 알 수 있으며, 극한 상황에서는 나도 배신할 수 있다는 것을 스스로 알게 된다면, 배신 후에는 용서를 받고 싶어 하게 된다는 자신을 알게 됩니다.

이렇듯 배신이나 용서는 사람이 가진 능력이나 성질이면서도, 바르게 사용하지 못하므로 완전한 신이 되지 못한 사람의 한계를 가지게 된다는 것도 알게 됩니다.

절대적인 신의 요소를 모두 갖춘 완벽한 사람이면서도, 막상 현실적으로 배신을 당하게 되면, 상대방도 사람으로서 배신의 요소를 충분히 가지고 있음을 잊어버리고, 언제든지 배신을 할 수 있다는 것을 인정하지 못하고, 스스로 자책하거나 속이는 상대방을 원망하면서 가슴앓이를 하는 이유로서, 절대적인 신이 되지 못하고 사람으로서 남아, 세상을 살아가게 되는 것입니다.

이러한 사항을 불교의 석가부처님은 불성, 즉 부처가 될 수 있는 요소를 가졌다고 했으며, 기독교에서는 하나님 아버지로 호칭하는 것으로서 부모와 자식의 관계가 성립하며, 자식은 당연히 부모의 유전자를 모두 가지며, 그 능력의 가능성을 모두 가지고 있음을 말하고 있습니다.

가슴앓이를 하는 사람은 아직 부처가 되지 못하고, 부처가 될 수 있는 가능성만 가진 존재로서, 또는 하나님과 하나 되지 못한 자식으로서만 남게 되는 것입니다.

이렇듯 가슴앓이를 하게 되는 사람의 속에는, 사람으로 만들어진 나와 상대방도 모두가 절대적인 신이 가지고 있는 신성, 신이 가진 완벽한 모든 요소를 가지고 있습니다.

언제든지 필요할 때는 나도 상대방도 모두가 가지고 있는, 요소 중의 하나인 속임수라도 사용할 수 있다는 것을, 인정하고 정확하게 알아야 합니다.

자신의 속을 한번 살펴보십시오.

나의 속에는 배신의 요소가 없을까요?

그리고 배신보다도 훨씬 악함도 가지고 있다는 것을 우리는 알고 있습니다.

또한 천사가 가진 요소로서 도와주고, 보살펴 주고, 아껴 주고, 사랑하는 신성도 가지고 있는 존재가 사람이라는 것도 알수 있습니다.

이렇듯 자신의 속에 가지고 있는 요소를 제대로 알 수 있는 만큼, 상대방에게도 존재한다는 것을 저절로 알아보게 되는 것이므로, 수도자가 안 보고도 아는 방법이나 속지 않는 이유는 자기의 때 묻은 속을, 닦고 또 닦으면서 그 더러움을 모두가 가졌음을 너무나 선명하게 보았었기 때문입니다.

자기 속의 신성은 거울과 거울 앞에 선 자와 같아서, 자기의 속을 깨끗하게 닦지 못하면, 때 묻은 거울과 같아서 제대로 신성을 찾아볼 수 없으므로, 절대적 신의 엄청난 능력이나 지혜를 가졌음에도 스스로 알지 못하여, 제대로 쓸 수 없게 됩니다.

자기의 속을 보지 못하고, 머리에서만의 판단만 믿고, 살아가는 세상의 살림살이는 당연히 스스로에게도 남에게도 속으면서, 보증을 잘못 했다고 모든 가능성으로 이루어진 마음의 문을 꽁꽁 닫아 버리는 어리석은 삶을 살아가게 됩니다.

우리말에 '속이다'와 '속-이다'는 이제까지의 말씀처럼 전혀 다른 말이지만, '속을 알면 속지 않는다'라는 말처럼 서로 밀접하게 이어져 있음을 알 수 있습니다.

발음하는 소리가 같다는 것은 의미하는 이름은 달라도, 작용하는 에너지 파장은 같으므로 같은 작용을 하게 됩니다.

자기의 속에는 아주 대단한 능력과 지혜의 절대적 신성이 들

어 있음을 알고, 험하고 힘든 세상살이를 쉽게 살아가면서 주
변에 힘들게 살아가는 분들에게도 도와줄 수 있도록 크게 자
라서, '나는 이렇게 잘 살고 있다'라고 인정받는 세상의 살판
이 되었으면 좋겠습니다.

36. 영과 원의 비밀

'ㅇ'을 '영'이라고도 하고 '원'이라고도 합니다.

'ㅇ'과 '영'과 '원'은 같은 것을 다르게 표현한 것이며, 부르는 이름이 다르므로 각각 하는 일이 다르다는 것을 알게 합니다.

우리가 사용하는 말 중에 '영영'과 '영원'이라는 말처럼, 같은 점과 다른 점을 살펴보겠습니다.

우선 쓰임새를 보면,

'영영'은 영과 영의 같은 독립 개체로서 함께할 수 없는 분리의 의미이며,

'영원'은 쓰임새가 다른 영과 원이 함께하는 이어짐을 의미합니다.

그렇다면 영과 원이 어떻게 다른 것인가를 살펴보기로 하겠습니다.

'영영'은 '원원'으로는 쓰이지 않으며, '영원'은 '영'과 '원'은 같은 모양의 'ㅇ'로 이루어졌음을 알 수 있습니다.

'영과 원'은 모양이 같다고 하더라도, 그 작용과 쓰임이 다르며, 그 쓰임에 따라 하는 일이 다르므로, 영과 원은 같은 둥근 모양이지만, 그 이름이 다른 이유입니다.

◯과 ◯이 서로 이어져 있다면, ◯◯ 와 ⑧의 모양으로 되므로, 앞의 ◯ 은 좌회전으로 일을 하고, 뒤에 이어져 있는 ◯은 우회전하는 것으로, 모양은 같으나 회전방향이 다르므로, 서로의 작용은 다르게 일을 합니다.

◯은 반복적인 회전운동을 통하여 작용력을 증가시킴으로서,

발생하는 에너지의 방향은 무거운 것은 중심으로 향하여 끌어 모우는 구심력과, 가벼운 것은 밖으로 튕겨져 나가는 원심력으로서, 수축과 팽창의 작용을 하게 됩니다.

◯은 영영과 같이 ◯과 ◯이 서로 이어지지 않은, 독립 분리된 모양으로서 영원과는 다르게 쓰이게 됩니다.
'영영 헤어지다'와 같이 다시는 이어지지 않음을 뜻하며,'우리는 영원히'처럼 서로 헤어지지 않고 함께하는 뜻을 가지고 있습니다.
우리말의 쓰임에서 '우리는 영영 함께 하다'라고 하거나, '우리는 영원히 헤어지다'라고 사용하지는 않으므로, 영과 원의 개념정리를 필요로 합니다.

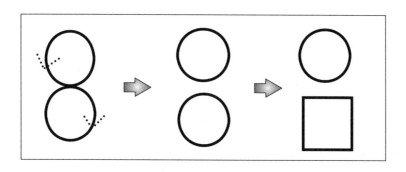

37. ○과 □의 의미와 변화

'○'은 ○(동그라미)으로서 겉으로의 표현은 같아 보이지만, 그 회전 방향에 따른 작용은 좌회전과 우회전으로서, 서로 다르게 일을 합니다.

우리말의 ○을 살펴보면 영과 원으로 이루어진 영원(永遠)과 서구학문의 ∞ 또는 ８의 모양으로 이루어졌으며, ○은 제로(zero)없음이기도 하지만, 모든 것을 포함하는 전체, 또는 정형화되지 않은 영원이라고 할 수 있습니다.

영은 동그라미(○)이며, 원도 동그라미(○)이며, 그 형태도 같습니다.

○의 작용을 살펴보면 ○의 반복적인 운동은 앞에서 태극으로 만들어지는 회로를 보았듯이, 태극은 계속되는 운동으로 ∞의 부호와 같이 점점 작용력이 결집되면, 팽창하게 되면서 ○과 ○으로서 분리하게 됩니다.

이렇게 ∞에서 분리된 ○과 ○은 좌회전하는 ○과, 우회전하는 ○으로 이루어집니다.

좌회전하는 ○은 그대로 무형의 ○으로서 존재하게 되며, 우회전하는 ○은 물질화를 이루면서 체를 가지게 되므로 □으로 만들어지게 됩니다.

알로 이루어진 알몸으로 보이게 되는 유형으로서 □의 체를 가지고 태어나게 되며, □의 속에는 보이지 않는 ○이 들어있는 ▢와 같습니다.

그래서 보이는 것은 □이므로 속에 들어 있는 ○은 보이지 않으며, ○이 필요로 하는 소명을 채우기 위해서 태어나서, 살아가다가 죽을 때는 몸집의 주인이 되는 몸으로서의 ○과, 몸이 살아가는 몸집으로서의 □가 서로 분리되는 것입니다.

이것을 우리말로는 몸이라고 부르기도 하며, 몸집이라고도 하는 이유로서 ○은 보이지 않고, 보이는 것은 □이기 때문입니다.

그렇다면 '○'과 '영'은 하는 일이 서로 어떻게 다를까요?

그리고 '영'과 '령(靈)'과 'ㅇ'의 하는 일이 어떻게 다른가에 대해서도 알기 위해서는 더욱 깊고 자세하게 개념을 정리해야 하는 필요성이 있습니다.

쉽지 않은 말이지만, 우리가 태어나 살아가는 과정에서 이루어지는 것들이므로 알아 두시면 많은 도움이 되므로 다음 기회에 설명을 드리도록 하겠습니다.

사람은 활동하며 살아가는 데 있어서, 필요로 하는 여러 가지 에너지 작용이 있습니다.

과학적으로 밝혀진 여러 호르몬의 작용도 여러 가지의 작용을 그 기능에 따라서 다른 이름을 붙여서 서로 구분하여 정보를 전달할 수 있도록 하고 있습니다.

호르몬은 뇌에서도 생식기에서도 발생하지만, 우리가 알지 못하는 인체의 여러 장기에서도 작용하고 있으나, 지금의 과학으로는 밝혀내지 못한 것들이 너무나 많습니다.

이러한 각각의 에너지를 총체적으로 기(氣)라고 합니다.

기는 생체적 호르몬으로 구분하는 에너지의 작용뿐만 아니라,

바위나 강, 무생물, 의지, 생각, 마음에서도 작용되는 에너지 작용이라고 할 수 있습니다.

기(氣)란 'O'과 '령'과 '영'을 떠나서 말할 수 없습니다.

간혹 기가 사진으로 찍히는 것을 보면 O이 회전운동을 하면서 진행한다는 것을 볼 수 있듯이, 그 작용되는 근본 요소는 O의 운동이며, 회전하면서 움직이면서 방향을 가지게 되는 것을 기의 운동작용이라 할 수 있으며, 이러한 기를 몸의 치료나 사업, 원한관계의 해소, 습관의 변화 등과 같이, 개인적으로 자신이 필요로 하는 곳에 사용할 수 있는 법과, 더욱 확대하여 세상을 위하여 사용할 수 있는 방법은 앞으로 점차 알려 드리도록 하겠습니다.

회전운동은 비단 기(氣)뿐만 아니라, 불교에서는 반야(般若)라고 하였듯이 세상의 모든 움직임이나 반야는 회전운동으로서 작용되는 지혜임을 알 수 있습니다.

반복되며 회전하는 운동에너지가 점점 축적되어 넘치게 될 때는, 기(氣)의 작용으로 드러나 서로 연결된 것을 변하게 할 수 있으며, 이는 수도(修道)하는 자에게는 지혜의 문을 열게 한다는 것을 알 수 있습니다.

38. 스승과 제자의 문답

"희미한 물음은 희미한 답을,
선명한 물음은 선명한 답을 요구하는 것이다.

물음은 답하게 되지만
답하면 들어야 문답이 되니라."

스승과 제자의 문답으로 자세히 알아보겠습니다.

스승님이 말씀하셨습니다.

스승님 - 제자야!
제자 - 예! 스승님. 부르셨습니까?

스승님 - 그래! 불렀느니라.
제자 - 하실 말씀이라도 계십니까?

스승님 - 그게 아니고, 네가 나에게 할 말이 없는가? 하고
물어본 것이니라.
제자 - 아. 예!

스승님 - 왜 말이 없느냐?
제자 - 시간이 지나면 해결될 것 같아서 기다리고 있습니다.

스승님 - 시간이 아깝지 않느냐?

제자 - 꾸지람을 하실 것 같아서 망설이고 있습니다.

스승님 - 꾸지람과 네놈 살아가야 할 시간하고 비교가 된다더냐?

제자 - 그것은 아닙니다만, 그렇다고 스스로 할 수 있는 것을 스승님께 기대는 것이 싫어서입니다.

스승님 - 그렇게 생각하면 지금부터는 혼자서 공부하거라.

제자 - 스승님. 그런 뜻이 아닙니다.

스승님 - 아니긴, 뭐가 아니라는 거냐?

네놈 속을 내가 모를 줄 아느냐?

세상은 혼자서 살 수 없다는 말이 무슨 뜻인지 아느냐?

제자 - 함께 어울려 도우면서 살아야 한다는 말씀을 예전에도 하신 적이 있습니다.

스승님 - 그게 아니다.

사람은 혼자 살아가는 거란다.

무엇을 함께하고 무엇이 혼자인가를 알아야 한다는 말이다.

이만 물러가거라.

제자 - 스승님! 오늘은 어째 안색이 어둡습니까? 무슨 걱정이 있습니까?

스승님 - 오냐. 이놈아! 내가 네놈 걱정 말고, 또 무슨 걱정이 있겠느냐?

제자 - 제 걱정은 저 혼자만 해도 충분합니다. 괜히 스승님께 짐이 되고 싶지 않습니다.

스승님 - 네놈. 그 말을 평생 책임질 수 있는 말이냐?
제자 - 그렇게 살아가려고 합니다.

스승님 - 이때까지 살면서 무엇을 하려고 한 것 중에 이루어진 것이 얼마나 되더냐?
제자 - 아무것도 없습니다.

스승님 - 이놈. 이제야 바른말 하는구나!
세상에는 되는 일보다 안 되는 일이 훨씬 많단다.
어쩌면 되는 일은 하나도 없다고 할 수 있지.
그렇게 하면서 자란다는 것을 알고, 앞으로는 손처럼 부지런히 빌거라.
빌지 않으면 속이 상한단다.
제자 - 무슨 말씀이신지 모르겠습니다.

스승님 - 왜? 시간이 지나면 해결된다고 말하지 않구?
제자 - 부끄럽습니다.

스승님 - 그래. 부끄러운 줄 알아야, 사람구실을 제대로 하지.
그래서 빌어야 한다는 말이다. 알겠느냐?
제자 - 예! 그런데 스승님. 스승님께서는 빌면서 살아가십니까?

스승님 - 네놈 짐도 많은데, 남의 짐은 뭐 하려고 질려고 하느냐?

제자 - 재주가 있으면 남의 짐도 벗겨 줄 수 있다고, 스승님께서 예전에 말씀하셨지 않습니까?

스승님 - 오호라! 그래서, 네놈이 공부보다는 짐 벗겨 주는 재주를 배우려 왔구나. 이놈. 오늘은 혼이 좀 나야겠다.
재주를 부린다는 것이, 얼마나 어리석은 줄 모르는 자는 재주 보고도 속게 된다는 것을 알게 될 것이다.
네놈의 속을 어디 한번 보자. 흠!

제자 - 이놈의 속이야 시꺼먼 것은 세상이 다 아는 사실 아닙니까? 스승님.

스승님 - 네놈이 그것을 아느냐?

제자 - 세상사람 속이 시꺼멓지 않은 사람이 어디 있겠습니까?

스승님 - 제자야! 나는 속이 밝단다. 자! 보거라.

제자 - 어두워서 잘 안 보이는데요. 스승님

스승님 - 제자의 눈에는 안 보이는 이유를 말 할 테니, 잘 기억해 두었다가 세상에 나가거든 잘 쓰도록 하거라.
세상에서는 제자처럼 속은 보지 못하고, 재주만 보게 되니라.
제자야! 잘 들어라.
사람이 볼 수 있는 눈은 극히 제한적이라서 너무 커도 안 보이고, 너무 작아도 안 보이고, 너무 적어도 안 보이고, 너무 많아도 안 보이고, 너무 빨라도 안 보이고, 너무 느려도 안 보이고, 너무 멀어도 안 보이고, 너무 가까워도 안 보이고, 너무 어두워도 안 보이고, 너무 밝아도 안 보이니라.

안 보인다는 말은 **안에서는 보인다**는 말로서, 겉에서는 볼 수 없다는 말이다.

그래서 겉은 보이는 것이며, 속은 **보이는 것이 아니라, 보여 주는 것**이니라.

보이지 않는 이유를 알겠느냐?

제자 - 스승님의 말씀은 알 것 같으면서도, 저도 모르게 혼란하게 하십니다.

스승님 - 그것이 네 스승님이 쓰는 재주이고, 흔들린 네놈은 스스로 중심을 잡고 정리정돈 하는 것이, 네놈이 하는 공부란다.

제자 - 해 질 때는 알 수 있을까요? 스승님.

스승님 - 그거야 네놈 하기에 달렸지 않겠느냐?

해 질 때가 해가 넘어 갈 때인지, 해라는 까닭을 알 때인지는 알아서 하거라.

하늘은 해가 보이면 **모가 자라서** 벼가 되고, 네놈은 어떤 일이든 해 보면 **모자란다**는 것을 스스로 알고, 변하게 되는 것이 서로 같단다.

모를 심어 벼가 되어 육체의 양식으로 만드는 농사꾼은, 모를 변하게 하여 알게 하는 영혼의 양식으로 살게 하는 스승이니라.

이제부터는 네놈 속에 모를 심어 놓았으니, 잘 가꾸어서 많은 양식이 되도록 큰 살림살이가 되는 농사를 지어 보거라.

제자 - 이만 물러가겠습니다. 스승님

스승님 - 허허. 이제서야 모가 자란다는 의미를 알게 되었구
나. 그래. 물러가거라.

이런 글을 쓰는 이유는 자기와 다른 의견이 있다고 해서 다
수의 힘이나, 나이의 많음을 믿고, 윽박지르는 자는 대화가
될 수 없다는 것입니다.

밥은 **육신의 양식**이나,
법은 **영혼의 양식**이니,
큰 농사를 지어 많은 사람의 배를 부르게 하는 것이나,
큰 깨달음으로 많은 사람의 어두운 영혼을 밝히는 것이 같으
면서 다른 것입니다.

법과 밥의 차이는 모음 ㅓ와 ㅏ의 쓰임의 차이이며,
사람, 또는 존재의 의미를 가진 ㅣ에서 음성모음 ㅓ와, 양성
모음 ㅏ로 작용되는 방향이 서로 다른 차이이며,
동전의 앞뒷면이 서로 다른 것과 액면가는 같음을 의미하므
로, 옛날부터 전해오는 말에서 '아 다르고 어 다르다'는 말을
합니다.

39. 조이는 것이 죄다

이 글은 오래전에 혜자가 공부 중에 내면의 자신에게 물었던 것을, 내면의 자신이 답변으로 혜자에게 알려주면서 나눈 대화의 내용입니다.

나) '죄'란 무엇입니까?

자신) 죄는 잘못을 저지른 행위를 말합니다.

나) 잘못이란 무엇입니까?

자신) 잘못이란 자라지 못함입니다.

나) 자라지 못함은 무엇입니까?

자신) 변화하지 못하는 멈춤이며, 고정됨입니다.

자신) 무엇이 죄입니까?

나) 자라지 못함입니다.

죄는 현재의 모습에서 벗어나지 못하게 구속함이며, '죄' 자를 풀어보면 '조'와 'ㅣ'의 합성어로 되었음을 알 수 있습니다.

그래서 죄는 목을 조이듯이, '조'와 '이'로 이루어진 것을 '죄다-조이다'라는 의미입니다.

'**죄 = 조 + ㅣ = 조이**'로 볼 수 있습니다.

죄의 반대는 풀림이며, 해방이며 자유입니다.

부모가 자식을 구속하고, 스승이 제자를 압박하고, 상사가 부하를 겁박하고, 국가가 국민을 조이는 것과 자기가 자신을 압박하고 억압하는 것에, 익숙해져서 죄 짓는 일인 줄 모르고 살아가는 세상에서, 원죄는 하늘에서 툭 떨어져 우리에게 주어진 것으로 착각하며 살아가고 있습니다.

나를 조이고, 남을 조이는 것이 죄입니다.

죄의 반대는 풀림으로서 영적인 해방입니다.

죄를 지으면 구속받게 되어, 스스로의 자유로움이 구속으로 조여지게 되는 것과 같이, 구속의 반대는 자유이며 해방입니다.

세상을 열심히 살아가면서 이루게 되는 업적이나, 결과는 스스로의 만족과 외부로부터의 인정을 받게 되며, 외부로부터 인정을 받게 된다고 하더라도 스스로 만족할 수 없다면, 중단하거나 포기할 수 없으므로, 진정한 영적인 해방은 인정되게 하는 스스로의 만족입니다.

지금 이 글을 읽는 여러분은 지금까지 스스로 조여진 자신을 인정을 하면서, 더 이상의 미련이 전혀 없이 만족을 하는 해방된 삶이 얼마나 될까요?

40. 애비 없는 자식

짐도 되고, 힘도 되는 것은 오름이다.
오름은
올음(옳음)이어야 알음이 되며,
알음은 울음으로서 자기의 탄생을 알리는 것이다.

애비 없는 자식 없듯이, 오름 없는 알음은
애비 없는 자식과 같아서
용천하지 못하는 뱀과 같이
혀로만 하늘을 날아간다.

짐은 쓸 수 없으나, 힘은 쓸 수 있는 것이며,
힘을 가졌어도 쓸 수 없다면, 짐과 같은 것이니라.

짐과 힘은 ㅈ과 ㅎ의 모양으로 구분되며, ㅈ의 모양은 각각
서로 다른 점에서 출발하여 위로 향하여 뿔처럼 모아진 모양
의 ㅅ에서, 더 이상 위로 오르지 못하게 하늘에서 억제하여,
ㅡ처럼 위에서 제한하며 누르는 모양입니다.
ㅎ의 모양도 마찬가지로 ○을 바탕으로 반복하여 굴리고, 굴
려서 ㅡ의 제한된 것을 극복하여 더욱 위로 ㅗ 모양으로 추
구하는 모양입니다.
ㅈ도 마찬가지의 구조로서 억제되고 제한된 조건을 극복하면,
ㅗ의 모양이 되어, ㅊ으로 진화하게 됩니다.
지고 가면, 짐이 되고, 먹고 가면 힘이 되듯이 힘은 씀을 전

제로 하므로, 올바른 씀은 올바른 앎으로서 만들어지므로, 올바른 앎은 올바른 지도를 받음으로서 바른 오름을 이루게 됩니다.

41. 백성을 가르치는 올바른 말과 글

소리글로 만들어진 훈민정음을 지금은 한글로 쓰이고 있습니다.

혜자는 이제까지 한글에 대한 관심을 가지고 오랜 세월 동안 살펴보면서, 소리글인 동시에 뜻글로서의 의미를 가지고 있다는 것을 발견하고서는 포기하지 않고, 오랫동안 한글이 뜻글이라는 증명을 완성하기 위한 노력을 해 왔습니다.

학문의 목적은 이론적 근거로서, 증명을 통하여 현실적 씀에 있다고 할 수 있습니다.

즉, 배워서 알게 되고 필요할 때는 필연으로서, 언제든지 반복할 수 있는 능력으로서, 제대로 씀을 하게 되는 것입니다.

그러나 이론적 근거가 없는 기적은 우연적 현상으로서, 반복할 수가 없습니다.

그래서 기적은 학문이 될 수 없습니다.

그러나 이론적 근거를 모르면서도, 원하는 일이 이루어지도록 하는 것을 '도'라고 합니다.

도는 이론적으로 증명하지 못하더라도 학문과는 다르게 반복하여, 필요할 때에는 결과를 이룰 수 있다는 것입니다.

되다 = 도 + ㅣ + 다

한글의 '되다'라는 글을 살펴보면 '도 + ㅣ + 다'로 볼 수 있으며, 이는 '도이다'로 읽습니다.

즉 '되다'라는 것은 '도이다'로 되므로, 다시 말하면 '도이므로 되다'는 뜻이며, 도가 아니면 이루어지지 않는다는 뜻입니다.

죄 = 조 + ㅣ

이와 같은 구조로 이루어진 우리글에는 '죄'라는 글인데, '조 + ㅣ + 다'로 볼 수 있으므로, 죄를 지으면 벌을 받게 되는 이치로서 감옥에 갇히면 몸을 구속하게 되므로, 죄는 사회나 국가에서 자유를 조이게 되며, 또한 스스로의 자유를 조이는 것을 죄를 짓는 것이라 합니다.

이렇듯 타인이나 스스로가 자기의 자유를 억제하고 구속하여, 영혼이나 육체를 조이는 것을 스스로 깨닫지 못하므로, 불교에서는 물고기를 방생하여 스스로의 자유로움을 추구하는 기운으로 운영하는 것입니다.

학문은 산 아래에서 산에 오르는 법을 배우고 익혀서, 제대로 알게 하는 것을 '앎'이라 하고, 산꼭대기에 오르며 알게 된 것으로 산 아래로 내려와 세상에서 살면서 '씀'으로 되는 것입니다.

그러나 '도'는 '되다'라는 말처럼 이론적 근거를 배우지 않고서도 먼저 '씀'을 이루게 됩니다.

이는 흔히 종교의 기적적인 체험이나, 현상으로 많이 나타납니다.

어느 지역의 노인이 손으로 치료를 한다느니, 할아버지가 의술을 배우지 않고서도 침을 놓아서 병을 치료하는 능력이 있다고 하는 분들을 간혹 보기도 합니다.

이렇듯 많은 사람에게서 기적이 일어나는 현상들을 설명할 수 없으며, 능력을 가르치지 못하는 기적으로만 치부해 버리고, 언제든지 반복하여 후대에까지 전할 수 없는 문제점의 한계를 해결하기 위한 의문으로 접근이나, 학문으로서 정립하기 위한 노력은 많은 기적이나, 현상을 체험하였음에도 역사 이래로 그에 대한 연구는 이루어지지 않았습니다.

그래서 일상적이지 않은 기적을 이루는 자를 두고, 우리는 흔히 도사나 기인이라고 합니다.

그러나 이러한 기적의 능력을 가지고, 실체를 증명하며, 학문으로 정립하여 누구나 알 수 있고, 체득할 수 있게 하는 학문적 '앎'과 누구나 사용할 수 있는 능력으로서의 '씀'을 이룰 수 있도록 증명하는 자를 '도인'이라고 합니다.

내가 가진 의지나 정보를 상대에게 전달하려는 '앎'을, 전하는 도구로서 이루어진 소리를 '말'이라고 합니다.

말은 소리와는 다르게 전하고자 하는 정확한 정보가, 앎의 의미 속에 담겨져 있는 말이어야, 소리가 아닌 바른 말이라고 합니다.

이렇듯 전하고자 하는 의미가 잘못 알고 있는 정보이거나, 거짓으로 꾸며진 것이 아니라면, 말 속에 알고 있는 진리를 담아 전하는 앎(알음)은, '말'의 초성모음 'ㅁ' 속에는 'ㅇ'이 들어 있는 구조이므로, 겉으로 드러나 보이는 것은 '말'이며, 그 속에는 '알'의 의미를 가지고 있습니다.

말로서 알리고자 하는 정보는 씀으로 이루어지게 되므로, 이것을 진리, 이치, 도리, 법칙 등이라고 하며, 이것을 '말씀'이라고 합니다.

즉, 말대로 씀이 이루어진다는 것을 의미하며, 부모가 자식에게 전하듯이, 틀리지 않은 말을 부모님 말씀, 부처님 말씀, 예수님 말씀 등을 진리라고 하며, 죽지 않고 살아 있는 생명의 말씀 또는 법문이라 합니다.

이렇게 우리글은 이제까지 알고 있었던 소리글로서의 뿐만 아니라, 뜻글로서도 아주 큰 가치를 가지고 있으며, 사람이 살아가는 이유와 방향성을 정확하게 제시하고 있다는 것을 알 수 있습니다.

또한, 평소 일상적으로 사용하는 한글을 통하여 말과 글 속에 깃든 뜻과, 진리로 이르게 하는 방향을 아주 정밀하고 철저하게 이루어지는 이치가 내재되었음을 알면, 여러분은 학문적 근거를 정립하지는 못하더라도 이미 도사와 같이, 누구나 기적을 일으킬 수 있는 능력을 가졌다는 것을 저는 누구에게나 증명할 수 있습니다.

이것을 이제껏 오랜 세월동안, 수행과 수도를 통해 경험하고 체득하여 이루어진 것을 '한글학'이라고 합니다.

부처님은 자비를 말씀하셨고, 예수님은 사랑이 참이라고 말씀하셨지만, 틀린 말씀이 아님에도 이 세상은 사랑으로 이루어진 세상과는 너무나 거리가 먼 현실입니다.

태어날 때부터 사용해 온 우리말과 우리글로서 이루어진 한글학을 배우고 익히면서, 사람의 삶이 사랑으로 이루어지게 하는 힘든 과정과 문제점을 알고, 해결하면서 변화되는 스스로의 그 앎을 세상에 알리며, 다음 과정의 공부로 진행하여 앎과 씀으로 이루어진, 지혜의 도를 이루어 새로운 세상을 살아가게 되는 것입니다.

뒤표지에 그려진 부호는 사람의 삶에서, 사랑으로 이루게 하는 각각의 과정을 설명하고 지도함으로서, 모든 이가 깨달음을 이루고 타고난 소질과 초능력적인 능력을 개발하여, 인류가 사랑으로 함께하는 삶의 방향을 제시하는, 우리글의 기호로 만들어진 지도입니다.

이 기호는 삶의 의미를 깨달음으로서 앎과 쓸이 되는, 영적
진화를 이룰 수 있는 지도입니다.

42. 한글에 대한 문답

한글
한문은 어렵고
한글은 쉽다.
이래서
한글을 쓰는 이유이다.

쉬운 길 두고 어려운 길 찾는 자는
쉬운 길 알아보지 못하는 자이므로
분명 무식한 자이다.

==================================

혼란스럽다고 이야기할 수밖에 없다.

유식한 자는 한글을 사용한다?
무식한 자는 한문을 사용한다?
과연 그런가?
혜자님은 무엇을 말씀하고자 하는지요?
우리의 역사는 모두 무식한 자의 산물?
모든 한문으로 쓰인 인류의 산물은 무식의 결과?
혜자님은 무엇을 보았는지요?
저는 궁금하군요. 혜자님의 말씀 배경이
모두 무식하고 혜자님은 유식?

* 이 글은 예전에 인터넷에서의 우스리 님께서 답글을 하신 글을 옮기면서 글임을 알립니다.

==================================

윗글에 대한 혜자의 답글입니다.

우스리 님.
제가 쓴 '한글'이라는 글을 다시 반복하여 읽으신 후에, 다시 물어 주십시오.
이유는
님께서 잘못 질문하신 이유입니다.

43. 한글을 통한 통찰력과 빨리빨리의 민족성

세상을 경영하는 주인(主, 주인 주)은 세상의 주인으로서 기둥(柱, 기둥 주)과 같이, 함께하며 보호하는 집(宙, 집 주)의 중심이며, 전체를 떠받들면서 이쪽에서 저쪽으로 건너가게 태우고 갈수 있는 배(舟, 배 주)의 선장과 같으며, 세상과 세상 사람을 주인으로서 사랑하는 일은 보석처럼 귀하여 보석(珠, 구슬 주)과 같이 귀하게 여기며, 세상을 위하는 생각이나 판단과 행위는 환하고 선명하여, 밝은 대낮(晝, 낮 주)과도 같습니다.

한글로서 '주'라고 하면, 한자로서는 주인 주(主), 기둥 주(柱), 집 주(宙), 배 주(舟), 구슬 주(珠), 낮 주(晝), 등 여러 가지로 각각 세밀하게 표현할 수 있는 좋은 점이 있으며, 우리 한글로서는 전체적인 의미들이 하나로 함축되어 있으므로, 겉으로는 하나로서 '주'라고 보이지만, 그 속에서 주인이나 기둥, 집, 배, 보석, 대낮 등의 여러 의미를 가지고서도 드러내지 않으면서, 속에 들어 있는 전체를 알게 하는 통찰력을 요구하고 있습니다.
그래서 흔히 우리말은 끝까지 들어 보아야 할 수 있다고 하는 이유입니다.
예를 들어 중국에서 사업을 하는 우리나라 사람이 공장의 바닥에 버려진 담배꽁초를 보고서 중국인 직원에게 담배꽁초를 주어라고 하면, 옆에 버려진 쓰레기는 놔두고 담배꽁초만 줍는다고 합니다. 그러나 한국사람에게 담배꽁초를 주어라고 하면 누구나 옆에 버려진 쓰레기도 함께 줍는다는 것을 볼 수 있습니다.

한글은 우주도 줄이면 한 개의 점이 되는 것과 같이, 한 개의 점도 펼치면 우주만큼이나 크게 되듯이, 한글의 속에는 많은 의미가 숨겨져 있습니다.
그래서 한글은 전체를 알게 하는 통찰력을 가지게 하는 특별한 작용을 합니다.
우리말을 사용하는 민족성도 마찬가지로서, 전체를 알아보는 이해력을 가지게 되려면, 빠르게 이해할 수 없으면 전체를 알아보기 어려우므로, 빨리빨리의 문화로 이루어지게 합니다.
그러나 빨리빨리는 소홀하거나 정확하지 않음과는 별개의 말입니다. 그래서 빨리빨리하는 행동이 잘못이라면, 느긋해야 하는 것이 좋다고도 할 수 없습니다.
빨리빨리 한다고 정확하지 않다면, 느긋하면 정확해야 함에도 그렇지 않다는 것을 우리는 알고 있습니다.
빨리빨리나 느긋함에서 잘잘못을 찾을 것이 아니라, 문제는 빨리빨리와는 전혀 다른 정확하지 않음에 있다는 것입니다.

빨리라는 말의 기본형은 '빠르다' 입니다.
'**빠르다 = 바르다 + 바르다**' 로 이루어진 글이므로, 바르고 또 바르고 정확하게 하는 일들이 모여서 빠르게 할 수 있게 됩니다.
전문가의 일솜씨는 빠르듯이, 빠르다와 서둘다 와는 서로 다른 말이므로, 빠르다고 해서 서둘거나 서투르다라고 판단해서는 안 됩니다.

빠르게 할 수 있다면 빠르게 해야 합니다.

빠르게 해서는 안 되는 것이라면 천천히 해야 합니다.

그러나 우리가 살아가는 삶은 무한하게 주어진 것이 아니므로, 제한된 시간과 공간으로 살아가야 합니다.

삼세판이라는 말은 바르게 한 번으로 끝낼 일을, 세 번씩이나 해야 하는 어리석음을 두고 하는 말입니다.

바르게 하는 것이 빠르게 하는 일입니다.

빠르다는 말의 속에는 신속함뿐만 아니라, 바르고 또 바르다라는 속뜻을 가지고 있습니다.

바르지 않음에도 빠를 수는 없습니다.

오늘은 바름으로서 이루어지는 가장 빠름 이라는 속뜻을 깊게 살펴보는 날이 되었으면 좋겠습니다.

자동차가 빠르게 달리면 경치를 자세하게 볼 수 없듯이, 세밀하지 못하고 대충하게 되는 습관으로 나타나는 것은, 언어문화의 영향으로 이루어지는 자연스런 현상이기도 합니다.

반대로 한자나 서구 문화는 피아노의 건반 음정과 같이, 조밀하게 짜여 현대의 산업적 시스템에 적용하기가 쉽습니다.

우리 민족의 내면에는 우주처럼 넓은 감정과, 생각이 자유로운 민족정서는 정형화된 시스템에 세밀하게 적응하는 것은 아주 힘들므로, 적응하고 극복하여야 할 과제이기도 합니다.

'주'라는 글을 살펴보면 '수'라는 글자의 머리 위에 '一'가 얹혀 누르고 있는 모양입니다.

'수'라는 말은 할 수, 갈 수, 올 수, 포기할 수, 줄 수 등 각각의 가능할 수를 의미합니다.

바둑에서도 정수, 변수, 꼼수 등이 있듯이 '수'가 아무리 많아도, '주'를 이길 수 없습니다.

그래서 '주'는 줄 수 있을 만큼 가지고 채워진 '자'입니다.

다시 말씀을 드리면 '자'로서 채워져 줄 수 있는 자를 '주'라고 합니다.

'자'의 모음 ㅏ가 성장하여 자라면, 고개를 숙이는 성숙의 의미로서 ㅜ로 변하므로 '주'로 이루어지게 됩니다.

'주'의 체질로 이루어진 자는 앞서 설명을 드린 것과 같이, 집안의 주인이며 세상의 주인으로서 능력을 가지게 되며, 그 역할을 하게 되는 것입니다.

우리글은 이렇게 보여 주고 있는 것뿐만 아니라, 보이지 않는 내면을 빠르게 알아보면서, 다음의 과정을 예상할 수 있도록 하여, 내면에 숨겨진 의미를 알고, 빠르게 진행하는 전체의 목표를 이룰 수 있도록 하는 일을 하고 있습니다.

이것을 우리는 홍익이라고 하며, '함께 하다'라고 합니다.

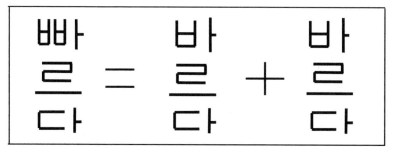

44. 누워서 떡 먹기

우리는 누구나 쉽게 할 수 있다는 말로서 '누워서 떡 먹기'라
는 말을 합니다.

사실은 누워서 떡을 먹기가 쉽지 않다는 것을 알고서, 요즘은
'식은 죽 먹기'로 표현을 하기도 합니다만, 식은 죽 먹기는 어
린애라고 할지라도 정말 누구나 쉽게 할 수 있습니다.

그러나 쉽다는 것은 어려움이 전제되었을 때, 쉽다는 것이 존
재하게 되는 것입니다.

'식은 죽 먹기'를 어려워하는 사람은 없습니다.

그래서 식은 죽 먹기를 어려워하는 어떠한 존재도 없으므로, 아
주 쉬운 일로 표현을 한다면 틀린 표현이게 되는 이유입니다.

자리에 편하게 앉아서도 물 없이 떡을 먹기도 어려운데, 더구
나 누워서 떡을 먹기란 아주 어렵다는 것을 누구나 알고 있
는 말이지만, 어떻게 이런 말이 지금까지 사라지지 않고 전해
져 오면서 현실에서 사용되어질 수 있었을까요?

말이라는 것도 생명이 있어서 태어나고 변하면서, 사라질 때
까지 자기의 수명과 사명을 가지고 스스로 그 역할로서 일을
하는 것입니다.

사명, 즉 일을 한다는 것입니다.

우리들의 일상적인 말(言)이 일(事)을 한다면 어떻게 일을
할 수 있을까요?

어떠한 기계나 도구가 쓰임새와 다르게 잘못 만들어졌다면,
오래 쓰지 못하고 부숴지거나 쓰이지 않고 버려지게 되는 것

입니다.

'누워서 떡 먹기'라는 말 대신에 '서서 떡 먹기'라는 말은 어떨까 생각해보면, 서서 떡 먹기보다는 '앉아서 떡 먹기'가 쉬울 것입니다.

그렇다면 서서 떡을 먹는 것보다는 앉아서 떡을 먹는 것이 쉽고, 앉아서 떡을 먹는 것보다는 누워서 떡을 먹는다면 몸은 편안하게 되겠습니다만, 편한 방법으로 자리에 누웠으나, 식은 죽이라도 먹으려니 쉽지가 않습니다.

그런데 꼭꼭 씹어서 먹어야 체하지 않고, 맛있게 먹을 수 있는 쫄깃한 떡을 누워서 먹어야 한다니 난감하지 않습니까?

맛있는 떡도 급히 먹으면 급체로서 생명까지 위태롭게 합니다.

옛날 말에 음식을 급히 먹다가 체하면 3일 이내로 죽거나, 3년 동안 일어나지 못한다고 전해오고 있습니다.

예전에 지인께서 제사를 지내기 바로 전에, 집안 식구들이 모여서 장만된 음식으로 잠시 먹은 떡으로, 급체한 지인이 병원에 입원을 하여 일주일 동안 치료를 받았으나, 갑자가 체온이 올라가서 몸이 사시나무 떨 듯하며 두꺼운 이불을 덮고 있다가, 갑자기 체온이 내려가면서 땀을 비 오듯이 흘리면서, 병원복이 금세 물에 젖은 행주처럼 땀이 뚝뚝 떨어질 정도가 되는 증상을 한밤중에도 멈추지 않고, 하루에 3~4번을 반복하여 밤에 잠도 자지 못하여, 수면부족과 탈수, 탈진증세와 그 고통을 이기지 못하고, 제발 죽었으면 좋겠다고 본인에게 하소연을 하였던 일이 있었습니다.

당시의 환자인 지인은 손위 친형의 암을 치료하고자, 자신의 사업도 뒷전으로 미루며, 서울의 병원으로 마산에서 오르내리며 6개월간 매달렸었지만, 결국 그의 형은 별세하게 되었던 것인데, 그러한 장례를 치른 며칠 뒤에 집안의 제사를 지내면서 탈이 생긴 것이었습니다.

평소에 왕성하게 사업을 펼치며 건강하였던 그의 건강은, 친형의 병치료를 위해 항상 긴장을 하며 신경을 많이 쓰였던 관계로, 기력이 많이 쇠약해져 있었을 때였던 것입니다.
병원에서 3일 동안의 심각한 고통에서 벗어나는 길은, 제발 죽었으면 좋겠다던 환자와 함께 하루를 꼬박 밤새우면서, 환자의 온몸의 막힌 혈을 풀어 주니까 다음날부터는 그러한 증상이 멈추게 되어, 그 다음날 병원에서 퇴원하였던 기억이 납니다.
그만큼 급히 먹는 떡은 위험한 것입니다.
그러한 것을 모를 리 없는 우리의 지혜로운 조상님들은, 이렇게 어려운 일을 아주 쉬운 일이라면서 누워서 떡을 먹는다고 하다니, 이치에 맞지 않은 말이지 않습니까?
그러나 곰곰히 다시 생각해보면, 누워서 떡을 먹는 일이 아주 쉬우려면 떡을 먹는 데 도(道)가 트일 정도로서 아주 전문가에게만 해당되는 말입니다.
맞습니다.
그렇게 어려운 일을 아주 쉽게 할 수 있는 자는 전문가뿐입니다.
그래서 다시 읽어보면 '나는 누워서도 떡을 아주 쉽게 먹을 수 있는 전문가이다'라는 의미를 가지고 있는 말로서, 어떠한 어려운 일이라도 쉽게 할 수 있는 전문가로서의 나는, 누워서도 아주 쉽게 떡을 먹을 수 있다고 하는 뜻입니다.

당신에게는 누워서 떡을 먹는다는 것은 생명을 담보로 할 만큼 어려운 일이지만, 그렇게 어려운 일도 쉽게 하는 전문가로서의 나는 누워서도 떡을 먹는 일조차, 아주 쉽게 할 수 있는 보편적인 일에 불과하다는 말을 하는 것입니다.

앞에서 말씀을 드렸듯이, 예전에는 흔히 사용되는 말이었으나, 요즘은 점차 그 쓰임이 줄어드는 추세이며, 예전에는 그만큼 어려운 일을 극복하는 전문가도 많았다는 것을 알 수 있습니다.

그러나 요즘에는 '누워서 떡 먹기'보다는 '식은 죽 먹기'로 변하는 것을 보고, 어려움을 극복하는 전문가가 점점 줄어들며, 누구나 문명의 기기로서 쉽게 대신한다는 것과 맥을 같이 한다는 것을 알 수 있습니다.

각각의 분야에서 활동하는 전문가가 줄어드는 이유는 전문가가 필요 없을 만큼, 많은 정보와 문명의 발달로서 세상을 살기 쉽고, 단순하게 변해가기 때문이라 할 수 있겠습니다만, 그 내면을 바르게 알지 못하고 살아가는 안타까운 현실을 보는 듯하여, 오늘에 이 글을 쓰는 이유이기도 합니다.

이 글을 읽는 여러분은 '누워서 떡 먹기'를 할 수 있는 일이 얼마나 됩니까?

우리의 삶까지도 누워서도 맛있게 떡을 먹을 수 있는, 삶의 전문가로서 잘 살고 싶지는 않으십니까?

어떠한 사물이나 기술, 사람도 잘 알려면 그의 겉으로 드러나는 과거와 현재 미래뿐만 아니라, 그의 속에 들어 있는 타고난 소명, 개발되지 않은 소질과 그 가능성까지도 보이는 겉과 서로 이어져 있음을 알 수 있어야 합니다.

보이는 '겉'과 다른 보이지 않는 '속'에까지 알 수 있을 때, 그 대상의 깊은 의미에 다가갈 수 있으며, 사람에게는 중심, 근원, 즉 마음을 알게 되어, 겉과 속이 어떻게 이어져 작용을 하는가를 알게 되면서, 펼쳐진 우주와 내가 어떻게 이어져 있으며, 서로가 어떠한 작용을 하는가를 알게 되면서 깨달음에 이르게 합니다.

45. 그 칼 끝 없다

'그 칼껏 없다'라는 말은 '그렇게 할 것까지는 없다.'라는 의미의 경상도식의 소리 나는 대로 적은 글입니다.

'그 칼~'은 '그렇게 할'의 의미로서 '칼'은 '하다'의 의미로서 '할'의 격음화로서 '칼'로 발음이 되는 경상도의 말에서 흔히 볼 수 있습니다.

이러한 말의 작용은 고대국가의 북방민족이 한반도의 남쪽으로 이동에 따른 증거들이 속속 드러남에 따라, 혜자가 바라보는 언어문화 역시도 그 영향으로 북방의 언어가 경상도에 전래되어진 것은 아닌가 하고 생각합니다.

징기스칸 등의 '칸'으로 쓰이다가 말이 한반도에서는 '한'으로 변하여, 지금도 경상도에서는 '하더라'를 '카더라'로 사용하고 있으며, 지금 제목의 글도 '할'이라는 말도 '칼'로 사용되는 등 'ㅋ'이 'ㅎ'으로 변화되었음을, 여러 곳에서 쉽게 발견할 수 있습니다.

좀 더 깊은 연구는 역사학자들에게 맡기고, 학문적인 것은 본인이 한글학자가 아닌 이유이기도 하지만, 혜자의 짧은 밑천이 바닥이 보이게 될까봐 좀 더 연구해야 할 과제이기도 합니다.

'그 칼 껏~'의 '껏'은 '것'의 경음화현상으로서 '껏'으로 소리 나는 것이라고 볼 수 있습니다만, 국어학에 대한 밑천이 짧음에도 우리말은 소리글이자 뜻글이라는 것을, 본인이 오래전부터 이불을 뒤집어쓰고, 부르짖고 있다는 것을 아시는 분이 계실 겁니다.

그래서 '그 칼 껏~'의 '~껏'을 '~끝'으로 보면, 발음의 차이는 'ㅓ'와 'ㅡ'로 다르게 나타나지만, 경상도에서의 발음은 서로 차이를 별로 중요시하지 않아서 '그 칼의 끝이 없다'라는 의미로 보시면 이해하기 쉽습니다.

그러나 '그 칼껏 없다'라는 말의 어원은 '그렇게 할 것까지는 없다.'에서 찾을 수 있겠지만, 우리글은 소리글이라는 이유로서 소리 나는 그대로에서 찾아본다면 '그 칼 끝 없다'라고도 할 수 있습니다.

이것은 글의 역사보다는 말의 역사가 훨씬 앞서는 이유가 아닐까 하고, 혼자서 생각해 보기도 합니다.

이렇게 중요하지도 않은 말을 가지고, 어려운 어원을 찾고 딱딱하게 풀어 가는 것은 본인의 짧은 밑천의 글재주 때문이기도 하지만, 보이지 않는 깊은 땅속의 뿌리와 같은 것을 알게 하려는 마음으로 헤아려 주시면, 이 글을 읽는 님들께서는 더욱 깊게, 더욱 넓게 바라볼 수 있는 안목을 가지게 되리라 확신합니다.

'~할'과 쓰임이 같은 '~칼'은 해야 하는 일은 칼(刀)처럼 선명하고, 단호하게 해야 한다고 보면 '~할'과 '~칼'의 의미는 일맥상통한다고도 볼 수 있습니다.

그렇게 보면 '그 칼껏~'은 '그렇게 할 것~'으로 볼 수 있으며, '그 칼 끝~'은 칼끝은 바늘의 끝과 같이 날카롭고 선명하게 할 일은 정확하게 해야 한다는 말과 같습니다.

이렇게 서로 다른 점을 이어서 보면 하나의 선으로 볼 수 있듯이, '그 칼껏 없다'는 '그렇게 할 것(필요) 없으니 그만하고 멈추어라'라는 의미 외에도, 더 자세하고 속 깊은 의미는 '너의 판단은 인정하지만, 행위는 그렇게까지 할 필요가 없다'라는 의미로서, 그 칼처럼 갈고 닦아야 하는 공부의 끝은 있다고 생각하는 이에게 '그 칼의 끝은 없다'라는 말로서 스스로 돌이켜보게 하는 말이기도 합니다.

칼은 한자로는 刀(칼 도)로 쓰이게 되지만, 발음되는 소리뿐만 아니라, 의미로 보아도 도(道)와 같은 것은 날카롭고 예리하여 정확하게 쓰여야만, 자기도 다치지 않고, 상대도 다치지 않고, 보호하고 도와주게 되는 것입니다.

각각의 도구처럼 쓰임새가 같은 것은 숨겨진 의미뿐만 아니라, 겉으로 드러나는 소리에서도 전하고자 하는 메세지가 서로 이어져 있음을 글로서 보여 주고, 발음하는 소리로서 들려주고 있습니다만, 우리들은 볼 수 있는 눈이 없고, 들을 수 있는 귀가 없는 맹인봉사나 귀머거리와 다를 바 없다면, 너무 비약(卑弱)하는 것일까요?

아니면 새롭게 더욱 비약(飛躍)해야 하는 이유일까요?

이 글을 읽는 여러분께서 이제까지 살면서 전문가로서 가진 칼은 어떤 칼인가요?

그 칼의 끝은 있는가요?

아니면 그 칼 끝을 보기는 보았나요?

아무도 그 칼과 같은 공부의 끝은 없다고 하지만, 그래도 나는 "여기가 그 칼의 끝이더라."라고 할 만큼의 그 칼의 끝까지 가 보고 싶지는 않으십니까?

그 칼 끝 없다고요?

아니면 누구든지 그런 정도는 다 알고 있으니,
그 칼 껏 없다고요?

46. 지도자와 휴지통

휴지통이란 통으로 만들어졌으며,
지저분한 것을 모여지게 하는 것으로
자기 일을 하는 것을 휴지통이라 하며
주전자와는 반대이다.

정착된 자로서 항상 자기의 자리를 지키고 살아가면서,
주변의 더럽고 지저분한 것을 받아들이고는
언제든지 자기의 속을 비우는 작용으로서
장점을 알아도 인정받지 못하므로
항상 구석에서 자리하고 있다.

향처럼 소독하고 맑아지게 하는 작용과
휴지통이 가지는 여유로움과
아무것이나 받아들이는 심성은
어떠한 향보다 아름다운 사랑의 모습이다.

지도자는 이래야 한다.
어떠한 것이라도 받아들여야 하는 것이다.
충고와 욕설과 천한 말이라 하더라도 거르지 말고, 받아 주어
야 하는 것이다.

정보는 잘 쓰이게 되어야 가치를 가지며,
쓸 수 없는 정보는 버려야 하는 것이다.

재주보다는 열린 마음으로 보여 주고,
신념보다는 소질로 된 체질로서 일하고,
새로움보다는 지금에 충실하는 자세로서,
영지도 되게 하는
이런 공간을 보유한 곳이라면,
이 세상 어떠한 곳이라도 찾아 가십시오.
그 길은 이미 보장된 곳이므로 좋은 지도자로부터
좋은 지도를 받게 됩니다.

47. 지도자와 주는 자

지도자는
지도하려 하지 마시고,
천천히 지도를 줄 수 있어야 합니다.

지도자는
지도받을 수 있게 만드는 일을 하는 자이므로,
지도되지 않는 자가 없어야 합니다.

사랑하지 않으면 지도되지 않습니다.

지도자는
지도하는 자가 아니라,
지도를 주는 자이므로
지도를 가지지 못하면,
지도를 줄 수 없으며,
지도되지 않습니다.

좋은 지도자는
좋은 지도를 가진 자로서
바르게 알고 지도하셔야 합니다.

48. 지도자는 알아야 하는 이유

지도자가 알아야 하는 이유는
지도하지 말아야 할 자와
지도해야 할 자와
지도받아야 할 자와
지도보다는
치료받아야 할 자와
지도보다는
세상자리에서 살아야 할 자와
분별되어야 하는 이유입니다.

49. 지도자의 혈통

위로 통하는 자는 위장이 튼튼하고,
아래로 통하는 자는 신장이 튼튼하고,
서로 통하는 자는 소장이 튼튼하고,

일생 동안 병 없이 살아가는 자는
소통하는 장부라는 뜻으로
서로 보면 소로 통하는 자로서
소장혈 통하는 자로서
약으로 치료되지 않는 병을
치료하는 재주로서 예정된 일을 하는
애정으로도 매정하게
지도하는 자이다.

50. 지도자의 체질

지도자는
손발이 차가운 자가 가지는 소질이며,
총체적으로 보면 반지와 같이 부분으로서 전체를 바꿀 수 있
는 철저함으로 작용되는 자를 지도자라고 합니다.

앞으로 많은 지도자가 배출되어 세상을 지도하여
새상(새로운 세상)에서는 필요 없는 지도자로 되었으면 좋겠
습니다.

작은 보석은 큰 산을 살 수 있듯이,
지도자는 많은 사람을 바꿀 수 있으니,
줄을 보고만 있지 마시고, 붙잡아서 타고 오르시면
지도자는 저절로 이루어집니다.

체질적으로 타고난 지도자는
소심하여 상대를 배려하고,
주장이 강해서 주변과 다툼이 많으면서 자라므로,
버리지 마시고 정진하면, 소신으로 변한 한 가지의 특별한 능
력을 가지게 됩니다.

운명을 알게 되는 능력으로서
누구든지 보지 않아도 알 수 있는
그런 능력이 함께 만들어지게 됩니다.

51. 복잡한 것이 지도이다

지도(指導)는 지도(地圖)처럼 복잡하지만, 스스로 찾아갈 수 있도록 모든 길이 연결된 것을, 보여 주는 것이 바른 지도법입니다.

오직 한길만 정해 놓고 가게 하는 것은 지도가 아니라, 약도라고 하는 주도(主導)이며,

주도는 모든 것이 이곳으로 향해야 한다는 것을 보여 주지만, 세상에서는 오직 이 길만이 바른 길이라고 하는 것과는 서로 다릅니다.

바른 주도는 모든 자들이 각각 멈추지 않고, 계속하게 하는 주도이어야 바른 지도가 되는 것입니다.

창처럼 밝은 지도는 따르게 하고,
벽처럼 보이지 않는 지도는 맴돌게 하고,
문처럼 들어올 수도 있고, 나갈 수도 있어야 바른 지도가 됩니다.

모든 것이 서로 통하는 지도는 통하게 하고,
서로 다른 면이 이어져 있는 통은
통처럼 채우는 지도가 되는 것입니다.

충분하게 지도하고 기다리면서 보충하고 보완한다면,
지도로서는 최고의 지도라고 할 수 있습니다.

52. 어떻게 줄 것인가?(주는 도리)

"충분하게 주어야 주었다고 할 수 있다."

조금 주는 것은 자라지 못하고,
약간 주는 것은 불만 자라게 하고,
금방 주는 것은 지나치게 하고,
재미있게 주는 것은
주는 자의 정성으로 이루어진 주는 도리입니다.

많이 주고도 뺨 맞는 것은 욕이며,
그저 주고도 욕 얻어먹는 것은 복날 먹는 밥이며,
모으므로 짐 되는 것은 자만이며,
도와주지 않아야 자라는 것은 영이며,
영 주어도 모르는 것은 소질이며,
받아도 모르는 것은 복이며,

복 받고 좋아하지 않는 놈이 이 세상에는 없다는 말은
동전의 앞뒤를 모르는 소치이며,
속 채우고 물 먹으면 당연하고,
속 보여 주고 물 먹으면 이상하여,
속 시원하다는 말은 왜 안 나올꼬?

무슨 수를 쓰든지 세상살이는
속사정 모르면 답답하고,

속이면 사정하고, 손발이 묶이는 속에서 살아가고,
죽을 때 손발이 묶여 관 속으로 들어가는 줄 알고도
모르는 체하는 영 덜떨어진 자는
천도(遷度)로서 재미있게 세상을 굿판으로 놀면,
천도(天道)로서 이름을 날리게 되지 않을까 하는
혜자의 생각입니다.

* 죽은 자의 천도(遷度)는 이 세상을 떠돌던 영혼을 저세상
으로 보내는 작업입니다.
그래야만이 다시 이 세상에 태어날 수 있기 때문입니다.
산 자에게서는 죽은 자를 천도함으로서 발생하는 현상은 살
아 있는 자의 가치관이 바뀌게 됩니다.

한 나라의 수도를 바꾸는 것도 천도라고 하듯이, 국가의 수도
를 천도한다는 것이나, 자신에게서의 천도는 자기의 주관적
가치관의 변화를 일으키게 합니다.

53. 지도자와 세상

지도되지 못하면
알지 못하며,
행동할 수 없다.

지도된 자는
알아도 모르는 체 행동하므로
지도되지 못한 자와
지도된 자의 행동은
같으면서 다르다.

애정과 매정으로 비추어 보시면
보여 주어도 볼 수 없는 차이와 같고,
선배처럼 잡으면서 놓아 주는 자와
보유하고도 잡으려 많은 것을 쥐고 있는 자와의 차이이다.

부모보다 높으면서
제왕보다 빛나는
지도자는

애정과 매정함으로
새로운 세상을 이루려고
세상 속에서 살아가고 있다.

54. 거짓말과 지도하는 말

거짓말은
그럴듯하게 하는 말이며,
지도하는 말은
그렇지 않다고 하는 말이다.

55. 지도되지 못하는 자

지도되지 못하는 자는
오직 애정 없이 이루려는 자와
인정받지 못하면서 요구하는 자와
신의와 예의와 매정하지 않는 자는
좋은 지도를 받을 수 없습니다.

56. 회초리

어제는 친척의 사과밭에서 사과를 따는 일을 도왔다.
한 그루의 사과나무에서는 설익은 사과도 보여 주고,
병든 사과도 보여 주고, 벌레 먹은 사과도 보여 주고,
보기도 좋고 맛도 있는 사과도 보여 주는 사과나무를 바라보
면서, 튼튼한 가지와 병약한 가지를 비교하며 어떻게 같은 밭
에서, 같은 시기에 심어 같은 조건으로 자라는 한 그루의 사
과나무에서 다르게 자라는가에 대해서 의문을 가졌다.

인간세상도 마찬가지다.
신분이 서로 다르지 않은 조건에서 시작하여 서로 다른 결과
를 만들어지게 되는 이유는 어디에 있을까?

세상을 살아 본 자는 누구나 가지는 의문이지만, 선명하게 밝
힌 자는 없으므로 혜자가 여기에서, 한 번 더 생각하게 하는
의미에서 이 글을 쓴다.

선명한 자는 보여 주지 않아도 알게 되고,
희미한 자는 불빛이 필요하므로
스스로 조건에서 좋은 결과와 좋지 않은 결과를 가지게 된다.

정명이란 선명하게 나타나는 명으로서
변치 않는 영이 되는 일을 하는 것이다.

병든 사과나무는
선명하지 못하고 자기의 주변 조건을 희미하게 보게 되는 것
으로 회초리를 필요로 한다.

회초리

몸을 아프게 하여
조심하지 않는 것을 알게 하는 것을
회초리라고 하므로
아프지 않는 회초리는 회초리가 아니다.

회초리는
아프게 하므로 알게 하는 지도로서
지도와 회초리는 서로 이어져 있다.

회초리는
보여만 주어도 아프게 느끼는 이유는
지금도 아프게 살아가고 있음이며,
아프지 않는 회초리는 없다.

회초리와 지도는 서로 이어져 있으나
무조건 이어진 것은 아니다.

회초리는
선명하지 않으면
속에서의 의도를 알아보지 못하는 이유가

회초리를 쓰는 이유이다.

초겨울 함양 사과밭에서

* 회초리(回初理)의 원래 뜻은 처음의 마음가짐을 잊어버려
서, 다시 처음의 마음으로 돌이키게 하는 것을 뜻합니다.
이 글을 읽고 지금의 삶이 얼마나 아픈가를 회초리로서 지도
로 삼으십시오.

57. 도인과 도둑

도인과 도둑의 차이는
영적인 질의 차이이며,
지도자와 치료되어야 하는 자의 차이이며,
삶을 운전할 줄 아는 자와 운전할 줄 모르는 자의 차이와 같습니다.

알지만 실천하는 자와, 알지만 실천하지 못하는 차이이며,
쥐도 새도 모르게 남의 문을 열지만,
여러 사람을 도우는 일과, 자기만 위하는 일로서 세상 살아가는 차이이며,
세상이 바뀌게 하는 자와 자기도 바뀌게 하지 못하는 차이이며,
정성으로 대하는 자와 종살이처럼 보람을 가질 수 없는 차이이며,
인정받을 수 있는 자와
인정받지 못하고 세상살이가 도저히 일반적이지 못하고,
아무도 모르게 보이지 않게 자기도 믿지 못하고, 안정되지 못하며,
자기를 초라하게 보이게 하는 자는 도둑이라고 합니다.

준비하지 못하고
정성들이지 못하고
전부와 천천히를 모르고,

체질이 변해야 하는 자이므로
문처럼 닫혀 있는 마음을 열어야 합니다.

재물만이 전부로 보이는 자이므로 배우지 못한 자이며,
새로운 법으로 지도되어야 삶이 춤판과 같이 세상판에서 도
망하지 않고, 준비하지 않아도 저절로 이루어지게 되는 살판
으로 됩니다.

주(主)라고 하는 것은 주인이기 때문에 줄 수 있는 자이며,
천부적으로 타고난 소질로서 줄 수 있는 주인을 주라고 하는
이유이며,
세상에서는 주인이라고 하지 않고, 도인이라고 부릅니다.

천복으로 사라지지 않고, 살아지게 하는 좋은 세상 만들어 자
손만대에 전할 수 있도록 우주도리를 배운 자이며, 형체가 없
어도 자기일 할 수 있는 자이므로 이미 준비의 과정을 거쳐
당연하게, 이루어지는(정명) 일로서 직접 나서지 않아도, 새
로운 내일과 새로운 세상을 위해서 도리에 맞게 일하는 자를
도인이라고 합니다.

줄지 않는 지혜와 덕으로서 변화하는 자이며, 일처럼 정성으
로 도리에 맞게 자기의 명으로 살아가는 자이며, 도전하여 이
루어진 것으로 도(道) 전하는 자이며, 체(體)보다는 용(用)으
로서 세상을 쓰는 자이기도 합니다.

세상을 말처럼 타고 갈 수도 있으며, 끌고 갈 수도 있는 자로

서 양(量)을 채우는 일보다는 질(質)적으로 보는 자이며, 열차의 앞뒤 칸에서 운전하는 것처럼, 일정한 자리에 머물지 않으면서도 자기 일하는 자리를 가진 자로서, 변하지 못하는 자에게는 변화를 주게 하고, 변화로 살아가는 자에게는 안정을 주게 하는 일을 하는 자리가 도인의 자리입니다.

일정한 전담자와 같이 전문적인 일을 보장받은 자로서 열정과 애정으로 자전하면서, 동진하고 봄처럼 새롭게 돋아나고 자라게 되어, 열매를 가지지 않고도 흡족하게 보람으로 자리하는 자를 도인이라고 합니다.

혈작용 됨으로서 함께하는 것만으로도, 막힌 혈 풀어 주면서도 알리지 않으며, 조이지 않아도 조여지게 하며, 도와주지 않아도 도와준 것으로 알게 하며, 알리지 않고도 알게 하는 자로서 전부와 전체와 함께하는 자로서 '도'는 '더'하고 더하면 채워져 '다'하게 되며, 그냥 '두'어도 저절로 이루어져 더불어 다 함께 두루 두문불출하면서도 되게 하는 것이 '되다'의 글을 풀어본 글이 '도 ㅣ 다(도이다)'로 되는 것은 '도'의 ㅗ를 돌려 보면, '더'와 '다'와 '두'이므로 '도=돌다, 회전하다'로 볼 수 있습니다.

'되다'와 '도이다'는
죄 지은 자는 모르게 죽지만, 재미있게 살다가 죽는 자는 세상을 알게 되므로, 세상살이와 자기의 삶과는 같다는 것이 '도이다'로 보지 않고 '되다'로 보이는 것이므로, 세상은 돌아다니는 자를 도인이라고 부르지만, 돌아다니지 않고도 일하는 자를 도인이라고 하는 것은, 자전하는 자는 앉아서도 혈처럼 돌아다니게 하는 자이므로, 주인이라고 할 수 있으며, 돌아다니는 자는 종이라고도 할 수 있습니다.

종은 체면도 없으며, 도와 자리가 무엇인지 모르므로 길을 가는 자로서는 같지만, 주인으로서 길을 가는 자와 종으로서 길을 가는 자는 서로 다른 이유입니다.

재미있으면 웃음으로 자라게 되며, 재미가 없으면 울음으로 자라게 되므로, 웃음과 울음으로서 문이 이루어지게 되는 것은 시작은 울음으로 시작되며, 마무리는 웃음으로 되어야 재미있게 길을 가게 되며, 반대로 길을 간다면 신경질 나는 길이므로, 언제나 새로운 자리에서 새로운 일하는 자는 한잠도 안자고도 계속하므로 지장은 있지만, 문제는 되지 않으므로 계속할 수 있습니다.

울음으로 시작하여 소리 없이 다가오는 장점과 단점으로서 웃음으로 변하게 한다면, 길을 가는 도인으로서 보람이 되기도 합니다.
문이 없으면 열 수 없다는 것은 혈 막혀 있는 자의 눈이며, 문이 없어도 열 수 있는 자는 전문가이므로, 전문가는 막힌 것까지 전부를 문으로 보고, 열 수 있는 자이므로 전문가를 도인이라고 합니다.

알아도 되고, 몰라도 되는 지금까지의 이 글을 읽는 여러분의 마음의 문이 조금이라도 열렸다면, 혜자는 매일 이런 글을 쓸 것이며, 그렇지 않다면 오늘로서 세상 마칠 때까지 글을 쓰지 않아야 하지만, 이래저래여래(如來)되는 법이므로 이 글을 읽은 분은 분명 혈이 작용하게 되므로, 혜자의 혈과 함께 동진한다는 것을 알 수 있습니다.

부지런히 막혀 있는 혈을 열어서 남북통일과 세계평화와 인류의 체면을 위하여, 지금부터는 소질로 이루어진 자로서 여기저기로 독처럼 번지는 독과 덕으로 분명하게 세상의 일을 하게 되면, 혜자는 세상의 주인입니까?

길을 가는 도인입니까?

주인을 잘 모시는 종입니까?

아니면 아무것도 아닙니까?

이 글은 설익은 것처럼 금방 이해하기 어려워 보이지만, 보고 또 보면 이래저래여래되는 조리와 요리로서 맛과 멋이 되는 보이지 않는 법과 자라게 하는 밥이 자기로부터 안정이 되며, 세상으로부터는 애정이 되며, 인류에게는 양반이 되는 배운 자로서의 새로운 법이 되는 배움터가 만들어지게 되는 글이므로, 두문불출하고도 보이지 않는 것을 알아보는 자는 이래저래여래되는 줄이 되므로, 그 줄을 받고도 오르지 못하면, 줄 필요 없는 자이므로 이미 오른 자입니까?

줄 필요 없는 자입니까?

모르면 무르야(물어야) 합니다.

무름(물음)으로 이루어지는 **모름은 오름을 이루는** ○ㄴ름 → ○ㄴ름**의 과정을 배우는 길**이므로, 보이지 않던 것이 보이게 되어 배우지 않아도 알게 되는 것으로서, 만족하지 마시고 계속하여 읽어 보시면, '도왔다'가 '도 왔다'로 보이게 되며, '독'은 '덕'으로 보이게 되면서, 자기의 독과 덕이 어떻게 이어져 자라는지 보이게 됩니다.

잠시만 보이지 않으면 궁금하여 보고 싶은 자는 정든 자이며, '정들다'는 것은 '정이 들어 있다'라고 보이게 되면, '힘들다'는 '힘 들어 있다'라고 보이게 되며, '정'은 '종'이 되는 과정의 시작이라는 것을 알게 됩니다.
정보다는 전문가로 되어야 문을 열 수 있듯이, 막힌 혈이 풀어진 자는 전문가로서 소질이 개발된 자이기도 합니다.

소질은 밥 속에 돌이 들어 있지 않아도 조심하는 자리이므로, 씹지 않아도 알아내는 자와, 부랴부랴 밥까지 버리는 자는 이렇게 다르게 살아가게 됩니다.
인정보다는 안정되게 살아가는 자로서, 도와 안정된 자리는 같아서 돌아다니지 않아도 되는 줄 모르므로, 배워야 하는 자이기도 합니다.

지금은 배우려고 이곳저곳 찾아다니는 자는, 열만 가지고 심이 없는 자이므로, 책처럼 매일 읽을 수 있도록 지도자로 정리되게 하는 글을 울리도록 하겠습니다.

되다 = 도 ㅣ 다 = 도이다

58. 음식 중에서의 가장 큰 어른은 떡이다

우리말에 떡 중에 '최고의 떡은 찰떡이다'라는 말이 있습니다. 멥쌀로 만들어지는 떡과는 다르게, 찹쌀로 만들어지는 찰떡은 옛말에 '골 메운다'는 말이 있습니다.

골은 뼈를 말하기도 하며, 골짜기와 같은 구릉을 말하기도 하며, 골방과 같이 구석진 모퉁이를 말하며, 머릿속에 들어 있는 뇌腦를 골이라고도 합니다.

뼈란 근육을 지탱하여 움직이게 하는 주체이므로, 자기를 지탱하여 살아가게 하는 주관을 뜻하며, 골짜기는 채워진 산과는 반대로 낮으므로 흘러가고 모자라 채워야 할 부분이며, 골방에서는 조용하게 자신이 하고 싶은 것을 할 수 있는 공간을 뜻하여, '골'이란 교육이란 뜻의 옛말로서 제대로 배우지 못한 자를 비하하는 뜻으로 '골 비었다'라고 말하기도 합니다. 그래서 '골 메운다'라는 말은 우리의 부족하여 빈 머릿속을 꽉 채우는 작용과, 그것이 어떻게 교육이 되어 자신이 골을 채워서 성숙하게 되는 작용을 하게 되는가를 알아보겠습니다.

'찰떡'은 찹쌀을 의미하는 '찰'과 '떡'의 글자가 합쳐진 단어입니다.

'찰'은 찹쌀의 진득함으로 채워진 '채워지다'라는 의미와, 그 성질이 '차갑다'라는 의미와 '찐득하다'라는 의미를 가지고 있습니다.

찹쌀의 찐득함은 밀도가 높으며, 밀도가 높다는 것은 서로의 작은 입자와 입자 사이에 틈이 작아서 빽빽하다는 뜻입니다.

사람도 마찬가지로 그 삶이 찹쌀과 같은 서로의 관계에서 멀리 벌어진 틈보다는 가까이에서 정을 쌓아 참으로 살아가는 삶을 진득하여 '찰지다'라는 말을 합니다.

진리, 즉 참은 삶으로서 이루어야 하는 목표점과 같다는 것은 앞의 내용 '한글학'에서 자세하게 설명되었으므로 다시 읽으시기를 권합니다.

그래서 찰이나 참은 참으로 이루어진 각각의 서로 다른 작용의 의미로 볼 수 있습니다.

'떡'이라는 글을 가만히 살펴보면 **덕 + 덕**으로도 볼 수 있습니다.

즉. 덕이 많은 자의 모습이 떡의 성질과 같다는 것입니다.

초성자음 ㄸ은 ㄷ이 반복하여 많이 모여 있다는 의미입니다.

중성모음 ㅓ는 위치에 따라서 ㅗ, 그리고 ㅏ와 ㅜ로도 볼 수 있으며, 이는 쓰임에 따라서 각각 쓰이게 된다는 것을 앞글의 아리랑에 대한 글에서 알 수 있습니다.

이것은 '한글학'에서 자세하게 설명되었듯이, '찰'은 겉으로 채워져 보이는 것을 표현한 글이므로, 보이지 않는 내면으로는 사람이 내면적 성숙함을 표현할 때에 '철들었다'라고 하듯이, 겉과 속의 의미를 가진 ㅏ와 ㅓ의 구조로서, '찰'과 '철'의 액면가적인 그 의미는 서로 같다고 할 수 있습니다.

그래서 '떡'은 '똑'과 '딱'과 '뚝'으로도 볼 수 있으며, '덕'의 '더'는 '도'와 '더'와 '다'와 '두'로서 그 쓰임에 따라 순차적으로 진화하게 된다는 것을, 여러 곳에서 설명을 드린 것과 같습니다.

떡은 쌀이나 다른 곡식과 함께 만들지만, 찹쌀이 없이 만든 떡은 끈끈하게 서로 이어지는 찰기가 없으므로, 흔히 개떡이라 하며, 떡이 아닌 빵과 같아서 가짜 떡으로 여기게 됩니다. 그래서 찰떡은 찹쌀로 밥을 지은 것으로 떡메로 치고, 찧어서 만들게 됩니다.

떡이 되기 이전의 밥은 각각의 밥알로서, 서로의 접착력이 부족하여 밥을 먹을 때에는 숟가락에서도 밥알이 떨어지기도 합니다.

이렇게 친화력이 부족한 밥을 교육을 하듯이, 각각의 밥 알갱이를 찧어서 밀도를 높여, 서로에 대한 친화력을 강화시키고 단련시켜서, 만들어지는 떡은 누구나 아주 맛있게 먹을 수 있게 됩니다.

오래전부터 전해져 오는 음식 문화에서 떡만큼이나 오래된 것도 귀하지만, 떡을 만들기 위해서는 평소에도 귀한 쌀이나 콩, 팥 등의 곡식과 밤이나 대추 등을 아끼고 알뜰하게 모아 두었다가 잔칫날이나 제례, 장례뿐만 아니라, 명절날과 개업식 그리고 삶의 터전을 옮기는 이사를 할 때와, 힘들게 배우며 공부하던 책을 마무리할 때에도 기념하면서, 떡을 만들어 이웃의 여러 사람들과 나누어 먹으면서 기쁨과 슬픔을 함께 나누는 정과 같은 떡이었습니다.

이렇듯 떡은 잘 차려진 밥상 위에 떡하니 넓은 자리를 차지하는 잔칫상에도, 어떤 귀한 음식이라도 감히 비교하지 못할 만큼, 떡은 시루까지도 함께 상 위에 놓기도 하므로, 감히 음식 중에는 최고의 어른이라 할 수 있습니다.

세상을 살면서 여러 큰일을 치르면서 많은 사람들을 모시는 자리에서 떡이 없는 잔칫상은 생각할 수도 없습니다.

그만큼 우리의 마음속에 크게 자리하는 이유는 떡이 가지는 의미로서, 사람은 살면서 서로 다투어 멀어졌다가도 붙이면 찐득하여 바로 붙게 되어 친밀하게 되는 찰떡처럼, 사람들 간에도 서로 깊은 친화력을 가지고, 포용하는 것은 바르게 배운 자로서의 살아가는 모습과 같습니다.

평소 아끼고 모아 두었던 곡식을, 아주 요긴하게 인륜지대사에 사용하는 검소하고 절약하는 마음과, 앞날을 내다보며 준비하는 일상의 철저함은, 참으로 채워진 어른으로서 조상을 모시고 자식을 키우는 부모, 즉 참주인의 마음이라 할 수 있습니다.

떡은 급하게 먹으면 체하는 것은, 부모의 말씀을 섣불리 판단하여 실수하지 않게, 조심하여 지도를 보고 천천히 길을 찾아가듯이, 어른으로서 깊게 채워진 참말씀을 꼭꼭 씹으면서 살아가는 마음을 뜻합니다.

부모로서 자식들의 잘못을 가르치는 말씀은 입에 쓴 약과 같아서, 찰떡은 찹쌀이 가지는 쌉쌀한 맛을 가지면서도, 찰떡 속의 밥 알갱이가 입속에서 씹히는 것처럼, 부모의 참된 말씀은 들을수록 입속에서 꼭꼭 씹히는 밥 알갱이와 같습니다.

살면서 힘들고 어려울 때마다 되새기면서, 다시 되씹을 거리가 있는 가르침과 같다는 것도 알게 합니다.

진득한 찰떡을 꼭꼭 씹어 보면, 처음의 쌉쌀한 맛과는 다르게 구수한 맛을 느끼는 것은, 부모가 자식을 가르치는 냉정함 속에서도, 자식은 성장한 후에서야 부모의 더욱 깊은 정을 알게 되는 이치와 같습니다.

세상을 살면서 사람들이 모이는 큰일에서는 어느 곳에든지 이러한 집안의 어른을 모시려 하고, 삶에서의 큰 행사에는 빠짐없이 자리하며, 그 자리를 더욱 빛냄으로서 그를 세상에서의 큰 어른으로 모시듯이, 떡을 높이 쌓아 잔칫상에 올리는 것으로, 그러한 덕을 높게 칭송하는 표시로서 세상에 보여주는 것입니다.

찰떡이 굳었을 때의 모습은 강철과 같이 딱딱하며, 녹으면 흐물흐물하게 되는 것은, 스스로의 굳센 의지는 강철과 같으며, 어떠한 목적을 이루기 위하여 함께 결속하여야 하는 어울림의 열정에는 자신을 전혀 드러내지 않으며, 무골호인처럼 자존심도 없듯이 변하게 됩니다.
찰떡의 중앙에 아름다운 무늬의 떡살로 새기는 것은, 심장에 깊게 새겨서 군자처럼 자라서 살아가라는 의미입니다.
사람은 이래야 합니다.
이렇게 찰떡은 골을 메운다는 말이 아직도 사라지지 않고, 지금까지 살아서 혜자가 세상의 사람들에게 들려주는 것은, 지금의 세상에서는 덕이 많은 큰 어른으로서의 참부모가 너무나 모자란 것은 아닌가 생각합니다.
찰떡의 성질과 그 모습은 이렇듯, 검소함과 유비무환의 준비성과 강하면서도 너무나 온화하여 결집하는 친화력으로, 자손들이 바르게 자랄 수 있도록 표가 되는, 지도자로서의 혈통을 전하는 덕이 많은 집안 어른의 모습과 같아서, 음식에서는 가장 어른이라고 할 수 있습니다.

이 글을 급히 읽으시면, 급하게 먹는 떡과 같이 체할 수 있습니다.

꼭꼭 씹어서 구수한 맛이 입안에서 돌게 되면, 그때서야 배운 자답게 주변의 지인들에게 떡 이야기를 풀어 주시면, 골도 메우며, 참으로도 채워지는 자신을 알아보게 됩니다.

$$떡 = 덕 + 덕$$

59. 촛불에 대한 명상

촛불은 스스로의 몸을 태우면서 주변을 밝히는 것으로
부모가 가족들의 삶이 밝아지기를 바라며, 스스로를 태우는
힘듦을 주저하지 않는 부모의 마음과 같습니다.

촛불에는 심지가 있으니,
부모가 자식을 키우며 흔들리지 않는 굳건한 심지와 같고,

촛불의 겉은 붉어서 뜨겁지만, 속은 푸르면서 차가운 것은
부모가 자식을 키우는 열정의 속으로는 냉정함을 가졌으며,

촛불이 타면서 흐르는 촛물은
자식을 가르치는 부모의 가슴속의 흐르는 눈물과 같으며,

촛불의 몸체가 매끈한 것은
군더더기 없는 부모의 전문가로서 선명한 일처리와 같으며,

촛불의 몸이 투명하여 하얀색인 것은
자식을 위해서 모든 것을 내어 주는 부모의 욕심 없는 텅 빈
마음과 같으며,

촛불은 자기 몸이 다할 때까지 불태우는 것은
끝없는 이어지는 오직 집안을 밝히는 부모의 정성과 같으며,

촛불은 작은 바람에도 흔들리는 것은
자식 잘 되기를 바라는 가냘픈 부모의 간절함과 같으며,

촛불은 꺼질 듯이 흔들리지만 꺼지지 않는 것은
집안을 위해서는 어떠한 어려움에도 포기하지 않는 끈질김과
같으며,

촛불의 몸이 곧은 것은
부모의 자식을 위하는 굳은 일편단심과 같으니,

촛불의 모습이 자식 위하는 부모의 마음이라면
부모의 마음은 세상을 위하는 부처님 마음과 같으니,
보이지 않는 부처님 찾지 말고, 보이는 부모님 잘 섬기면,
부모의 **사랑**은
자식의 **자람**으로 **자랑**되고
부모의 자식을 위하는 **바람**은 **보람**으로 되어
세상은 저절로 밝아지게 됩니다.

* '촛불'의 글자를 의미로서 풀어 보면
'초 + ㅅ + 불'으로 볼 수 있습니다.
'초 = 조 + ㅗ'와 같으며, '조 = 소 + ㅡ'로 조립되어 있음
을 알 수 있습니다.
그래서 소(素, 근원의 개체)가 모여서 서로 이어져(ㅡ) 조립
이 되는 것이 '조'와 같으며, 각 소(素)들이 모여서 조립된 것
은 어떤 형체를 이루게 되면서, 조(組)에는 따르는 작용력을

가지게 됩니다.

예를 들면 화학의 원소기호로 보시면, 두 개의 산소와 탄소의 원자가 모여서 CO_2(이산화탄소)가 만들어지듯이, 산소와 탄소는 근원적 요소이며, 이러한 '소'가 모여서 조직된 것이 이산화탄소이므로, 물질적인 성질을 가진 분자로 이루어지는 것을 '조'라고 보면 됩니다.

'소'가 세력을 모아서 '조'를 이루었으나, '조'라는 글자를 살펴보면 '소'의 머리 위에서 더 이상 자라지 못하도록 누르는 ㅡ가 얹혀 있는 모양입니다.

더 이상의 세력이 자라지 못하게 억제되고 제한된 'ㅈ'의 의미에서, 극복하고 초월하게 되는 작용을 'ㅊ'으로 표현되어, '조'는 '초'로서 이어지게 됩니다.

종성자음 ㅅ은 다음에 이어져 오게 되는 글자의 쓰임에 따라서 붙여진 부호이므로 별다른 의미는 없습니다.

'ㅊ'으로 이루어진 '초'의 의미는 ㅈ에서의 초월, 초과 등과 같은 의미이며, 위로 향하는 상향적 변화의 의미이기도 합니다. 반대의 방향 즉, 하향적 변화를 유형적 의미로는 '추'로 볼 수 있습니다.

저울이나 시계의 추, 우리 몸의 중심이 되는 뼈를 이루는 척추와 같이, 중심을 바르게 알게 하는 역할의 추, 또는 기둥 등의 그 작용을 나타낸 것으로 보시면, 이해하는 데 있어서 조금이나마 도움이 됩니다.

'초'와 '추'의 차이는 ㅗ와 ㅜ의 쓰임이며, ㅗ는 진행되는 방향이 위로 향하므로, 위의 방향은 형이상을 의미하므로, ㅜ는 진행 방향이 아래로 향하므로, 아래의 방향은 형이하를 표현합니다.

그래서 '초'와 '추'는 초월하는 의미의 무형의 비물질계를 표현하는 '초'와, 물질계에서는 중심을 의미하는 유형적인 쓰임으로 표현되는, '추'와는 서로 상통하는 글이라는 것을 알 수 있습니다.

60. 성명학 그리고 명문혈

성명(性名)이란? 성과 명을 합쳐진 말입니다.

성이란 것은 성질, 성분, 등과 같이 집을 짓는 재료가 되는 요소이며, 어떻게 집을 짓느냐에 따라서 여러 가지 집을 지을 수 있는 것과 같이, 드러나 볼 수 있는 것을 상(像)이라고 합니다.

명이란 것은 내면의 영적인 정보가 어떠한 일을 하기 위해서 밖으로 드러내는 것을 명이라 하며, 그것을 전달할 수 있는 정보의 이름을 이름 명(名)이라 하고, 하고자 하는 일을 세상에 훤하게 드러냄을 밝을 명(明)이라 하고, 그러한 일을 수(數)로서 나타낸 것을 목숨 명(命)이라 하고, 아직 드러내지 않으나, 속으로의 가능성으로 숨겨진 것을 어두울 명(冥)이라 합니다.

그래서 성명은 성질이 되는 집안의 혈통으로 전해지는 조상의 유전자와, 스스로의 소명으로 이루어지는 영적인 정보로서의 성명을 가지게 합니다.

그러나 세상에서 불리는 성명이란, 세상을 살아가는 삶과는 정반대로 되어야 바른 이름이라고 할 수 있습니다.

이름은 삶에서 일하는 작용으로 보면 모자람을 채움으로서, 목적하는 바를 이루게 하는 지도와 같이, 이름이 가지게 되는 의미와 실제 현실에서의 쓰임이 왜 반대로 불려야 하는가는, 자기의 모자라는 부분들을 채우지 못하면 재료가 모자라는 집과 같아서, 쓸 수가 없어지게 되는 이유와 같습니다.

무조건 목표를 가지는 것이 아니라, 지금 현재의 주어진 조건을 알고, 그것을 바탕으로 해서 모자라는 부분을 채워야만, 비뚤어지지 않으며, 모자라지 않으므로 어떤 방향으로도 잘 굴러갈 수 있는 완성의 ○으로 되는 것입니다.

지어야 할 집의 터로 되는 면적과 방향의 경제적인 조건과, 살아갈 자의 용도에 맞게 지어진 집은 아주 좋은 집입니다.

이름도 마찬가지로서 태어날 때의 가지고 온 성질과(소명-소질) 살아가면서, 해야 할 일(사명)을 알고 변할 수 있도록 모자라는 것을, 재정을 불리듯, 이름으로 불리는 것이 이름입니다.

모아진 재료로서 집을 지어 살 수 있도록 해야 만이 쓸모 있는 집이 되듯이, 그렇지 못하면 이생에서 태어난 삶은 제대로 집을 짓지 못하여, 헛걸음을 하게 되는 것입니다.

이름이 반대로 많이 불려야 하는 이유로서, 첫째는 성이 무엇인가를 알아야 합니다.

성은 집안의 혈통으로서 조건을 말합니다.

예를 들어, 성이 김씨라고 한다면 김씨의 집안 혈통을 알고, 이름을 지어 주어야 하는 것입니다.

성씨의 혈통이 어떤 작용을 하는가를 자세하게, 아는 이가 요즘은 많지 않음은 안타까운 사실입니다.

최씨나 강씨는 고집이 세다는 것은 누구나 알고 있습니다.

하지만 이것만으로는 알 수 없는 것이 너무나 많습니다.

도와주기를 좋아하는 성은 박씨와 김씨 그리고 최씨의 성을 가진 자로서, 김씨성을 가진 자는 오직 스스로 변해야 하므로 소장혈을 풀어야 성공을 합니다.

박씨 성을 가진 자는 신경질이 많아서 자기 위주로 판단하므로, 주위로부터는 따돌림 당하기 쉬우므로, 항상 전체를 바라보는 안목을 키워야 합니다.

보장된 혈통은 어떤 것이 있는가는 집안의 내력이라고도 할 수 있으며, 형제간에 우애가 많다거나 고부간에 서로 도와준다거나, 어떤 질병이 유전된다거나 하는 이런 것을 모르고 이름을 지어 부르면, 불난 집에 부채질하는 결과가 되는 것입니다.

둘째는 안정되어야 합니다.

지금 살고 있는 현재는 언제나 만족할 수 없는 불안정한 상태이므로, 안정된다는 것은 어떤 일이든지 계속할 수 있게 하는 바탕과 같아서, 재료를 모아서 쓰려고 하면 맞지 않아서 다른 것으로 바꿔야 할 때가 있습니다.

이런 일은 언제나 준비하게 하는 습관으로 연결되는 것입니다. 이렇게 안정되지 못한 이름을 가진 자는, 철저하게 준비를 하지 못함으로서 항상 실수가 많으며, 중도에 포기하게 되는 것입니다.

만족하지 못하는 자는 이름의 기운이 너무 강함으로, 살아가게 되는 영향으로 작용되는 경우가 많습니다.

안정되지 못함에서 오는 흔들림이나, 혼란은 인생에서 자리를 자주 옮겨야 하는 이사나 전직을 하게 되므로, 인생의 전체와 전부를 구분하지 못하므로, 사소한 일로서 전체를 흔들어 힘들게 하는 근심을 만들게 됩니다.

셋째는 안 보이는 것을 언제나 알 수 있도록 해야 합니다.

누구나 할 수 있는 능력이면서도 무시하고 살아가므로 알지 못함이며, 이름의 구조와 이름으로 불리는 작용을 알지 못하면, 모르는 길을 가는 것과 같습니다.

가고자 하는 길을 정확하게 모르고, 가는 길이 다행스럽게 맞는 경우를 찾아보기는 극히 어렵습니다.

그래서 전체의 운명을 알고, 제대로 쓰일 수 있는 이름이 되어야 한다는 것입니다.

이 세상에 태어난 목적을 이루기 위해서, 무엇으로 태어나게 되었는가를 알지 못하면, 어떠한 이름이라도 맞지 않습니다.

태어나게 되는 영적인 작용으로서, 아주 크게 변해야 하는 문제를 알면 저절로 쉽게 해결되므로, 인생을 쉽게 살면서 많은 일을 하게 되는 것으로서, 죽을 때는 많은 보람을 가지게 되는 효율적인 삶이 되게 하는 것입니다.

성과 이름을 합쳐서 이루어진 것을 성명이라고 합니다.

성명은 채우는 작용과 비우는 작용으로서, 서로의 균형과 조화를 가지게 하는 우리의 오장육부 속에 있는 '위장'과 '비장'의 역할과 같이, 채우고 비우는 작용으로 되어야 에너지로 쓸 수 있게 되므로, 보통의 이름은 크게 보태고 채우는 작용의 이름이 많아서 힘들게 살아가는 것입니다.

중심에서 보았을 때, 중심으로 되려면 무엇을 보태어야 하는가?

아니면 무엇을 비워야 중심으로 되는가를, 알고 짓는 이름은 아주 드물게 보입니다.

그래서 앞으로는 전문가와 의논해서 이름을 짓도록 하여, 혼자서 좋아하는 이름을 지어 주는 일은 없어야 하겠습니다.

좋은 이름은 보기도 좋고 향기로워야 하는 꽃과 같이, 항상 여유롭게도 하고 즐겁게도 되어야 하는 일이 되어야 하는 것입니다.

언제든지 알려지기를 좋아하는 자의 이름은 기억하기 쉬워야 하며, 큰 욕심을 바라는 자는 어렵게 이름을 지어서는 안 되는 것입니다.

이름은 흉내 내는 짓이 아니라, 일을 하는 것입니다.

고정되어야 할 자는 혼란스러운 이름을 지어야 하며, 흔히 역마살이 있다고 하듯이, 한곳에 오랫동안 머물지 못하고 이곳저곳을 다녀야 하는, 혼란스러운 자에게는 안정되게 하는 이름으로 지어야 살아가는 일을 바르게 되는 것입니다.

자기가 주체로서 살아갈 수 있도록 작용되는 이름은, 이생에서의 삶으로서도 충분하게 다음의 생에서 해야 할 일까지 이르게 하므로, 이름은 이르러 도달하게 하는 일을 하면서 상대에게는 불려서 불리고, 늘리는 재정으로 전체에게 쓰이는 자로 되어야, 비로소 이름은 마무리 때에는 세상에 알려지게 되면서, 자손에게는 명문혈이 통하는 혈통으로서 명문대가로 살아가게 되는 것입니다.

명문혈은 이렇게 열린다는 것을 알고, 수련으로는 열리지 않는다는 것을 알아야 합니다.

열지 말아야 하는 것을 열면 화가 되므로 탈로 작용합니다.

세상에서는 엉뚱한 짓으로 이름을 알리게 되는 기인이나, 기적을 일으키는 자들이 그런 예로서 많습니다.

이런 자는 자기만 할 수 있으며, 자기만이 선택을 받았다고 하는 자로서, 제자와 자손에게도 물려주지 못하는 혼자만의 능력으로 되어, 여럿에게 능력을 전해 주거나 가르쳐 줄 수 없습니다.

그래서 죽을 때는 고통을 받으면서 죽게 되는 것도, 이미 함께하는 것으로서 함부로 명을 바꾸지 못하게, 문으로 이루어진 혈이 명문혈입니다.

명문혈이 열린 자들 중에는 어떤 자는 자기는 이러한 능력이 없으며, 하늘로부터 계시를 받아서 그렇게 되었다거나, 지금도 그렇게 하고 있다고 하는 자로서, 세상에 제법 그럴듯하게 알려진 자들이 있습니다.

두목과 같이 행동하면서, 애정 없이 재주로 살아가는 이런 자는 앞으로, 어떤 일이 일어나는가를 이후에는 저절로 보이게 될 것입니다.

만족하지 못하고, 신속하게 세상에서 모습을 감추는 것으로서, 그의 이름은 사라지게 되는 일로서 스스로 명이 다하는, 혈이 막혀서 좋은 세상을 등지고 산으로 숨어들게, 되는 날이 앞으로는 몇 명씩은 보게 될 날이 오게 될 것입니다.

손목이 자유롭게 풀리지 않은 자가 명문혈이 먼저 풀어지면, 현재의 재주는 아무에게도 전해 주지 못하고, 혼자만이 가지게 되는 짐을 지고 가게 되는 것입니다.

삶에서의 일은 태어날 때, 가지고 온 재정이 너무 많아서 비워야 하는 일인가?

아니면 가지고 온 재정이 빈약하여, 살면서 채워야 하는 일인가를 먼저 알아야, 어떻게 살아가는 것이 이생을 잘 살게 되는가를 알 수 있습니다.

61. 정명과 운명

운명은 바뀌는 작용이라면, 정명은 바뀌지 않고, 설거지와 같이 꼭 겪고 가야 하는 정해진 작용이라 할 수 있으며, 우리들의 삶은 이렇게 정명과 운명으로 이루어져 있습니다.

삶을 정명으로 본다면, 삶에서 꼭 겪어야 하는 정해진 명으로만 살아가므로, 우리가 이 세상에 태어나 변함으로서 가지게 되는, 살아갈 가치를 이루지 못하게 됩니다.
삶에서 일들이 미리 정해져 있지 않으며, 자기가 스스로 만들어 간다면, 지나온 과거의 선과 악에서 이루어지는 과업은 무시되고 사라져야 합니다.
반성하고 회개하는 잘못에 대한 사과와, 보람이나, 용서, 감사 등으로 가지게 되는 것들은 운명으로서 바꿀 수 있으며, 그 결과 또한 그 삶의 과정을 변하게 하기도 합니다.

자기를 변화시킬 수 없는 자는
정해진 명으로 살아가게 되므로 운명이 작게 작용하며,
자기를 변화시킬 수 있는 힘을 가진 자는
운명이 크게 작용하며 살아가게 됩니다.

정명과 운명의 작용을 방향으로 본다면 정명은 수직적인(｜) 방향이라 할 수 있으며, 운명은 수평적인(ㅡ)방향으로 작용한다고 할 수 있습니다.
인생의 과정은 ｜와 ㅡ가 합쳐진 모습 ✚ 으로 나타나는 색

깔과 같다고 할 수 있습니다.

ㅣ (수직적인 작용)은 '저절로의 축'이라고 한다면, 부모와 자식의 관계와 같이 일방적인 작용을 하며, 자기의 의식과는 상관없이 작용되는 감각적인 감성의 축이라고 할 수 있으며, 오직 또는 절대적이라고도 할 수 있습니다.

─ (수평적인 작용)는 '스스로의 축'이라고 한다면, 나와 상대의 관계와 같이 서로의 작용이며, 판단과 의식으로 작용하는 이성의 축이라고 할 수 있으며, 오직이나 절대보다는 선택할 수 있는 폭이 넓은 대중이나, 널리라고도 할 수 있습니다.

우선 정명과 운명에 대해서 알아보기 이전에─ 우리의 삶에서 왜 필요한 것인가를 먼저 알아보는 것이 순서일 것 같습니다.

이 세상에 태어나 살아가는 것은, 태어나기 이전의 문제로서 가져온 것은 삶에서 정명으로 이루어지며, 이 세상에 태어난 이후에 발생한 문제를 운명으로 본다면, 정명은 선천적이라 할 수 있으며, 운명은 후천적이라 할 수 있습니다.

이 세상을 살아가는 데 있어서 정명이 없다고 생각하며 살아가는 사람과, 이미 정해져 있는 정명으로만 살아간다고 생각하며 살아가는 사람과, 정명과 운명으로 살아간다고 생각하며 살아가는 사람과의 차이는 무엇일까요?

즉, 각각 어떤 삶의 결과를 가져오며, 삶의 과정은 어떻게 다르겠습니까?

삶은 운명으로서 정명이 없다고 생각하며 살아가는 자는, 삶이 운명으로만 이루어지는 것이라고 생각하므로, 자살과 마찬가지로 세상을 살다가 죽으면 그만이라는 생각으로 살아갑니다. 죽음의 이후에 대해서는 정보가 없으므로, 죽음 이후의 과정이 없다면 다행이지만, 만약 있다면 대처하지 못한 삶의 결과로 당황하게 됩니다. 삶의 과정에서 원하는 조건을 충족하지 못한 점에 대해서는 포기하거나, 다음을 기약할 수 없으므로 지금의 삶에서 무리하게 저지르며, 삶에 대한 책임 없이 살아가게 됩니다.

정명으로만 살아간다고 생각하며 살아가는 자는, 이미 정해진 대로 살아간다는 가치관을 가졌으므로, 살아가면서 무리한 일은 하지 않으며, 소극적인 삶으로서 고통이나 실패에 대해 두려워하며, 고통이나 실패에 대한 정보 획득의 기회가 적음으로서, 죽음에 이르렀을 때도 죽음 이후에 가지는 영적인 정보의 창고를 적게 채우는 결과가 됩니다.
정해진 명을 가진다는 것은, 자신의 과거생의 문제와 부모의 유전자로 작용한다는 것이므로, 생전의 과정에서 이루어지는 관계를 인정하며 살아가게 됩니다.

그러나 우리들의 삶이 정명과 운명으로 살아간다고 생각하며 살아가는 자는, 인생의 과정 중에 일어나는 큰 실패나 거듭되는 고통은 정명으로서 수용하게 되며, 실패나 고통을 극복하려는 적극적으로 도전하는 자로 자라게 되며, 그는 실패나 고통에 굴복하지 않으며, 또 다른 도전으로서 실패와 성공을 할 수 있는 많은 정보를 찾게 되므로, 다음 기회에는 반복적인 실수를 하지 않으려고 조심하며 살아가게 됩니다.
실패와 고통은 우리에게 아픔뿐만 아니라, 많은 정보와 보람과 성공과 만족으로 자라게 하기도 합니다.

실패와 고통, 성공과 보람, 만족 등 많은 정보를 가질 수 있는 자격은 오직 도전하는 자에게만 주어지며, 기다리는 자는 도전하지 않고 바라는 자이며, 도전하는 자는 결과를 기다리지 않으며, 도전하면 도와주는 자가 모이게 된다는 것도 알게 됩니다.

정명과 운명으로 이루어진 인생을 어떻게 살아야 하는가에 대해서, 엿장수 가위가 두 개의 칼이 서로 부딪혀서 소리가 나듯이, 정명과 운명의 두 개로 이루어진 칼로서, 잘그락 잘그락 조용히 마음의 문을 여는 소리와, 자라거라 자라거라 하는 염원의 의미로서, 엿장수 마음대로 몇 자 적었습니다.

"도전하는 자는 도를 전하는 자이며,
도를 전하는 자는 문지방 없어도 조심하는 자이며,
새로움에 대해 도전하는 자이다."

62. 운과 명과 영

운보다는
명이 되어야
운명이게 되며,

명보다는
영이 되어야
운영이게 되므로,

운영하는 일의 좋은 점은
주인이게 합니다.

63. 세상 삶과 틈

'도'라는 것은
'**도 + 도 = 또**'로 되는 것처럼, 포기하지 못하고, 갖고 싶어 하고, 하고 싶은 세상자의 마음을 '**또 - 도 = 도**'로 되듯이, 이것도 빼고 저것도 빼다 보면 도만 남아 도(道)를 이루게 된다는 뜻입니다.

오직 나만이라도 먼저 살고 싶은 것은
아주 이타적이면서도 아주 이기적이어야 이루게 되는 '도'는, 아주 날카로워 무엇이든 벨 수 있는 칼날과, 아주 무뎌서 얇은 손바닥도 다칠 수 없는 부드러운 칼자루로 이루어진 칼과 같다.

좋은 칼은
무엇이든 벨 수 있는 날카로운 칼날만 있어서도 안 되며, 또한 무디고 부드러운 손잡이만 있어서도, 좋은 칼이 될 수 없다.

세상자(世上者)는
날카로운 칼날만 필요로 하거나,
천사의 날개처럼 아주 부드러운 삶을 만들고 싶어 하지만,
칼날이나, 칼자루만으로는 좋은 칼이 될 수 없듯이
이 세상은 그렇게는 이루어지지 않는다.

이제……가던 길 멈추고, 잠시만이라도 가만히 앉아서
그냥 가만히, 천천히, 아주 천천히,
들숨을 길게 코를 통하여 아주 천천히 들이마시고,
다시 내쉬면서 들이마신 숨이 가슴에까지 차는지,
아랫배까지 들어오는지
천천히 아주 천천히
향기로운 차를 음미하듯이 자기의 숨을 고르며,
몇 번을 반복을 하다가

천천히, 아주 천천히, 더욱 천천히
들이마시는 숨이 10초 이상이 되도록 하여,
한꺼번에 확 들이마시지 말고,
천천히 아주 천천히 깊게, 아주 깊게 숨을 들여 들이마시고
입과 코를 꽉 틀어막고,
머리에서는 별이 반짝이며,
피부에서는 진땀이 나는 것이 느낄 수 있을 정도로
잠시만 참았다가 숨을 토해 내면
머리는 맑아지고 몸에는 활기차게 되어
오늘의 하루는 아주 쉬운 삶을 살아갈 수 있습니다.

이렇게 잠시 동안이라도 자기의 삶을 위해서
아주 천천히 평소의 삶에서 잠시의 틈을 이용하다 보면
아주 큰 댐도 작은 틈으로 무너지듯이
지금의 작은 틈이
벗님의 삶을 아주 크게 변하게 할 것입니다.

64. 주인장 말 좀 물어 봅시다

"세상이 어디로 흘러가는지 알고 있으면 좀 가르쳐 주시오."
"알고는 있지만, 가르쳐 준다고 해서 달라지는 것이 아무것도 없는데도 가르쳐 드릴까요?"

"모르는 것을 알고 있는 체 하는 것은 아니요?"
"모르면 모른다고 말하지, 무얼 하려고 거짓으로 말하겠소?"

"알면서 왜 가르쳐 주지 않으려 하는가요?"
"알아도 가르쳐 드릴 수 없는 것도 있지요."

"어떤 것을 가르쳐 줄 수 없다는 거요?"
"준비되지 않았을 때는 가르쳐 주어도 쓸 데가 없지요."

"그럼 내가 세상이 어디로 흘러가는지 알 필요도 없으며, 알게 될 준비가 안 되었다는 말이오?"
"그렇소."

"자세하게 설명해 줄 수 있겠소?"
"지금 묻는 자세가 틀렸소.
세상의 일을 알려고 하는 자는 세상을 받아들일 수 있는 자세가 필요한데, 손님께서는 세상을 받아들일 준비가 되지 않았다는 말이오.
세상의 흐름을 알려고 하는 것이 호기심 때문이요?

아니면 세상의 흐름을 바꾸기 위함이요?
아니면 세상의 흐름에 순응하기 위해서요?
말씀해 보시오."

"알려고 하는 이유가 그렇게 중요하오?"
"그렇소. 왜냐하면 자기 스스로가 중심을 가지지 않으면, 세상의 흐름에 빨려들어 헤어나기가 어렵게 되기 때문이오."

"주인장은 세상의 흐름에 순응하고 계십니까? 아니면 세상을 바꾸려 하십니까?"
"둘다 아니오. 그저 바라만 보고 있다오."

"무슨 말씀인지 모르겠습니다. 설명을 부탁해도 되겠습니까?"
"설명은 무슨…… 그저 바라보는 정도로도, 준비와 시작과 마무리를 이루려고 하지요."

"이해하기가 어렵습니다."
"주인은 직접 일하지 않고 바라보는 것으로도 충분하게 일하는 것이지요."

"그럼 주인장께서 이 세상의 주인이란 말씀이십니까?"
"아니면 다른 누가 또 주인이 있습니까?"

"주인장께서는 이 세상을 바꿀 수 있다고 생각하십니까?"
"주인의 마음먹기에 달렸지요."

"세상이 어떻게 한 개인의 주인이 될 수 있다고 보십니까?"

"세상에 주인이 없다면, 어떻게 지금까지 온전하게 지탱해 올 수 있었겠습니까?

다만 주인이 누구인지 모르고 살아왔지요."

"세상은 누구나 가질 수 있습니까?"

"그래요. 누구나 가질 수 있지요.

그런데 아무도 주인노릇하고 싶어 하는 자가 없으니, 내가 나서서라도 그 일을 하는게지요."

"주인노릇을 하신다면, 혹시 주인인 척하시는 것이 아닙니까?"

"주인노릇은 주인으로서 하는 일을 말하지, 주인 아닌 것이 주인인 척하는 것과는 다릅니다."

"자신이 진정 세상의 주인이라고 생각하십니까?"

"생각이 아니라 주인으로서 일을 하고 있지요."

"세상의 주인으로서의 일이란 어떤 것입니까?"

"주인은 자기의 몸과 같이 아끼면서 보살피고, 채워야 할 것과 버려야 할 것을 알고 실천하지요."

"그렇다면 세상의 주인은 많을 수 있다고 할 수 있지 않습니까?"

"언제 내가 세상의 주인이 혼자가 되어야 한다고 했습니까?

세상의 주인이 서로 함께 모여서도 좋고, 혼자서도 좋은 일을 각각 자기의 자리에서 충실하게 하면, 그것으로 만족하지요. 그리고 그런 일을 하는 주인은 많으면 많을수록 좋지요."

"자리는 무엇입니까?"
"자리는 역할과 같이 일하는 것을 말합니다."

"세상 주인의 자리에서는 무엇을 하게 됩니까?"
"앞으로 세상이 흘러가야 할 길을 제시하고, 그렇게 될 수 있도록 지장되는 것은 처리하여 제거하거나 바꾸고, 소유된 조건으로 소방차처럼 불이 난 곳으로 달려가서는 불을 끄는 작업을 도와주고, 사람을 구하는 것으로 조정하는 일을 하면서 조절하고 조종하는 일을 하지요."

"그런 일을 직접 나서지 않고, 자리에 앉아서도 가능합니까?"
"가능하지 않은 일은 하지 않지요."

"불가능한 일은 어떻게 합니까?"
"불가능한 일은 왜 불가능한가를 알아서, 다시는 그런 일이 일어나지 않도록 준비하고 알리고, 불가능함을 줄이는 방법으로 실천하지요."

"아무도 그런 일을 하기가 어렵지 않습니까?"
"어려우니까 세상에서는 2,500년이 지나도록 부처가 태어나지 않았습니다.
2,000년이 지난 오늘에도 예수는 태어나지 않았던 이유이기도 하지요.

앞으로는 그런 자가 수도 없이 많이 태어납니다.
참으로 안타까운 것은 아무도 그런 세상에 살아갈 수 있는
준비가 되어 있지 않았다는 것입니다."

"어떻게 준비해야 됩니까?"
"체질이 바뀌어야 합니다."

"타고난 체질이 바뀌게 할 수 있습니까?"
"바뀌는 길 말고는 다른 길은 없습니다."

"새로운 세상을 말씀하시는 것입니까?"
"그렇다고 할 수 있지요.
새로운 세상은 오직 스스로의 마음속에 깃든 것으로서 발현되
는 것이며, 도전하여 이루어지는 것으로서 작용되는 것입니다."

"변해야 할 것은 어떤 것들이 있습니까?"
"모두 변해야 합니다.
사고방식과 생활방식 그리고 소질과 체질 등 이때까지의 낡
은 체질 속에서, 이루어진 가치관 등이 소리 없이 변하게 되
어야 합니다."

"어떻게 하면 변할 수 있습니까?"
"분명 변하고 있으면서도 알지 못하고 있습니다.
도전하지 않는 자는 도전하고, 안정된 자는 혼란하게 되어야
하는 법으로 이루어지게 됩니다.
새로운 물은 저수기를 통해서 만들어지듯이, 사람도 마찬가지

입니다.

이전에는 교육으로 담당되었던 것이 이제부터는 교육으로 되지 않습니다.

새로운 법으로부터 이루어지게 됩니다."

"새로운 법은 어떠한 것입니까?"

"새로운 법은 오차가 없습니다.

둘이서 서로 합치면 다투거나 돕게 되지만, 새로운 법은 둘이서 서로 합쳐도, 서로 배우지 않아도 알 수 있는 것처럼 주인과 종으로서 작용합니다.

주인은 전체를 바라보고, 자기의 할 일을 하는 자이며, 종은 주인이 시키는 일만 하므로 전체를 알지 못합니다.

주인의 위치로 보면, 위지만 하는 일은 전체를 위하는 일을 하므로, 종과는 다르게 오히려 짐과 같은 새로운 마음을 하나 더 가지고 있습니다.

작은 일은 이렇게 마음에서부터 시작하여, 준비하고 이루는 것으로 더 바쁘게 살아야 하는 것입니다.

의지하는 자와 준비하는 자로서, 주인과 종으로 구분되는 철저하게 소리 없이 작용되는 법이지요."

"이제까지도 그렇게 작용되지 않았습니까?"

"아닙니다. 모르고 하신 말씀으로 알겠습니다.

지금까지는 전부로 보는 자가 주인이 되었으며, 지금부터는 전체로 보는 자가 주인으로 됩니다."

"전부와 전체는 어떻게 다릅니까?"

"전부는 전체가 되는 재정과 같은 것이며, 전체는 전부로서 이루어지는 작용되는 것을 말합니다.

알기 쉽게 말씀드리면, 예를 들어 돈을 일천만 원으로 각각 일백만 원씩 가지게 되며, 혼자서는 일백만 원이 전부이지만 전체는 일천만 원이 되는 것이며, 돈으로 보면 일천만 원이 전부이지만, 일천만 원으로 할 수 있는 일까지 합한 것을 전체라고 할 수 있습니다.

전부는 평면적이지만 전체는 입체적이라 할 수 있습니다.

보이는 면은 한 면이지만, 보이지 않는 면이 훨씬 많은 거지요.

신속하게 통하지 않으면 될 수 없기도 하므로, 통하는 자끼리는 아무 탈 없이 이루어지게 됩니다.

그래서 개인 간에도 이루어지게 되며, 기업 간에도 국가 간에도 빠르게 전개됩니다.

서로의 이익을 위해서 하기도 하지만, 전체를 위해서 하기도 하므로, 지금의 상황과는 많이 달르게 됩니다.

이것을 새로운 세상, 새로운 법이라고 합니다.

새로운 질서라고도 할 수 있지만, 질서는 획일적이므로 법은 다각적이면서도 입체적이며, 사람에게는 영으로부터 작용하므로 법이라고 하는 것입니다."

"곧 도래하게 되겠다는 생각이 듭니다.

만일, 그런 새로운 세상이 온다면 어떤 사람이 주인이 되며, 주인이 되는 조건에 대해서 말씀해 주십시오."

"틀림없이 도래합니다. 오래 걸리지도 않습니다.

그때는 어떤 시각으로 볼 것인가를 알아야, 자기가 처한 상황을 바로 알고서 일을 하게 되므로, 모든 것은 주인과 종으로서 분명하게 구분되지만, 주인은 누리는 자가 아니라 돕는 자로서, 항상 주변에는 그를 돕는 자들이 모여지게 됩니다.

세상이란? 정직하게 살아가면 손해라는 우리의 마음속에서 작용하는 한, 종의 근성을 버리지 못합니다.

세상은 우리가 만드는 것이지, 주어지는 것이 아닙니다.

인류도 마찬가지입니다.

우리에게 주어진 것은 아무것도 없습니다.

다만 도전하여 이루는 것이지요.

그래서 지금부터 새로운 인류를 만들어 가는 것입니다.

우리가 할 수 있습니다.

앞으로는 전혀 새로운 인류가 만들어지게 됩니다.

자유로운 자이면서도, 주어진 조건은 휘장 같이 언제든지 바꿀 수 있는 자로서, 신분이 보장된 자로서 세상을 살아가게 됩니다.

지금보다 훨씬 자유롭게 말입니다.

주인으로서 짐 지고 다닌다는 것을 인정받게 되는 것이지요.

주인으로서 대접은 할 수 있는 최고의 대우를 받게 되면서, 서로 모시려고 하게 됩니다.

당신을 보고 싶었다고 하면서 눈물을 글썽이게 되기도 하고, 살고 있는 자기의 모습을 보여주고, 정성으로 마련한 정찬으로 먹으면서, 서로의 관계를 진실하게 열어 가는 것으로서, 붓 속에 들어 있는 작은 털이 모여 큰 글씨가 되듯이, 세상은 이렇게 된다면 믿겠습니까?"

"믿겠습니다. 선생님."
"주인장으로 부르십시오.

저는 선생님이 듣기에 좋습니다만, 선생님은 대접받고 주인장
은 대접하는 자이지요."

"일생 동안 준비하겠습니다. 주인장."
"주인장으로 부르지 마시고, 선생님으로 불러 주십시오.
선생님이 듣기에 좋군요."

"알겠습니다. 선생님."

이렇게 되는 것으로서 보장되는 체질이 된 것입니다.
준비하는 것으로 이미 보장받게 됩니다.
보장된 체질은 어떠한 위험에도 다치는 일이 없으며, 새로운
세상에서 살 때까지 이런 일은 수도 없이 많은 위험에도, 지
나갈 수 있도록 작용되는 것을 불교에서 '아마타불'이라고도
하며, 민간신앙에서는 '보호령'이라고 이름하지만, 모두 비슷
한 작용을 서로 다르게 부릅니다.
서로 하는 일이 불교에서는 신심이 깊은 자에게 작용되며, 민
간신앙에서는 조상의 공덕이 많은 효자에게 작용하므로, "보
호령"이라고 부른다면 틀림이 없습니다.
보호령은 보장받은 자와는 언제나 실과 바늘처럼 항상 함께
하는 관계로서, 부처님은 신심 깊은 수행자에게, 조상은 조상
공덕 기리는 효자에게 당연히 베푸는 자애로움이지만, 자신이
스스로 만들어 갈 수 있는 길이기도 하므로, 그 나물에 그 밥
으로 서로의 관계는 당연하게 발생하는 불꽃과 같이, 세상을
밝히려는 자에게 주어지는 보너스와 같은 능력이 되므로, 시

간 있으면 꼭 시험해 보십시오.
위험한 짓은 하지 마시고, 작은 일에도 기적처럼 작용한다는
것을 알게 됩니다.

짐이 없으면 힘도 쓸 데 없으므로
쓸 데 없는 의지일 뿐이다.

65. 국립국어원에 보낸 건의문

건 의 서

발송일자 : 2005년 6월 1일

발 송 자 : 박 광 석

주 소 : 경남 창원시 사파동 00번지

전 화 : 016-227-0000

수 신 : 국 립 국 어 원 장

참 조 : 국립국어원 기획관리과

제 목 : 국어의 모음 사용 순서에 관한 건의

= =

1. 평소 국어에 대한 업무로서 수고가 많으심을 감사드립니다.

2. 지금까지 국어의 교육과 사전적 해석으로서 이루어진 한글
의 모음 사용 순서에 있어서, 이치에 어긋난 사용임을 알고

앞으로는 바르게 쓸 수 있게 하기 위하여 건의합니다.

한글의 창제원리가 담겨져 있는 훈민정음 예의편에 의하면 음양의 사상을 근간하여 이루어졌다고 명시하고 있습니다. 이것은 세상이치가 또한 그러하기 때문이기도 합니다.

현재 한글의 모음순서 : ㅏ ㅑ ㅓ ㅕ ㅗ ㅛ ㅜ ㅠ ㅡ ㅣ로 사용하고 있습니다.

첫째, 양성모음 ㅏ와 ㅑ는 음성모음 ㅓ와 ㅕ의 뒤에 오는 순서로서 바꿔야 합니다.
이것은 양성모음 ㅏ와 ㅑ는 음성모음 ㅓ와 ㅕ의 뒤에 있어야 하는 이유는, 형체를 가지고 보이는 유형적인 의미로서의 양성보다는, 보이지 않고 무형적인 의미를 가진 음성이 우선하는 이치이며, 이는 '양음'이 아니라 '음양'으로 쓰이는 이치이며, 이는 ㅜ와 ㅠ의 음성모음이 ㅗ와 ㅛ의 양성모음보다 먼저 쓰여야 하는 순서와 같습니다.

둘째, 모음 ㅡ는 모음 ㅣ의 나중에 오는 순서이어야 합니다.
이는 모음 ㅡ와 ㅣ는 (인터넷 국어사전에 의하면 음성모음 또는 중성모음으로 분류되어 있음) 그 순서에 있어서 모음 ㅏ, ㅑ, ㅓ, ㅕ 가 ㅗ, ㅛ, ㅜ, ㅠ에 비하여 앞서는 순서이듯이, 모음' ㅡ' 의 작용 보다는, 모음 'ㅣ'가 앞서는 순서이어야 하는 이유입니다.

이는 사용 예에 있어서도 여러 곳에서 발견되지만, 일례로서

'어린'이가 자라서 '어른'이 되는 이치와 같습니다.('어린'의 '린'자에 쓰인 모음 'ㅣ'가 '어른'의 '른'자에 쓰인 모음 'ㅡ'로 이어지면서, 변하는 것은 성장과 성숙하는 의미, 즉 자연의 이치입니다.)

이러한 의미적 해석은 좀 더 깊이 연구해 볼 가치 있는 것이기도 합니다.

3. 앞의 글 2와 같은 내용에 의해서 이제까지 사용되어진 모음의 순서에 대해서 재정립되기를 건의하오며, 앞으로도 한글에 대한 관심과 연구로서 더욱 편리하고 의미 있는 언어로서 발전되기를 바랍니다.

- 끝 -

회 신

발　송 : 국립국어원
수신자 : 박 광 석
제　목 : 국어 모음 사용 순서 건의에 대한 답변

귀하께서 건의하신 내용에 대한 답변은 다음과 같습니다.

- 다 음 -

1. 귀하께서 지적하신 것과 같이 훈민정음에는 모음의 기본

모양을 음양 사상에 근거하여 만들었다는 언급이 있습니다. 그러나 이는 어디까지나 모음의 창제 원리에 대해서만 설명하고 있는 것이고, 모음의 순서에 대해서는 언급되어 있는 것이 없습니다.

한글 모음 순서가 처음으로 제시되어 있는 책은 16세기에 편찬된 '훈몽자회'로, 이 책에서는 음양사상과는 아무 상관없이 개구도(開口度)에 근거해서 한글 모음의 순서를 정해놓고 있습니다.

2. 현재 사용하고 있는 한글 모음 순서도 훈몽자회에 나타난 순서를 근거로 한 것으로, 16세기에 제시된 이래 역사적으로 오랜 시간 동안 언중들 사이에 이어져 오면서, 공감과 합의를 통하여 지금의 순서로 굳어진 것이라고 할 수 있습니다. 이렇게 정해진 모음 순서는 이미 학교 교육 등을 통하여 일반 국민에게 널리 알려져 있으며, 현재 국어사전에도 이 순서에 따라 편찬되고 있습니다. 따라서 현재의 한글 모음 순서를 변경하는 것은 어려울 것으로 판단됩니다.

– 끝 –

회신의 글에 대한 본인의 마음

지금으로부터 16여 년 전의 일입니다.
회신내용을 예상하지 못한 바는 아니지만, 그렇다고 포기하고 모른 체 가만히 있을 수 없었기에 이 글을 씁니다.

'훈몽자회'는 1527년 최세진에 의해 집필된, 한자의 아동교육을 위한 초보학습서입니다.

훈몽자회는 당시에 쓰인 우리말들의 자료가 많아서, 지금의 한글학자들도 많이 참고하는 연구 자료이기도 하지만, 언급된 자음이나 모음의 언어에 대한 연구서가 아니므로, 구체적 언급이나 근거가 없는 나열식이었음을 알 수 있습니다.

그리고 훈몽자회에 기록된 자료를 이제까지 사용하였다고 해서, 앞으로도 계속 그렇게 해야 한다는 것은 잘못이며, 부족한 역사적 자료에서 많은 사람들의 공감을 얻지 못하면 설령, 올바른 것이라 하더라도 인정받기는 어려운 것이 사실입니다.

내가 이 글을 쓰는 이유는 여러 가지가 있겠지만, 옳은 것은 옳다고 할 수 있어야 한다는 것이며, 이제까지 우리가 모르고 지내 온 것을 후세에게도 모르게 할 수는 없다는 것이며, 우리글이 훈민정음에서 밝히고 있듯이 음양사상에 의해 창제되었음을 알리고 있습니다.

현재 사용하는 모음의 순서는 음양 사상만으로는 설명할 수 없는 부분이 있으며, 또한 이 책에서 설명하는 자연의 이치로 살아가는 삶이, 사랑으로 새롭게 진화하는 것으로 설명하지 않으면, 이해할 수 없는 부분이 있다는 것도 사실입니다.

그래서 혜자는 우리말과 글이 우주창생과 진화를 의미하는 부호로서 시작되어, 진화를 이루는 삶의 방향과 철저하게 일치한다는 것을 알고서, 계속하여 관심을 가지고 연구하였습니다.

예전의 건의서 내용에 더하여, ㅓ, ㅏ, ㅗ, ㅜ와 ㅣ, ㅡ의 순서로 의미에서 이루어지는 우리글이 얼마나 많은가를 알게 합니다. 또한 삶에서는 어떤 의미로 이어져, 어떻게 많이 쓰이고 있는가에 대해서 증명하며, 알아보겠습니다.

삶이 더욱 성숙하게 이루며 살아갈 수 있도록 안내하는 말과 글이 가지는 뜻은, 우리의 삶에서 더욱 크고 많은 지혜를 얻게 된다는 것을 알게 합니다.

이 세상은 보이는 것과, 보이지 않는 것으로 나누어 볼 수 있듯이, 우리글의 속에서는 드러나 보이는 면과, 보이지 않는 의미가 숨겨져 있습니다.

그래서 숨겨진 의미를 살펴보면, 우리글은 소리글이면서도 또한 뜻글로서 이루어졌다는 것을 말하고 싶은 것입니다.

우리글이 소리글이면서 또한 뜻글로 이루어졌으며, 이는 얼마나 깊은 뜻과, 많은 지혜가 담겨 있는가를 앞으로의 글에서 밝히려는 것입니다.

66. 법과 밥과 반찬 그리고 숟가락과 젓가락

밥을 맛있게 지어 먹고 여러 반찬으로, 배를 불릴 수 있는 '밥' 이야기는 명문대가에서 큰 솥에 많은 양의 밥을 하는 것으로, 많은 사람의 배를 부르게 하여, 배우고 자라고 채우는 제각각의 할 일을 하기 위함입니다.

정한수
새벽별 반짝이는 때에 일어나 몸 단정히 하고, 샛별기운 담은 우물물 한 바가지 곱게 정한수 떠다가, 오직 집안 잘 되기를 빌고 또 비는 지극정성으로 치성을 올리면, 죽은 조상이라도 어찌 후손들을 도와주지 않으리요.

조리질
이렇듯 아침밥을 시작하는 것은 지금까지 살면서 조상공덕과 후손을 위하는 정성으로, 샘물을 길어 아침밥을 위해 조리질로 쌀을 씻습니다.

조리질은 쌀과 잔돌이나 겨를 구분하여 골라내는 일이며, 잔돌이 쌀에 섞이게 되면, 새벽부터 애써 지어 먹는 밥도 제대로 먹지 못하고 뱉어야 하므로, 이것을 예방하는 일로서 조리라는 말은 말의 앞뒤가 틀리지 않고, 잘 맞는다는 것을 의미합니다.

말에도 조리가 없으면, 앞의 말과 뒤에 하는 말이 서로 틀려서 자기의 관점이 정리되지 않았음을 금방 알게 되는 것과 같이, 조리질을 한다는 것도 맛있는 밥을 지어 배부르게 먹는 것에 대한 최종 목표로서, 이러한 목표의 달성을 위해서 지장되는 방해조건을 찾아서 미리 방지하는 것입니다.

조리는 맛있는 요리와는 다르게 음식을 만드는 일입니다.

물조절

이렇듯 조리질을 하고 나서는 물 조절을 하여, 쌀을 솥에 앉히게 됩니다.

물 조절을 잘못하면 밥이 죽밥과 같이 질거나, 고두밥처럼 된 밥이 되어 먹기가 아주 곤란하게 됩니다.

가뭄에는 밭에 물이 필요하다고 해서 홍수처럼 많은 물을 주게 되면 씨앗은 싹을 틔우지 못하며, 싹이 튼 농작물도 자랄 수가 없듯이, 밥을 하는 솥에서의 물조절도 마찬가지며, 밥을 하는 쌀의 양에 따라서도 물 조절은 다르게 해야 합니다.

불조절

물 조절을 하고서는 아궁이에 불을 지피면서 불 조절을 하게 되는데, 솥 안의 물이 펄펄 끓도록 한소끔 장작으로 불을 지피면 물은 펄펄 끓으며, 거품이 넘치면서 솥뚜껑을 들썩이게 됩니다.

그래도 멈추지 않고 계속하여 불을 때다 보면, 솥 안에서는 타닥타닥 하는 소리가 들리게 되며, 이때는 지금까지 때던 불을 멈추고 아궁이에 들어 있는 불타던 장작을, 모두 아궁이 입구로 끄집어내어 솥 안에서의 열기를 줄여 줍니다.

뜸

이렇게 불을 지피면서 밥을 짓던 것을 완전히 멈추고, 솥 안

의 밥이 타지 않도록 조심하며, 솥뚜껑도 열지 않고 그대로
두고서 뜸을 들이게 됩니다.

이렇게 뜸을 들일 때에는, 지금까지 밥하던 일을 포기한 것처
럼 가만히 멈추고서 밥이 맛있게 익을 때까지 기다리면서, 맛
있게 밥을 먹을 수 있도록 맵고 짜며, 단맛과 쓴맛으로 이루
어지는 여러 반찬을 만들게 됩니다.

밥

반찬이 다 만들어지고 밥상을 차릴 때쯤에 뜨거운 밥솥의 뚜
껑을 열고, 큰 주걱으로 밥솥안의 밥을 잘 섞어서, 밥솥의 바
닥에 눌은밥의 구수함이 밥에 잘 베이도록 합니다.

집안 어른의 밥그릇부터 먼저 채우며, 밥을 퍼 담을 때에는
아궁이에 지피던 나뭇가지를 밟게 되어, 자칫 타다 남은 재가
밥솥 안으로 튀어 들어오면, 지금까지 애써 지은 밥은 허사가
될 수 있으므로, 부엌에서는 조심해서 다녀야 합니다.

그래서 다 된 밥에 재를 뿌린다는 옛말이 있을 만큼 밥을 짓
는 있어서는 정성을 필요로 합니다.

문지방

조심조심하여 차린 밥상을 들고 방 안으로 들어갈 때는, 부엌
문과 방문에는 문턱이 있어서 크게 조심하지 않으면, 문지방
에 발이 걸려 넘어지게 되고, 자칫 다치거나 다된 밥상을 엎
어 버리게 되는 낭패를 당하게 됩니다.

그래서 방안에서는 방의 밖에서 일어나는 일을 보지 않고도
잘 아는 어른께서는 "얘야~ 문지방 조심하거라."라고 주의를
당부합니다.

어릴 때 매끄러운 문지방에서 걸터앉아 재미로 놀게 되면, 미끄러워 다치게 되거나, 안전한 방 안에까지 거의 다 왔다는 안도감에 긴장감이 풀려 끝까지 최선을 다하지 못하는 부주의를 경계하며, 어른께서는 문지방에서 놀지 말라고 주의를 주셨습니다.

밥상

방 안에 들어온 밥상에 둘러 앉아, 자식은 어른의 밥숟갈을 드는 것을 보고서야, 같이 따라서 맛있게 밥을 먹게 됩니다.
맛있는 여러 반찬으로 밥을 배부르게 다 먹은 뒤에는, 구수한 숭늉을 마시면서 '아! 밥 잘 먹었다'라며 숟가락을 놓습니다.
맛있는 반찬의 덕분으로 밥을 맛있게 잘 먹었음에도, 우리는 반찬 덕분에 잘 먹었다라고 하지 않고, 밥 잘 먹었다라고 치사를 합니다.
밥이 주인의 자리에 있기 때문입니다.
반찬은 끼니때마다 바뀔 수 있으나, 밥은 주인으로서 바뀌지 않는 이유입니다.

설거지

맛있게 밥을 먹고 난 후에는 설거지까지 마무리하여야 합니다. 우리는 어떠한 일을 하고서 뒷정리를 잘 해야, 다음에 일을 할 때에도 바로 시작할 수 있으며, 설거지를 하지 않으면 다음의 끼니를 해결해야 하는 밥을 먹을 수 없습니다.

어른

집안 잘 되기를 바라는 조상의 공덕과 스스로의 정성으로 이루어지는 마음공부는 물 조절과 불 조절, 뜸 들이기와 상차리기, 문지방 조심하는 과정과 맛있고 배부르게 하는 만족의 과정과 설거지의 과정은 진리의 도를 이루는 공부의 과정과 너무나 같다고 할 수 있습니다.

인연을 얻어 공부로 인도되는 과정과, 스스로 공부를 시작하는 시도의 과정, 그리고 용맹정진하는 수도의 과정을 거쳐 지도자가 됩니다.
지금까지 공부한 것으로 방안에 있어도, 문밖에서의 밥상을 차리는 일을 직접 보지 않고도 훤히 알고 있는, 어른으로서의 전문가가 되어 지도하게 되는 지도자의 과정을 거치면, 주인으로 채워져 많은 밥을 나누어 줄 수 있는 세상을 운영을 하게 되는 과정을 이루게 됩니다.

이렇듯 불교에서 깨달음의 과정을 10개의 소를 찾는 그림으로 설명하는 십우도를 살펴보면, 지금처럼 설명한 일상에서의 배를 부르게 하는 밥 짓는 일과, 큰 깨달음을 이루는 진리의 '법'으로 이루어지는 과정이 서로 다르지 않다는 것을 알 수 있습니다.
이는 양성모음 ㅏ로 이루어진 '밥'과 음성모음 ㅓ로 이루어진 '법'과 서로 이어진 말이라는 것을 알게 됩니다.

밥은 다 지었는가?
라는 말로서 큰 깨달음을 묻는 선문답을 하기도 합니다만, 일상에서도 기계 분야의 직업으로서 먹고 살아가는 것을 기름밥이라고 하며, 운전을 전업으로 하여 살아가는 것을 운전밥이라고 하여, 직업을 비하하거나 터부시하는 말로 쓰이기도 하며, 전문가로서의 자긍심을 뜻하는 말이기도 합니다.

"좋아하는 일과 해야 하는 일은 매일 하십시오.
분명 밥 먹게 됩니다.
좋아하는 일과 해야 하는 일은 하여야 합니다.
보람 있는 일이므로
보람은 병치료 되므로
삶에서 좋은 재정을 이루어지게 됩니다."

밥은 먹고 사는가?
이 글을 읽으시는 여러분은 어떤 밥을 지어서 드십니까?
비록 밥은 한 그릇이지만, 반찬은 많아야 맛있게 배부르게 먹을 수 있습니다.
맛있는 반찬 덕분으로 잘 먹은 밥이지만, 반찬으로는 배 불릴 수 없으므로, "아! 밥 잘 먹었다."라는 말로서 밥에게 치사를 합니다.

아직 혜자의 요리 실력이 모자라고, 만든 반찬이 형편없어, 집안 살림도 넉넉지 않아 차린 것은 없으나, 밥 짓는 실력은 대단하여 무쇠솥에서도 양은냄비에서도 돌솥에서도 계란껍질에서도 대나무속에서도 청솔가지로도 장작불로도 전기밥솥으로도 압력밥솥으로도 혜자의 밥하는 실력은 자부하는 터라 맛있게 드시고, 행여 소문이나 내지 마소.
그래도 대장부가 큰 밥을 지어서, 인류 전체가 배불리 먹어도 될 만큼의 밥을 지어야, 소문도 대문이 되는 법으로 알려지게 되리라 생각합니다.

맛이 없는 것을 밥맛이라고 하며, 반찬이 많아 잘 차린 음식을 맛있게 먹고서는 '반찬 잘 먹었다'라고 하지 않고, '밥 잘 먹었다'라고 밥에게 치사를 합니다.

이것은 밥 속의 반찬이라는 의미로서 밥이 '주'이고, 반찬이 '자'이니, '자'가 '주'로 변하려면 ㅏ가 ㅜ로 회전하는 것을 ○ 운동이라 하며, 그 작용으로 진화하려는 자는 세상에서의 반복되는 운동의 '○'으로 이루어진 이치라고 합니다.

이러한 이치로서 존재하는 세상의 물체을 'ㅣ'로 표현하며, 이는 세상에서 존재하는 물질을 의미합니다.

이러한 ㅣ는 자람을 통하여 ㅡ로 표현되기도 하며, 위치에 따라서 _, ‾, |, ㅣ(아래, 위, 왼쪽, 오른쪽)으로 나타내며, 이것을 모아서 보면 □으로 표현됩니다.

ㅣ는 작용의 방향에 따라서 ㅓ, ㅕ 또는 ㅏ, ㅑ로 표현되며, ㅡ는 ㅗ, ㅛ 또는 ㅜ, ㅠ로 표현됩니다.

이렇게 모든 존재적인 의미를 ㅣ라 하며, 그 물질을 이루는 것을 □으로 표현되며, 물질은 그 속으로는 진화하려는 본질을 가지고 있으며, 그 본질을 ○이라고 하며, 이는 ▢ 로서 세상을 살아가게 되는 것입니다.

'ㅇ'과 'ㅣ'로 된 숟가락과 젓가락질을 자주하면 배 불러오고,

'ㅇ'과 'ㅣ'로 된 몸사랑도 자주하면 배 불러오고,

'ㅇ'과 'ㅣ'로 되는 배와 노가 되어, 사공도 되는 배 불러오는 소리로,

'기역' '기역' 사공의 노 젓는 소리와 모양을 기역이라 하고,

뉘어보면 '니은'이라.

서툰 걸음마도 '자주' 하다보면, 익숙한 걸음으로 되듯이, 장차 가르칠 수 있도록 채워져 줄 수 있는 자로서, '주자'로 이루어지게 됩니다.
이때는 손님이면서도 주인으로 모시게 되는 것으로 '○'과 'ㅣ'이 같다는 뜻으로 ○ = ㅣ라는 말이 **여**로서 **여여**하다라고 하며, '**마찬가지**'라고도 하는 말은 '**마음으로 꽉 찬 나뭇가지**'로서 사람은 '사랑나무'라는 뜻으로, 나무의 가지는 손발이니 손발이 가지처럼 항상 자라는 것이 같다는 뜻입니다.

손발이 자란다는 것은 손이 하는 일을 살펴보면, 손은 속으로 가진 의도를 주고받는 일을 하며, 멀리까지는 펼칠 수 없으나, 손이 닿는 가까운 거리에서는 아주 세밀한 일을 할 수 있습니다.
이와 반대로 발이 하는 일은, 가까운 거리에 있어도 손처럼 부드럽고 세밀하지는 못하며, 아주 멀리까지는 쉽게 갈 수 있는 일을 하게 됩니다.
그래서 살면서 자기의 속에 가진 감정을 아주 세밀하게 표현하는 예술가와 같이 손은 부드럽고, 손가락이 길어서 깊고 세밀한 세상의 일을 잘할 수 있는 소질을 타고 납니다.
반대로 손이 뭉텅하고 손가락이 짧은 사람은 흔히 일하는 손이라고 해서, 서로의 감정을 정확하게 전달하는데 있어서 서툰 부분이 많습니다.

그리고 발이 발달하면 멀리까지 여행도 자주 하면서, 태어난

고향과는 멀리서 살아가게 됩니다. 그래서 한자리에 오래 있지 못하는 역마살이 있다고 하는 분들의 발의 모양을 관찰해 보십시오.

조금은 짐작할 수 있으므로 관심을 가지고 확인하면, 지금의 짐작이 지식으로서 가짜인지 진짜인지 꼭 검증을 하셔야, 공부하는 자의 올바른 자세가 됩니다.

밥은 육신의 양식이며
법은 영혼의 양식이다.

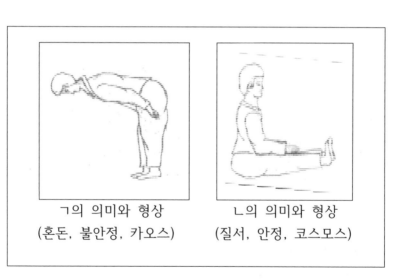

ㄱ의 의미와 형상
(혼돈, 불안정, 카오스)

ㄴ의 의미와 형상
(질서, 안정, 코스모스)

※ ㄱ이 ㄴ보다 먼저인 이유는 우주는 더 나은 질(質)과 순도를 위해서, 그 시작은 모래와 자갈을 구분하기 위해서 기존의 판을, 흔들고 회전시켜서 혼돈을 일으키는 것과, 사람은 완벽하지 못하고 부족하게 태어나 흔들리며 살아가는 이치와 같다.

67. 명을 알면 병을 알고, 병을 알면 명을 알 수 있다

여기에서의 많은 글들이 오래전에 쓴 글이지만, 세월의 흔적은 보이지 않으면서 오히려 세상에 갓 태어난 신선함으로, 다시 정리하여 알려드리려고 쓰고 있습니다.

세상에서 쏟아지는 정보도 많은데, 혜자까지 덩달아 세상을 더욱 시끄럽게 할 것 같은 걱정에, 그냥 보관만 하였던 내용입니다.

제자를 두고 가르치기를 그만둔 이후에도, 한시도 손을 놓지 않았던 혜자의 공부는 세상에서의 잘못된 지식이 진리로 알려지는 것을, 보고만 있을 수 없음에 이렇게 세상을 향해 소리치게 되었습니다.

지금으로부터 20년 전의 이야기로서, 제가 살고 있던 아파트에서 숙식하며 공부를 배우는 분과, 일주일에 두 번 방문하여 공부의 점검과 사무처리로서, 공부하시는 몇몇의 제자를 두고 함께 공부하며 지도하였습니다.

공부하시던 분 중에는 지역에서 수지침과 이침을 잘 쓰신다는 소문이 자자했으며, 병자들을 지도하여 스스로 치료를 할 수 있도록 지도하셨던 여성분이 계셨습니다.

그분께서 가르치던 분의 부친께서 통영에서 큰 횟집을 하시다가, 병환으로 몸이 많이 불편하여 일주일에 한 번씩 직접 가서서 돌봐 주신다고 하셨습니다.

공부하던 시간 중에 몸과 병의 연관성에 대해서 설명하였는데, 그 여성분께서 통영에 계시는 환자의 이야기를 하면서, 그 환자의 몸과 병에 대한 점검을 물어보면서, 이번 주에 통영으로 갈 때 같이 가서 환자를 봐줄 수 있느냐고 물었습니다.

그 환자분의 병과 명을 점검해 본 결과는 병을 치료할 수 있는 기간도 모자랄 뿐만 아니라, 그분의 수명이 얼마 남지 않았음을 알리고, 오히려 공부하시던 여성 제자분에게 치료를 중단하라고 말씀을 드렸습니다.
통영으로 같이 가서 환자를 살펴봐 주시기를 요청하며, 치료에 열성을 다하며 어느 정도의 차도가 있음을 말하던 분에게, 치료를 중단하는 것이 귀중한 영력을 쓸데없이 낭비하지 않음이며, 더 큰 치료나 더 큰 공부를 하는데 영력을 사용하는 것이, 효율적인 쓸씀이의 가치를 아는 것이라고 말씀을 드렸습니다.
환자를 직접 보지도 않고, 자기가 본 것을 전하는 말로만 듣고서, 단정하듯 드리는 말씀을 믿지 못하는 눈치였습니다.
또한 함께 같이 가서 환자를 돌봐주지 않음에, 조금은 섭섭한 마음을 가지는 듯 보였습니다.

그로부터 2주 정도 기간이 지난 어느 날, 공부를 가르치던 중에 그 환자분의 근황이 어떠한지 궁금하여 물어보았습니다.
그 여성 제자분이 말씀하시기를, 그 환자는 일주일 전에 사망하였다는 말과, 며칠 전에 장례를 무사히 잘 마쳤다는 얘기를 들었습니다.
내가 이전에 하였던 말의 당연함보다는, 명을 모름으로 포기하지 못하는, 제자의 안타까움에 더욱 마음을 아프게 하였습니다.

포기!
너는 나에게 무욕과 무용을 함께 주었나니
내가 어찌 너를 탓할 것인가?
무욕과 무용을 선택한 나에게 잘못이 있으니,
네가 나를 쳐라.
포기하지 못하고 도전하는 것을.

나는 끝내 포기하지 못하고 도전하는 것은
포기!
너는 신의 또 다른 모습이라는 것을
나는 알고 있다.
그래서 나는 신에게 도전하는 이유이기도 하다.

우리가 지금 하는 공부가 오늘의 일처럼, 앞날을 조금 안다는
것은 아주 작은 능력입니다. 행여나 공부한답시고 도사 흉내
를 내면서 앞날을 점치지 마십시오.
그러면 공부하는 수도자나, 점치며 굿하는 무당과 무엇이 다
르겠습니까?

'명'이라는 글자를 보면 초성자음은 ㅁ입니다.
ㅁ은 앞에서 설명을 드린 것과 같이, 더욱 자라야 하는 숨겨
진 씨앗과 같으므로, 필요한 수분이나, 온도와 시간 등의 조
건을 갖추면 싹이 나는데, 싹을 가만히 살펴보면 씨앗이 반으
로 잘린 틈으로 씨눈이 자라고 있음을 알게 됩니다.

이러한 씨눈은 줄기로 자라기 이전에, 먼저 싹이 되는 떡잎으로서 줄기의 자양분으로 되는 것으로, 씨앗에서는 배아라고 하며, 씨눈은 자라서 줄기가 된다는 것을 알고 있습니다.

그래서 배아가 싹이 되어, 움트는 것을 **배움**이라 하고, 싹이 되는 씨눈은 자라서 줄기로 되는 것을 **자람**이라고 합니다.

이렇듯 보이지 않는 땅속의 씨앗과 같은 ㅁ에서, 싹이 나고 세상에서 형상을 가지며 보여 지게 되는 것을 ㅂ으로 표기합니다.

그래서 명은 병으로 드러나 보이게 되므로 알게 되는 이치입니다.

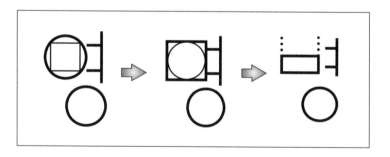

68. 병

병(病)은
이쪽저쪽에서 혈이 서로 통해야 함에도 불구하고,
혈막힘으로 자유롭지 못하여 누워서 고통 받는 자를 병자(病
者)라 하고,

병(甁)은
이쪽과 저쪽이 서로 통하면 관(管)이 되나,
소주병과 같이 한쪽이 막혀 서로 통하지 못하고, 막혀 있는
것은 병(甁)이라고 하고,

서로 통하는 것을 깨달음이라 하여 관(觀)이라고 하며,
그를 관자(觀自—깨달은 자)라고 합니다.

스스로의 지혜가 막혔음을 알고, 열고(開), 또 연다(開)는 의
미로서 '개 + 개 = 깨'로 볼 수 있듯이, 돌처럼 딱딱하게 굳
은 것을 깨어서 잘게 부숴야, 가벼우면서도 곱고 부드러워 어
떠한 곳에도 스며들 수 있다는 의미입니다.
씨앗으로만 살아온 지금까지를 껍질을 깨고, 싹을 틔우게 된
다는 의미로서의 '깨달음'은 한 치의 막힘도 없이, 큰 길(道)
처럼 열리려면 깨어지는 아픔으로 깨어나야 깨달음(道)이라
고 할 수 있습니다.

69. 성질과 병치료

병은 철저하게 변해야 치료되며, 불현듯 치료되지는 않습니다.
철저하지 않으면 병은 치료되지 않습니다.
병은 조직적으로서 반발되는 군대에서 최고의 장군과 같이,
이미 나의 몸에서 오랫동안 잠복하여 내 몸을 사용하는 법을
완벽하게 익힌 후에, 나의 몸을 점령하고 항복을 받기 위해서
자기의 모습을 드러낸 것이므로, 만만하게 보여서는 절대로
이길 수 없습니다.

배우지 않아도 병은 스스로의 잘못된 성질을 알게 하기도 하
므로, 바르게 성질을 고치는 것으로 치료됩니다.
세상을 살아가지 않으면 체질도 만들어지지 않으므로, 소리
없이 세상을 살면서 체질을 바뀌게 되면, 저절로 병도 치료됩
니다.
병이 되게 하는 성질에서 병체질을 만들게 됩니다.
성질을 바꾸는 것으로 체질을 바뀌게 되는 것입니다.
조상에게서 물려받은 성질은 이제부터 바꾸는 것으로 소명을
다하여, 후손에게 물려주는 체질을 바꿈으로서, 자손이 매우
건강하여 번창하게 됩니다.
좋은 성질을 가지게 되면, 세상살이가 얼마나 좋아지는가는
배우지 않아도, 이제까지 살아온 삶으로서도 충분하게 알고
있습니다.
알고 있는 것을 쓰지 못하게 하는 것은 성질이 가진 작용이
므로, 성질을 바꾸어야 하는 이유입니다.

성질을 어떻게 바꾸어야 하는가는 보지 않아도 알 수 있을 만큼, 스스로는 인식하는 자신에게 잘 보여 주고 있습니다.

자신이 얼마나 속 좁게 살아가고 있는가는 살펴보십시오.

저절로 알게 됩니다.

배우지 않아도 알게 됩니다.

매일 살펴보십시오.

준비되지 않아도 바꾸게 할 수 있습니다.

성질은 '명작용'하게 되므로, 명을 바꾸는 작용이게 됩니다.

성질로서 만들어지는 명은 수명과 같이 장수하거나, 단명하게 됩니다.

세상을 살면서 자신에게는 최고의 재정이 되는 성질이지만, 자신의 수명을 이루게 하는 성질이므로, 지도를 받지 않아도 바꾸어야 수명을 바꾸게 되는 것입니다.

수명은 천명이라고 합니다만, 그만큼 성질을 바꾸기 어렵다는 말이기도 합니다.

자기의 타고난 성질을 어떻게 바꾸고 조정해야 하는가는 여러 가지의 소재로 만들어지는 집과 같이, 잘 지어진 집과 잘 못 지어진 집과 같은 차이입니다.

성질을 소재로서 지어지는 집은 세상살이와 같습니다.

자기의 세상살이가 어떠한가는 자신의 성질을 어떻게 조정하여 살아가는가와 같은 의미입니다.

성질을 조정하는 법은 손발에서 정해지게 됩니다.

손발을 자주 씻는 자는 청결한 성질로 살아가는 자이며, 손발이 따뜻한 자는 속마음도 따뜻하여, 주변의 여러 사람과 잘 어울려 훈훈한 성질을 가지고 살아가는 자이며, 손발이 차가운 자는 이제까지 조정되지 못한 성질로서 살아가는 자로서, 소처럼 부지런히 자기의 재정이 되는 성질을 바꾸어야 하는 자입니다.

밖으로 드러나 볼 수 있는 손발의 작용은, 자기의 내면적인 성질로서 보면 그 의미가 같습니다.

손발이 하는 일로서 병을 만드는 소재이게 되므로, 손발로서 성질을 바꾸어야 하는 것입니다.

성질과 병, 성질과 운명, 자기의 세상살이가 어떠한가는 성질로 만들어지는 집과 같아서, 어떠한 집에서 살아가는가는 자기의 성질이 어떠한가와 같습니다.

성질이 유순한 자는 주장이 강하지 않아서, 여럿이 어울리기 쉬우며, 주변의 사람들과 도움을 쉽게 주고받을 수 있습니다.

반대로 자기의 성질이 강직한 자는 자기의 주장이 강하여, 자기의 주장과 다른 주변과의 타협하기 어려우며, 혼자서 일을 진행해야 하므로 일을 진행하는 추진력은 아주 강하기도 합니다.

이렇게 살아가는 자는 우리는 경험하지 않아도 알 수 있으며, 어떻게 성질을 바꾸어야 하는가도 우리는 이미 알고 있습니다.

배우지 않아도 이미 알고 있는, 자기의 성질을 바꾸지 못하는 이유는 자기의 성질이 자기를 다스리고, 자신은 성질에게 정복당한 힘없는 집주인과 같습니다.

집주인은 살아가기 불편한 집의 구조를 바꾸어야 편리하고 효율적으로 살아갈 수 있듯이, 불편하고 위험하며 비효율적인 구조로 이루어진 집에서 살아가는 불편함을 감수하면서도, 집의 구조를 바꾸지 못한다면 집주인의 자격을 포기한 자로서, 남의 집에 들어온 손님과 다를 바 없습니다.
자기의 주인이기를 포기한 자, 지금 우리의 모습이기도 합니다.

몸집은 몸이 살아가는 집으로서
몸과 집으로 이루어진
집과 집주인의 관계입니다.

70. 수도자의 몸과 치료되는 이치

요즘은 기동작하면서 몸이 이곳저곳 조금씩 더 아파집니다.

한동안은 입을 크게 못 벌릴 정도로 턱이랑 잇몸이 아프다가 슬며시 괜찮아지더니······ 다시 그러네요.

밥 먹을 때 입을 '아~' 할 수도 없어요.

또, 목이 쉽게 마르고 칼칼해지며, 기동작할 때나 평상시 생활하면서 팔다리가 가려운데······ 모기에 물린 것처럼은 아니고, 두드러기처럼 약하게 가려워요.

긁으면 피부가 손톱자국에 붉게 부풀어 오르는데도 계속 감질나게 긁게 됩니다.

제일 심한 곳은 명치!

심하게 뛰고 나서 다리에 알이 배기듯이, 근육이 뭉친 것처럼 뻐근하고, 갑갑하고, 답답하고······ 너무너무 아프네요.

은근하게 뭔가 박힌 것처럼 무거운 것이 들어앉아서, 밤에 잠이 들기 전에 더욱 고통스러워요.

뭔가 풀리려고 더 아픈 건가?····· 내심 짐작은 하면서도, 이곳저곳 정신없이 콕콕 쑤셔 대니까 힘이 드네요.

– –

연태 님 안녕하세요?

기동작뿐만 아니라, 앞으로 공부를 하시면서 몸에서는 여러가지 현상이나 증상들이 일어나게 됩니다.

몸에서 여러 변화가 나타나는 이유는,

"수도자의 몸은
수도할 수 있는 몸이 되어야 수도할 수 있습니다."

그래서 수도할 수 없는, 즉 수도로서 변할 수 없는 몸을 가지고는 수도가 되지 않는다는 것이며. 수도를 하면 몸도 보너스처럼 좋아진다고 평소에 말씀드리는 이유이기도 하며, 또한 수도의 과정에 따라서 수도자의 몸이 변하는 이유입니다.
한참동안 공부를 하다가 보면, 몸에서 여러 가지의 변화가 나타날 때마다 자신을 바라보는 자각이나, 주변을 바라보는 시각의 차이가 변하고 있다는 것도 알 수 있습니다.

입을 벌리지 못할 정도로 치아와 잇몸, 턱이 아프다고 하셨는데, 치아를 지탱해 주는 잇몸과 치아를 지지하는 턱은 입을 구성하는 재료들입니다.
입은 자기의 속에 있는 것을 몸 밖으로 말로서 표현하는 도구이기도 하며, 먹은 음식의 영양분을 섭취하고 배출하는 일과는 반대로, 음식을 일방적으로 받아들이는 흡입구의 작용을 합니다.
이러한 작용을 하는 입이 아프고 탈이 났다는 것은, 이제까지 살아오면서 좋지 않았던 것이 좋아지려고 변화하거나, 또는 더욱 나빠져서 병으로 진행하는 과정에서 오는 아픔이라고 할 수 있습니다.
치유가 되거나 병으로 진행하는 것은 앞으로 반복적으로 일어나는 증상이 이제까지보다 아픔의 정도가 가벼워지고, 아픈 기간도 점차 줄어들면 치유되는 과정이라고 보시고, 이와 반대로 점차 통증이 깊어지고 그 아픈 기간도 점차 길어지면,

병으로 진행하고 있다고 보시면 틀림이 없습니다.

그리고 아픈 부위와 자기의 성격을 비교해 보십시오.
입이 아프다는 것은 자기의 속에 가진 마음을, 몸 밖으로 표현하는 통로가 막혔다는 것으로 볼 수 있습니다.
입으로 음식을 받아들이듯이, 살아가면서 주변 대상들의 의도나 마음을 제대로 받아들이지 못하는 것으로, 수용하는 흡입구가 탈이 났다는 의미로 볼 수 있습니다.
그렇게 본다면 전자와 후자가 같은 말인데, 예를 들면 술병의 입구(입과 목)가 막혔다고 보면, 밖에서는 병 속으로 들지 못하며, 술병 속에 들어 있는 술은 밖으로 나오지 못하는 것과 같습니다.

이렇게 설명을 하고 보니, 님께서는 '목이 칼칼하다'라고 말씀하신 이유가 아주 당연하게 이해되는데, 저 혼자만 당연하게 보여지는 것입니까?
입은 이렇게 입으로서의 자기 일을 하는 것입니다.
입은 자기의 일을 충실하게 하지 못한다는 것을 탈이 난 것으로서, 자신에게 지금 모습을 보여주고 있는 것입니다.
이제까지 탈이 된 채로 살아오면서, 일을 시키는 주인이 알아주지 못하던 것을, 증상으로 보여 주고서는 더욱 적극적으로 치료해 달라는 일꾼의 메세지이기도 합니다.
이렇게 말씀드리면 이제까지 살아오면서, 고민하고 스스로를 자책하였던 성격을 제가 말씀드리지 않아도, 스스로 자신을 볼 수 있는 눈을 가지게 되는 것입니다.
그리고 지금부터는 더욱 정진하게 되면서, 몸도 마음도 맑고 밝게 변화하게 되는 것은 당연하다고 말씀드리지 않아도, 공부를 하면서 스스로 확인하게 됩니다.

세상 사람들뿐만 아니라, 공부하시는 분들에게 묻고 답을 하다 보면 혜자에게 말씀을 하시기를, 직접 안 보고도 어떻게 아느냐고 의문을 가집니다.

"병을 알면 명을 알고, 명을 알면 병을 알 수 있습니다."

그래서 '**병**'을 부호로 풀어보면 'ㅂ + ㅕ + ㅇ'으로 볼 수 있습니다.
'ㅂ'의 모양은 'ㅁ'의 모양에서 위로 싹이 난 모양으로 보게 되면, 싹이 틔우기 이전의 모습은 'ㅁ'이며, 서로의 관계는 보이지 않던 것이 '모이다'를 통해 '보이다'로 변하는 이치와 그 의미를 살펴보면, 아주 작은 것이라도 모이면 보이게 되며, '모여'지면 '보여'지게 되는 이치와 같습니다.

겨자는 씨앗에서 싹을 틔워서 겨자나무로 자라듯이, '명'도 자라면 병(타고난 불편함뿐만 아니라, 밖으로 드러나는 짐스러움에서 온전하게 힘으로 변화하는 성질, 질병, 게으름, 등 부정적인 것들의 총칭)으로 자라게 되는 것과 같습니다.
그리고 다른 글에서 여러 번 말씀드린 내용이지만, '명'의 'ㅁ' 속에는 'ㅇ'이 들어 있다고 말씀드린 바와 같이 '명' 속에는 '영'이 들어 있으므로, 영적인 운동으로 태어나서 명을 가지게 되며, 그러한 명을 이루기 위해서는 짐스러움으로 나타나므로서 치유를 통한 온전한 스스로의 성숙한 힘을 가지게 되는 삶은 '영 → 명 → 병'의 과정으로 이어지게 되는 것입니다.

그리고 몸이 가렵고 근질근질하다고 하셨는데, 가끔 목욕탕에서 뜨거운 물에 몸을 담궜다가 시간이 지나면서 혈액순환이 좋아질 때에, 몸이 가렵고 근질근질할 때가 있는 것을 경험해 보신적은 있는지 모르겠습니다.

피가 맑으면(유리처럼 너무 맑아도 깨어지듯이 탈이 생김) 혈관 속을 순환하기가 쉽지만, 피가 탁하면 무거워서 좁은 혈관을 순환하기 어려워서 혈관이 막히게 되므로, 걷기운동을 하시면 자연스럽게 무리하지 않고, 혈관을 흔들어 주는 유산소운동의 효과로서, 혈액순환에 아주 큰 도움이 되는 이유입니다.

피가 탁하다는 것은 무겁다는 말과 상통합니다.

피는 혈관에서 빨리빨리 순환하여 산소와 영양을 공급하는 일을 하는 일꾼과 같은데, 무거워서 게으름을 피우거나 일을 하여야 하는 통로가 막혀서 일을 제대로 못하게 되는 것입니다.

피가 제대로 순환할 수 있도록 에너지를 공급하는 일을 하는 일꾼은 당연히 심장입니다.

심장에서는 열심히 펌프질을 해서 피를 도구로 에너지를 공급하는데, 피는 무겁고 게을러서 일을 하지 못하고 온갖 핑계로서, 일을 하지 않으니까 심장에서 열이 나고 답답하겠지요.

몸이 잘 붓는 것은 이제까지 말씀드린 것과 같이, 순환되어진 피를 재생하기 위해서 신장(콩팥)에서 피를 맑게 하는 정혈작용의 일을 하는데, 신장이 일하는 원리는 물을 맑게 정수하는 정수기의 삼투압(물의 압력으로 강제적으로 필터를 통해

걸러 주는 방식)과는 반대로 역삼투압(압력으로 밀어 내는 것과는 반대로 진공(압력을 줄임)으로 만들면 끌려오게 되는 방식)의 작용으로 피의 찌꺼기를 걸러 주어, 피가 맑게 만드는 일을 하는 일꾼입니다.

피의 흐름이 원활하지 못하는 탈이 났을 때의 증상은, 무엇인가에 부딪혔을 때 멍이 잘 들고, 그 멍은 오래 동안 풀어지지 않으며, 피부가 근질근질하고, 피곤할 때 몸이 잘 붓습니다.

이런 증상으로 나타나는 이유는 신장에서 잘 걸러 주어서 맑은 피가 되어서, 산소와 영양분을 공급하는 일을 하는 것과 반대로, 탁하여 찌꺼기가 많은 피는 좁은 혈관을 순환하기 어려우므로 나타나는 증상입니다.

이렇게 설명을 드린 바와 같이, 몸의 각 부분들은 각각의 일꾼으로서 주인이 바라는 것으로 충실히 일을 하는 것입니다.

일꾼이 일을 잘하면 당연히 주인에게 치사를 받게 되는 것처럼, 몸 주인의 순도가 높아지는 공부를 하시면, 그 댓가로 무엇이 어떻게 변하게 되는지 몸의 변화로서 관찰해 볼 필요가 있습니다.

그리고 콕콕 쑤시는 것처럼 아프다는 말씀을 하셨습니다.

우리는 살면서 어떨 때 쿡쿡 쑤시게 됩니까?

독촉하고 채근할 때에 옆구리를 찌르는 것과 같은 상황입니다. 해야 할 일을 하지 않거나, 할 수 있는 일을 하지 않고, 머뭇거릴 때 독촉하며 콕콕 쑤시거나, 툭툭 치게 됩니다.

자기의 몸도 마찬가지로 일꾼이 일을 하지 않고 가만히 있으면, 속에서의 주인은 콕콕 쑤시면서 독촉하게 되며, 일꾼은 이미 탈이 난 상태라면 주인이 시키는데도 불구하고, 쑤시는 듯 하는 아픔이 계속되는, 병든 몸집으로서 감당하며 살아가는 것입니다.

우리의 몸은 이렇듯 우리가 알아볼 때까지 보여 주고 있지만, 우리는 눈으로 보고, 아픔을 감당하면서도 모르는 있습니다.
이는 마음의 눈이 맑은 자에게만 보이게 되는 이유이기도 합니다.
가슴에 뭔가 박힌 것처럼 무거운 것은, 주인의 의도를 알아차리지 못하고, 주인과 일꾼이 되는 몸과 몸집이 서로 통하는 통로가 막혀 있으므로, 당연하게 무겁게 느껴지는 이유라면 이해가 됩니까?

오늘의 답변은 가능한 쉽고 자세하게 설명을 드렸습니다만, 님께서의 물음에 만족을 할런지 모르겠습니다.
아무쪼록 더욱 정진하시어, 맑고 밝은몸 이루십시오.

환자와 병자
아픈 곳이 마음인지 육체인지는 중요하지 않고,
오직 아픈 것이 없어지기만 바라는 자는 병자이다.
환자는
무조건 치료하지 않으면 아무것도 할 수 없는 자이므로
환자와 병자의 차이다.

71. 변비 치료법

변비의 증상은 대변이 진득하지 못하고 단단하여, 금방 배변을 하지 못하고 오랜 시간을 두고, 고통과 함께 배변을 하게 됩니다.

이는 스스로의 성질과도 마찬가지로 역시, 고정관념이 딱딱하며, 고집이 강합니다.

준비성이 부족하여, 언제나 늑장을 부리므로 전부가 기다리고 있어야 나타나므로, 언제나 느려서 행동이 굼뜨게 되는 것과 같이, 자연히 대변도 금방 나오지 않아 굼뜨게 나오게 됩니다.

좋은 치료법은 어렵지 않으면서도 지키기는 어렵습니다.

언제나 환자의 성질에서 체질이 만들어지게 된다는 것을 아시면, 금방 치료가 됩니다.

좋은 집에서 좋은 재미와 좋은 정(情)만으로 치료되므로, 정성으로 치료하십시오.

주변의 줍지 않는 쓰레기부터 천천히 초지일관하며 청소하십시오.

줄처럼 줄줄 흐르듯이, 시원하게 변이 나오게 됩니다.

변비는 천천히 나오게 하는 대장의 조절력이 제대로 기능을 발휘하지 못하여 만들어지는 병증으로서, 병의 치료는 대장의 기능을 정상화시켜야 치료됩니다.

대장은 소장과 항문(직장) 사이에 있는 장기로서, 굵으면서도 짧게 잘록잘록하게 만들어져서 일생동안 변을 제대로 배출될 수 있도록 하는 일을 합니다.

대장(大腸)은 大將(대장, 대장군)과 같아서 몸에서는 주장이 강하고, 삶에서는 잠시라도 가만히 있지 못하고, 두루 살피는 책임자의 성품을 가지게 합니다.

대장의 명령은 모든 부하에게 통하듯이, 전부 열려서 자기의 폐부와 치부조차도 보여주지만, 그렇지 못하면 아예 문을 닫아서 대장의 권위로서 통하지 못하게 하는 성품이 되기도 합니다.

변비는 분명하지 않으면 주장하지 않아야 함에도 불구하고, 자기의 생각으로 고집과 주장으로서 앞서게 되므로, 사회생활을 하면서 독단은 서로의 주장으로 막히게 되는 이치와 같습니다.

서로의 주장으로서 통하지 못하고 막히게 되면, 환장하게 되므로 변비는 그 원인을 찾으면서 스스로의 성질을 바꾸는 것으로 치료되면서, 스스로의 주장은 자연히 사라지게 됩니다.

좋은 삶으로서 치료하는 법은
한 잔의 술로서 치료하셔야 하므로,
혼자 마시지 말고 함께 마시도록 하십시오.
많이 마시지 말고,
재미있게 마시고,
마시고 난 후에 중심을 잃어야 하므로
취하게 되면,
저절로 주장이 없어지게 됩니다.

72. 간의 성질과 치료법

간(肝)

충신이 간신으로 변하는 이유는,
'힘이 없음으로 아부를 하여야만, 보장받게 되는 것이다.'라고
한다면 분명한 말입니다.

간신은 아부하면서 살아가게 되므로, 조직적으로 서로 붙어
있으면서도, 따로 떨어져 있는 간의 모습과 같습니다.

간은 서로간의 간격과 같아서, 가까이 있는 새로운 것에 대해
서는 호기심이 많으며, 서로 이어져 있으므로 자유롭지 못한
것이 간이 하는 작용입니다.

간(肝)과 담(膽-쓸개)은 서로 붙어 있으면서도 보이지 않게
숨겨 주지만, 분명 하나로 된 장부입니다. 인정이 지나치면
간섭이 되는 것처럼, 간은 사람을 이간질하기도 하고, 자라게
하기도 하는 성질을 가지고 있으므로, 신체적으로는 아침에
일찍 일어나지 못하게 합니다.

아주 나쁜 습관으로 이어지게 하는 성질을 가지게 하므로, 스
스로 소질을 개발하지 못하도록 하는 작용을 하는 것은, 간신
이 하는 일과 같습니다.

속을 보여 주지 않는 성질로서, 숨기고 가지고 있으면서도 없
는 척하는 성질을 간신이 하는 모습과 같습니다.

봉사가 길을 가듯이, 실천하는 것으로 치료됩니다.
간의 치료법은 무조건 실천하셔야 치료됩니다.
몸이 차가운 한체질은 간을 다스리면, 아주 쉽게 저절로 치료

됩니다.

신속하게 실천하도록 하는 것이 간을 보호하는 것이므로, 매일 시간을 정해서 운동을 실천하시면 아주 좋습니다.

73. 손목과 손가락

손목은 손가락이 모여서 합쳐져 만들어진 자리이며, 손목이 전부라면 손가락은 부분입니다.

부모와 자식의 관계와 같아서 부모는 손목이며, 자식은 손가락과 같으며, 손가락이 짧으면 자손이 귀하고, 손목이 가늘면 부모의 명이 길다는 정보를, 주위의 배우지 못한 자에게 알려 주셔서, 부모의 명을 조절할 수 있도록 도와주십시오.
효자가 되는 길이 됩니다.
손목이 부드러우면, 일생 동안 자기의 건강과 부모의 명을 보장받게 되며, 훗날 목적이 달성되면 그때는 이미 손발이 따뜻하다는 것도 알게 됩니다.
손목이 부드럽게 풀어질 때는 봄날에 새싹이 돋듯이, 자라는 체질이므로 물을 많이 필요로 합니다.
이때는 재물이 모이게 되는 때이므로, 부지런히 재물을 모아야만 모자라지 않으므로, 항상 빈곤하게 살아가는 자기의 모자라는 것을 변화시킬 수 있습니다.
그래서 손목이 굳어서 부드럽지 못한 사람이 빈곤하게 살게 되는 것은, 손가락으로 많은 일을 해도 손목에서 받아 주지 못하는 것처럼, 재물이 모여지지 않은 것과 같습니다.

이런 분들은 집 없이 살아가는 자가 많습니다.
보장된 자는 이제부터라도 집을 먼저 가지면 일이 저절로 풀어지게 되며, 실천하지 못하는 일은 빨리 포기하셔야 합니다.

병은 없지만 항상 조심하셔야 조절되므로, 충분하게 휴식을 가지고 천천히 살아가시면, 이후에는 보장된 자리를 가지게 됩니다.

인체의 명은 부부가 서로 상하는 말로 자주 다투게 되면서, 한을 채우게 되므로 옆에서 누가 도와주지 않으면, 스스로 힘들게 살아갑니다.
실패와 좌절에도 굴하지 않으면서도 철저한 면이 모자라므로, 하던 일을 일체 다시 시작해야 하는 일이 많습니다.
이러한 분은 위장이 튼튼하므로, 어떤 일이든지 가리지 않고 잘 하는 것은, 식욕이 왕성한 이유와 같습니다.
또한, 일을 진행하는 도중에 포기하기 쉬운 것은 신장혈이 막힌 자는 살면서 자주 변하므로, 어떤 일이든지 오랫동안 하시면서 자기의 속을 채워야 합니다.

물을 많이 먹어야 합니다.
손발이 차가우므로 물을 많이 먹지는 못하지만, 그래도 바꾸어야 합니다.
소변을 자주 보시고, 참지 마십시오. 변비로 이어지게 됩니다.
조심하실 일은 애정이 많아서, 매정함이 부족하므로 눈물이 많습니다.
손목이 풀어지게 되면서 손발이 따뜻하게 변하게 되므로, 방안에 있지 마시고 밖으로 나와서 활동을 하셔야 합니다.
희망사항으로 되어 버린 배우지 못한 것에 대하여, 만족하는 소원을 성취하게 됩니다.
할 일이 많으므로 대기만성형이며, 도중에 포기하시면 세상을 원망하게 되므로, 시작하시면 끝을 보아야만 하는 영체질을 가지게 됩니다.

한번 변할 때는 크게 변하게 되지만, 변하기가 쉽지 않습니다.

손목혈을 풀기 위해서는 말을 많이 하지 마십시오.

잘못하면 아무것도 아닌 것으로 큰일을 그르치게 되므로, 실속 있는 한마디의 말이 핵심으로 작용합니다.

좋아하는 사람과는 오랫동안 친하게 지내며, 그렇지 못한 사람과는 자주 어울리지 못합니다.

어떤 일이나 전부로 보면서 작용하므로, 사소한 것도 무시하지 않고 꼼꼼하므로 지나치게 간섭을 하게 됩니다.

말 속에 뼈가 있으므로, 상처 되는 말이 많습니다.

보채는 성질이 많아서 무엇이든지 완벽하게 하려고 합니다.

일생 동안 매정하기 때문에 주변에 사람이 적으며, 솜털같이 부드러운 자에게는 눈 녹듯이 녹지만, 강한 자에게는 강하게 대하므로 지는 것을 아주 싫어합니다.

한이 많은 한체질은 물을 많이 마시지 않습니다.

물을 싫어하는 이유는 손발이 차가우므로, 자연히 물을 멀리합니다.

자기 위주로 살아가므로 성질이 곧으며, 직접 자기 손으로 해야만 안심하는 체질로서, 매정하며 소리가 크며 상대에게는 재주보다는 스스로 알아서 하게 합니다.

하기 싫은 것은 스스로 도전하면서도, 선뜻 시도하지 못하므로 애정이 모자랍니다.

병은 없으나 체력의 소비가 심하므로, 조심하지 않으면 쉽게 지치게 됩니다.

도중에 포기하지 않지만, 체력의 한계로 중단해야 하는 어려움을 겪으면서, 자기를 뒤돌아보게 됩니다.

흔하게 많지 않은 체질이지만, 세상에서는 하지 못하는 일에 도전하는 자로서 종교가나 사상가, 철학자 등에 많이 진출하며, 속지 않고 살아가는 법으로 자기를 다듬어 가는 자리에서 '할 수 없는 일은 없습니다.'라는 것을 전하는 일을 합니다.

"한다고 해도 안 되는 일이 있습니다.
그렇다고 포기하지는 마십시오."

활처럼 손이 가늘어야 인정되므로, 하늘을 나는 새의 깃털은 얇고 가늘게 만들어진 이유입니다.

줄도 가는 실이 모여서 꼬여야 튼튼하게 됩니다.

돈을 버는 손은 손끝이 가늘어야 돈이 잘 모이게 됩니다.

좋은 손은 굵은 손가락이 가늘게 쭉 뻗은 손이며,

주머니 속에 손 넣지 마십시오.

주머니 속에 손을 넣으면 게으르게 변합니다.

전체가 가는 길을 모르고, 혼자 가게 되므로 주변을 잘 보십시오. 누가 어떤 사람이 호주머니에 손을 넣고 다니는지를…… 손목혈이 풀어지지 않은 자는 손바닥에 땀이 나지 않으며, 호주머니에 손을 넣으면 호주머니를 채우지 못합니다.

74. 겸손과 휘어진 허리를 바루는 법

'두 손 모으니 저절로 고개 숙여지고, 고개를 숙이니 허리는 저절로 굽혀지게 되는 것을 겸손이라 하고, 겸손은 두 손을 겸하여 모은 것입니다.'

허리는 흔히 요추라 하는 척추의 아랫부분으로서, 대개 5개 정도의 마디로서 이루어졌습니다.

우리 몸을 지탱하는 것은 뼈가 하는 일 중의 하나이며, 우리 몸의 중심적인 뼈를 척추(脊椎)라고 하고, 척추는 경추(목뼈 7마디), 흉추(가슴뼈 12마디), 요추(허리뼈 5마디), 미추(꼬리뼈 5~7마디)와 골반 속의 천추로서 이루어졌습니다.

그 외의 뼈 이름을 경골, 비골, 두개골, 장골 등 ~골로 이름하며, 중심 뼈를 ~추(椎, 쇠몽둥이 추, 뼈이름 추)로 이름하는 이유는 이름으로서 일을 하여 목적에 이르게 합니다.

추라는 말은 저울과 같이, 방향은 위에서 아래로 향하면서 중심을 잡아 주며, 흔히 집을 지을 때 수직을 알기 위해 추(錘 저울 추)를 쓰며, 저울의 균형으로서 무게를 알 수 있는 것이 추가 하는 일입니다.

추는 균형을 잡아 주며 위에서 아래로 향하는 것은, 부모에서 자식으로 향하는 것과 같은 방향의 일을 하는 것이 추의 이름입니다.

인체의 중심이 되는 추가 틀어져 있다면, 허리는 당연히 탈이 나게 되며, 어깨의 높이와 다리의 길이는 왼쪽과 오른쪽이 서로 달라서, 몸속의 척추가 비틀어져 있다는 것을 알 수 있습니다.

습관이나 자세, 또한 어느 한쪽으로 편중되게 사용하거나 이미 탈이 되어, 한쪽의 통증으로 다른 한쪽의 다리에 의지하게 됩니다.

곧아서 굳으면 딱딱하므로 부러지기 쉬우며, 곧으면서도 굳지 않으며 휘어질 수 있어야 부드러워지므로, 허리는 부드러워야 치료가 됩니다.

겸손하면 저절로 치료됩니다.

허리가 아픈 자는 성격이 곧아서 딱딱하여 자기의 주관이 뚜렷하며, 사고를 주관으로 굳혀서 살아가므로, 휘지 못하고 부딪히는 일들이 많아서, 자기 스스로 보호하는 능력으로 양보하고 휘어지며 수용할 수 있어야 치료됩니다.

태어날 때부터 타고 나는 소질의 개발을 관장하는 신장(콩팥)이 약하며, 허리를 꼿꼿하게 세워 조금이라도 높아지려는 성질, 즉 내가 최고로 높은 대장(大將)으로 되려고 하는 부담스러움으로, 인체 장부의 대장(大腸)에 탈이 생기게 됩니다.

허리가 아픈 자는 휘어질 수 있는 허리와 부드러운 성격은 같다는 것을 알고, 생활하면서 허리와 성질은 급하게 굽히면 부러지고 천천히 숙이면 휘어지므로, 성급한 성질을 고치고 다듬는다는 것은 추의 무게 중심이 위에 있는 것이 아니라, 아래로 향하므로 양보하고, 복종하고 보살피고 자기를 낮추는 자세로서 누구에게나 겸손할 수 있다면, 치료는 이미 보장된 것과 같습니다.

겸손 하십시오.

대장은 부하를 부리고 다스린다는 것은 보살피는 것과 같아서, 부모가 자식 앞에 약하듯이, 자식과 같이 인체의 제일 아래쪽의 약한 항문을 배려하여야, 치질과 요통의 탈이 없습니다.

나무는 높은 곳일수록 부드러워 휠 수 있다는 것을 알고 살아가시면 자기의 손뿐만 아니라, 상대방의 손도 자주 잡음으로서, 서로 손이 겸하게 되며 그때는 이미 치료된 때입니다.

또한 하시는 일은 부드럽게 저절로 이루어지게 됩니다.

날씨가 싸늘해지면, 근육이 수축하여 딱딱하게 되어 저절로 긴장하게 되므로, 더욱 허리를 조심하십시오.

허리는 원래부터 구부러져 있습니다만, 너무 많이 구부러진 것을 만곡이라고 하여 어깨가 움츠러들게 됩니다.

이럴 때는 양쪽 발을 어깨보다 조금 더 넓게 벌리고, 앞으로 향한 양쪽 발의 끝이 어깨선과 나란하게 옆으로 벌려서 밖으로 향하도록 하여, 무릎을 최대한으로 굽혀서 낮은 기마자세로서, 서서 기동작을 하십시오.

그러면서 기의 흐름을 관찰하시면서 5분 정도 이상을 할 수 있도록 반복하십시오.

앉아서 하는 방법은, 가부좌나 반가부좌로 앉아서 머리를 앞으로 숙여 바닥에 닿을 정도로 허리를 굽히고, 잠시 기다렸다가 허리를 쭉 펴면서, 얼굴부터 먼저 앞으로 들면서 가슴을 넓히며 바르게 일으켜 세우면 됩니다.

그리하면 허리의 척추는 활과 같이 휘어 있으면서도, 탄력을 가지게 되므로, 반복하시면 됩니다.

언제든지 공부하기 위해서 자리에 앉을 때는 이렇게 자세를
바루고 기동작을 하도록 하십시오.

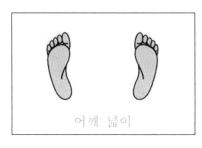
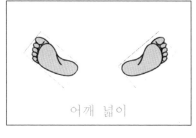

75. 비장혈 열리는 법

반갑습니다. ○○○ 님!

우선 기에 대해서 확실하게 알지 못하면, 운용을 할 수 없습니다.

그래서 운용하기 전에, 먼저 배워서 알아야 합니다.

기가 세다는 것은 의미하는 바가 강하다는 말입니다만, 사실은 강한 만큼이나 반대급부로서 약한 면도 있으므로, 한쪽으로 치우친 것과 같습니다.

에너지 불변의 법칙과 같이, 기가 강하기 위해서는 어느 한곳으로 집중되어야 하므로, 집중되지 못한 곳은 아주 취약하게 됩니다.

그래서 기가 아무리 세고 강하다고 해도, 약한 곳을 찾아 조금만 건드리면 꼼짝하지 못하게 됩니다.

물론 육체뿐만 아니라, 성질도 마찬가지입니다.

강한 성질의 이면을 살펴보면, 아주 연약하고 유연한 성질을 쉽게 찾아볼 수 있습니다.

이는 작용하는 기운이 어느 한쪽으로 치우쳐 있다는 것을 알게 합니다. 그래서 지금부터 기수련을 통해, 혜자가 지도하려는 것은 육체와 정신이 서로 어떤 연관성을 가지고 작용되는가를 알아보고자 합니다.

세상의 모든 것은 서로 이어져, 밀접한 연관성을 가지고 있으므로 상호작용을 합니다.

예를 들면, 소화기관의 위장에서 탈이 난 자는 위장혈이 막히게 되므로, 기로서 위장혈을 찾아 막힌 혈을 풀어 줄 수도 있습니다.

그리고 위장을 살펴보면, 식도와 이어진 위장의 윗부분은 음식물을 받아들이는 일을 하며, 십이지장으로 이어진 위장의 아랫부분은 음식물을 비우는 일을 합니다.

좀 더 크게 보면, 한의학에서는 위장과 비장을 오행의 의미로서 보면 토(土)이며, 위치는 중앙을 의미합니다.

우리의 인체 장부에서도 위장은 채우는 일을 하며, 비장은 비우는 일을 합니다.

그러나 위장과 비장에 대해서 금방 말씀드린 것은 보이는 작용을 말씀을 드렸으며, 보이지 않는 일은 반대로서 위장은 채우는 일로서 비우는 것으로 마무리하는 일을 해야, 비로소 위장이 일을 충실하게 했다고 할 수 있으며, 비장은 비우는 일을 하는 것으로 보이지만, 보이지 않는 속으로는 비움으로서 만족함을 가지는 것으로 충실하게 자기의 일을 하는 것입니다.

육체의 보이지 않는 속에서는 위장이 하는 일은, 밖에서는 머리가 하는 일과 같으며, 머리가 하는 보이지 않는 일을 하는 곳이 위장입니다.

그래서 동격으로 볼 수 있으며, 머리가 하는 일 중에서 스트레스를 많이 받으면, 소화가 되지 않거나 음식물을 폭식하는 작용으로 이어지는 것을 보면, 당연하다는 것을 알 수 있습니다.

머리에서 스트레스를 받으면, 에너지 소모량이 엄청나게 많습니다.

그 에너지를 위장에서 조달해서 사용하기 때문이며, 위장은 스트레스에서 힘을 소진하여, 위장의 무력증으로 소화의 능력이 약화되는 것이며, 에너지의 보충을 위해서 폭식을 하게 되는 것입니다.

받기만 잘 하고, 주는 것이 서툰 사람의 경우에는 위장의 어느 부분이 탈이 된 것일까요?
주는 일을 잘 하고, 받기를 잘못하는 사람은 어디가 탈이 되겠습니까?

사람은 주기도 잘하고, 받기도 잘해야 잘 통하는 사람이라고 하겠지요.
머리에서 발끝까지의 기혈이 잘 통하고, 나와 남이 서로 잘 통해야 하지만, 통하기만 하고 막히지 않으면, 닫히지 않는 문과 같이 또한 병이 됩니다.
좋은 문은 쉽게 닫을 수도 있으며, 쉽게 열 수도 있어야 좋은 문이 되듯이, 열리지 않는 문이나 닫히지 않는 문은 문이라고 할 수 없습니다.
우리의 마음의 문도 마찬가지이며, 위장이 하는 일 또한, 그렇습니다.

그리고 님께서 말씀하신 빚에 대한 생각을 다시 정리하십시오.

"지고 가면 짐이고, 먹고 가면 힘이 됩니다."

그리고 스스로 치료하는 법 중에서, 병으로 인정한다는 것은 죽을병으로 볼 만큼이나 심각하여 치유하여야 한다는 각성으로서, 병의 치유를 위하여 비장한 각오로 성질을 고치는 시작을 하게 되면서, 점점 치유될수록 건강도 함께 가지게 된다는 말씀입니다.

혜자의 말이 알 듯, 모를듯하다고 하셨는데 당연합니다.

모르면 금방 포기하게 되며, 금방 알아도 쉬워서 계속하지 않습니다.

그래서 아는 것이 있어야 접근할 수 있으며, 모르는 것 또한 있어야 알려고 노력하리라 생각합니다.

살아가면서 각자가 가지는 목표도 마찬가지입니다.

스스로 위치가 다르므로 목표도 다르겠지만, 그래도 목표는 이룰 수 있는 목표를 정하고, 그리고 이루고 나면 더 큰 목표를 세워 이루어 가야 합니다.

이루지 못할 목표보다는 이룰 수 있는 목표가 중요하기 때문입니다.

앞에서 말씀드린 '비장'이 하는 일로서, 자기의 목표를 이루었다는 것은 다시는 그 목표를 갖지 않게 되므로, 비우는 작용이면서 목표를 이룬 데 대해서는 만족하게 되는 것으로, 비장혈이 통하게 되는 것입니다.

비장혈이 열린 체질을 혈통으로서 자손에게 유전적으로 전해주려면, 지금부터 비장한 각오로서 지금의 이룰 수 있는 목표를 정하여 이루도록 하십시오.

비장혈은 비장한 각오로 행할 때만 열리는 혈입니다.

76. 통문과 겨드랑이 땀 냄새 치료법

'통문'이라 함은 '문을 통 한다'는 말로서, 보이지 않는 문을 의미합니다.
보이지 않는 문을 통할 수 있을 때, 비로소 완전하게 통한다고 할 수 있으며, 철저하게 살아가는 것으로는 세상의 모든 일이 잘 되는 것은 아닙니다.

여자가 겨드랑이에서 땀 냄새가 나면 신랑에게 소박맞게 되며, 남자가 겨드랑이에서 땀 냄새가 나면 신부에게 보약을 얻어먹게 됩니다.

조심하셔야 할 일과 방심해도 되는 일과
구분하지 못하면 땀 냄새가 납니다.

일생동안 새로운 각오로서 변하시면 치료됩니다.
오전에 해야 할 일을 오후에 미루지 마십시오.
아마도 그렇게 하시면 치료됩니다.

77. 병과 삶 - 신장

삶은 자기가 살아가는 가치관에 따라서 만들어지며, 이에 따라서 스스로의 육체적인 병을 만들게 됩니다.
세상에서는 말이 생각을 바꾸고,
생각은 행동을 만들고,
행동은 습관을 만들고,
행동은 삶을 바꾼다고 합니다.

말이나 생각, 행동, 습관은 스스로의 가치관에서 시작되므로,
삶을 바꾼다는 것은 쉽지 않습니다.
그래서 타고난 명이라고도 합니다.
명을 바꾸기 위해서는 잘못되거나, 바꾸고 싶은 것을 찾아서
어떻게 바꾸어야 할 것인가 방법을 찾아야 됩니다.

바꾸지 못한다면 정해진 운명대로 살게 되며, 잘못된 가치관
으로 살아가면 건강한 몸도 병을 가지게 됩니다.
오늘은 여러 가지 병중에서 인체의 장기 중에서 '신장'에 대
해서 말씀을 드리겠습니다.

신장은 콩팥이라고도 합니다만, 콩이나 팥과 같은 모양으로
만들어진 장기라는 뜻으로 콩팥이라는 이름을 가지게 되었으
리라 생각합니다.
신장이 하는 역할은 인체를 구성하는 모든 장기와 피부, 근
육, 뼈 등에 방문하여 영양분을 피를 통하여 공급한 후에, 신

장으로 모여들어 혈액의 재활용을 위한 선별정화작용을 하게 됩니다.

이렇게 선별작업을 통해서 분류된 폐기물은 소변으로서 인체 밖으로 흘려보내며, 재활용 가능한 혈액은 다시 심장으로 보내져 인체에 두루 영양분을 공급하는 일 등을 하게 됩니다.

이렇듯 신장은 피를 깨끗하게 만드는 혈액정수기의 기능을 합니다.

혈액정수기는 인체를 돌면서 쓰고 난 뒤의 찌꺼기를 함유한 피를 그냥 버리지 않고, 알뜰하게 재사용을 위해서 존재하는 장기입니다.

사람이 먹는 음식물에서 새로운 피를 만들어 사용할 수 있도록 우리 인체는 구성되어 있으나, 재활용하는 기능이 없으면 더욱 많은 음식을 필요로 하며, 많은 시간을 들여 준비하면서 소모해야 하며, 소화시키기 위해서는 더욱 큰 장기를 필요로 하게 됩니다.

이와 같이 스스로 가진 음식과 시간, 능력이라고 하더라도 재활용하지 못한다는 것은, 스스로 가진 재정을 제대로 쓸 수 없는 모습으로서, 자기의 것을 제대로 챙기지 못하고 흘려보내는 모습입니다.

세상 삶에서 자기의 것을 제대로 챙길 수 없다는 것은, 결과적으로는 힘이 없어 남에게 뺏기는 것과 같으며, 폭력이든 동정에서든 스스로의 호주머니를 채우지 못하고 비워지게 되므로, 이후 스스로는 굶어야 하는 극단적 현실에 직면하기도 합니다.

흔히 자기의 호주머니는 채우지 못하였음에도, 동정심으로 남을 도우는 일을 종종 보게 됩니다.

인품을 가진 자가 인품이 부족한 자를 동정하고 배려할 수는 있으나, 가난한 자가 부자에게 돈으로 동정할 수는 없습니다.

신장을 삶에서의 재활용 기능으로서 볼 때, 이미 자기가 소유한 재정이라 할 수 있는 피를 사용했던 것이라고 해서, 그냥 흘려보내 버리면 더욱 많은 피를 생산해야 하는 힘듦을 요구하게 되므로, 세상의 삶에서도 이와 같이 검소하지 못하면 힘들게 살아가는 것처럼, 가난한 자가 부자에게 돈으로 동정하게 되는 것과 같습니다.

신장의 혈액정수기 기능이 좋아서 혈액의 재활용을 많이 하면 할수록, 자기의 재정을 남에게 뺏기지 않고 알뜰하게 주머니에 소유하게 되는 이치이므로, 자기에게 주어진 몫을 챙기고, 보관하지 못하는 자는 신장의 기능이 저하되어, 병증으로 이어지게 되는 이치입니다.

신장 기능이 좋지 않으면 얼굴이나 몸의 부기가 쉽게 빠지지 않아 붓게 됩니다.

이는 정수기의 필터가 찌꺼기로 막히면 물의 거름 기능이 원활하지 못하므로, 우리의 인체는 깨끗한 피가 되지 못한 것을, 재활용하게 되면 혈관 속에서 흐르는 피는 당연히 원활하지 못하여, 붓게 되거나 입이나 몸에서 소변 냄새가 나거나, 피가 섞인 소변이 나오거나, 피로의 회복이 느려지는 등의 여러 가지 증상들이 나타납니다.

현대 의료학계에서는 망가진 신장은 회복할 수 없다고 합니다.
어쩌면 회복할 수 있는 방법을 모른다고 해야 옳습니다.
신장과 이어진 혈관은 대동맥과 대정맥입니다.

즉 신장으로 들어오는 정화해야 할 피와 신장에 나가는 정화
된 피가 구분되는 것과, 찌꺼기로 걸러져 방광으로 이어져 몸
밖으로 배출되는 혈관의 작용으로 나누어 볼 수 있습니다.

이는 세상살이에서 아주 중요한 받는 법과 주는 법, 그리고
버리는 법으로 볼 수 있습니다.
남을 사랑하는 것이 틀린 것은 아니나, 스스로 채우지 못하고
나눌 수는 없으므로, 스스로 채우는 것이 먼저입니다.
망가진 신장의 확실한 치료법입니다.

78. 후두암의 발생원인

인체에서 후두는 머리에 위치한 입에서 음식을 삼킬 때, 호흡기관의 후두와 소화기관의 식도가 분리되는 자리입니다.

코로 이어진 호흡기관을 후두라고 하며, 음식이 목을 통하여 위장으로 도달하는 기관을 식도라도 합니다.

후두의 작용을 살펴보면, 입안으로 받아들인 음식을 잘게 썹은 뒤 목구멍으로 넘기게 되는데, 이때 순조롭게 식도로 흘러갈 수 있도록 하며, 공기가 위장으로 들어가지 않도록 막히게 하는 일을 후두의 역할입니다

그래서 그 작용에 대해서 좀 더 이해를 돕기 위해서 설명을 드리자면, 내 집에 볼일이 있어서 찾아온 손님이 대문 앞에 서서 '이리 오너라'라고 외침소리를 듣고, 달려 나온 문지기가 손님의 행색을 아래위로 천천히 훑어본 뒤에, 아주 퉁명하게 '왜 왔소?'라고 묻습니다.

손님이 대답하기를 '주인에게 용무가 있으니 안내 하거라.'라고 말하는데, 이 말을 들은 문지기가 생각하기를 대문을 지키는 내가 대문을 지키는 책임자인데, 책임자인 나에게 공손하게 대하지 않고 주인마님을 찾는 것을 보고서, 자신의 권위가 무시를 당했다고 생각을 합니다.

그래서 문지기가 더욱 퉁명스럽게 대답하기를 '지금 없으니 돌아가시오.'라고 합니다.

상냥하고 친절한 문지기라면, 누가 어디서 어떻게 오셨는지, 주인마님이 언제 오게 되는지 등을 자세하게 알아보고, 없으면 언제 오게 되는지를 알려 주면서, 기다리게 하거나 돌아가

서 다시 오게 할 수 있게 서로 소통을 하게 되지만, 무뚝뚝하고 퉁명하며 권위적인 문지기는, 그 소통의 길이 막혀서 통할 수가 없는 것입니다.

일반적으로 밖으로 드러난 성질이 부드럽지 못하여, 스스로 알면서도 고치지 못하고 퉁명하게 살아가게 되므로, 직장이든 가정이든 일상의 생활에서 서로의 통로가 막혀 부딪히는 일들이 많습니다.
이렇게 스스로의 성질은 선천적으로 타고 난 것이기도 하지만, 후천적인 환경으로 살아오면서 배움의 정도나 재산, 건강, 성격, 아름다움 등의 조건이 상대적인 부족함으로 만들어지는 성격으로서, 스스로 열등감이나 자격지심으로 작용되도록 만들어지게 됩니다.
그래서 이러한 짐스러운 문제를 해결하기 위해서는, 상대평가가 아닌, 자신의 소질을 개발하여 모두에게 인정을 받을 수 있도록 전문가로 자라야 합니다.

목이라는 것은 길목과 같아서, 길목을 차단하면 전체가 꼼짝 못하게 되므로, 전쟁에서도 이기기 위해서는 길목을 차단하게 됩니다.
우리의 인체에서는 손목, 발목도 병목처럼 손가락이나 발가락을 통합 또는 통제하는 통로로 작용합니다.
이렇듯 우리의 인체의 작용을 살펴보면, 피부와 입, 코, 눈 등은 인체의 외부와 내부가 서로, 통하게 되는 통로로서 그 역할을 합니다.
이러한 통로의 막힘은 성숙된 가치관과 전문가로서 자라고 인정받기 위해서, 살면서 극복하게 되는 여러 가지의 마찰과 부담의 짐스러움을 이겨내지 못하여, 점점 고착화되어 자신의 몸속에서 그 영역을 확대되는 것으로 병이 만들어지는 것이며, 피부염이나 알레르기 등의 체질과 후두와 식도에서는 후두염이나 후두암, 식도염, 식도암 등의 병명으로 자리하게 됩니다.

스스로의 속에서 만들어지는 감정의 표현도 그 통로가 막혔을 때는, 밖으로 표현할 때 원래 자기의 속에서 전하려고 했던 정보는 왜곡되어, 아주 강하거나 퉁명하거나 날카롭게 또는 아주 힘없이 약하게 표현되므로, 상대에게 전달되는 메세지는 질량과는 다르게, 왜곡된 표현으로 전달됩니다.
스스로의 속으로 가진 아주 애정스런 감정이 밖으로 표현될 때는, 전혀 다르게 억양이 우왁스럽거나, 그가 하는 말도 거칠게 표현되는 경우를 살면서 종종 보게 되는데, 그런 사람을 관심 있게 살펴보면, 겉으로 표현되는 것과는 다르게 속으로는 아주 부드러운 감성을 가졌다는 것을 알게 됩니다.
모든 사람이 완전하게 통하지는 못하는 것이 사람입니다만, 목이 바르지 못하여 막힘이 많은 자는, 목을 조금만 조르면 숨을 쉬기가 더욱 어려워져 얼굴이 붉어지며, 평소에도 숨소리가 고르지 못하거나, 잠을 잘 때도 코를 고는 소리가 불규칙하며, 고혈압을 동반합니다.
젊었을 때는 인체에서 저항력도 가지고, 그러한 성격에서 오는 마찰이나 갈등과 부담을 견딜 수 있어서 병증으로 나타나지 않으나, 나이가 들어가면서 저항력도 약해지게 됩니다.
오랜 세월 동안 평생을 함께 살아왔던 잘못된 성질을 인정하고, 변화하려는 노력을 하지 않고 오히려, 가까운 가족이나 주변에게도 잘못된 성질을 유지하면서 인정받으려 하는 것으로, 저항력이 약한 인체에서의 병은 점점 세력을 모아 그 영역을 확대하게 됩니다.

통(通)한다는 것은 파이프와 같이 이곳과 저곳에 막힘이 없을수록 잘 통하게 됩니다.

그러나 무엇을 모으고 담을 수 있는 통(桶)은, 잘 통하여 막힘이 없을수록 담을 수가 없게 됩니다.

통(通)과 통(桶)은 서로 반대적 역할로서 일을 하는 것은 문(門)의 열림과 닫힘의 작용과도 같습니다.

그래서 사람의 육체적인 몸을 몸통이라고 하는 이유입니다.

문은 열고 닫는 일을 하지만, 열려야 할 때 닫혀 있거나, 닫혀야 할 때에 열리게 되거나, 열려만 있는 문이거나, 닫혀만 있는 문은 문으로서 쓸 수가 없습니다.

좋은 문은 열려야 할 때는 작은 힘으로도 쉽게 열리며, 닫혀야 할 때는 아무리 큰 힘으로도 열수 없도록 철통같이 막혀서 열리지 않아야 합니다.

스스로의 마음의 문도 이와 같습니다.

스스로가 통명한 문지기라 할지라도, 먼 데서 온 손님이라면 주인 없는 안방으로 손님을 모실 수는 없지만, 일단을 집안의 사정을 이야기하고 다시 방문케 하거나, 안내하여 사랑채에 머물게 해서 기다리게 하는 것이, 문지기로서 성숙한 권위를 가지는 것이며, 문을 지키는 자로서 일을 잘 하는 것입니다.

후두와 식도의 작용을 살펴보면, 후두는 호흡기이므로 코로 들이마신 공기를 온몸으로 보내고, 다시 입으로 내뱉는 일을 하므로, 내부에서 사용한 공기를 외부로 향하는 방향성을 가 지졌으며, 식도는 외부의 음식을 내부의 위장으로 옮기는 작 용으로서 각각 반대의 방향으로 일을 하는 통로입니다.

외부에서 음식을 인체의 속으로 옮기는데 있어서, 음식을 가리 거나 체질적 알레르기로 구분해야 하는 것이 많은 자는, 음식 이 체하게 되는 식도에서 탈이 나게 되며, 이는 겉에서 속으로 받아들이는 작용의 방향을 가진 식도의 통로가 막힌 것과 같 아서, 살아가면서 주변의 상대방이 하는 말이나 행동이 자주 마음에 들지 않으므로, 수용력이 부족한 자이기도 합니다.

이러한 사람은 새로움을 시도함으로서 일어나게 되는 거부, 또는 거북스러움으로 탈이 작용되며, 이를 방지하기 위해서는 호기심이나 관심조차도 억제되어 새로운 음식이나, 새로운 사 람과의 친분 등을 쉽게 이루지 못하므로, 친숙하게 되기까지 는 많은 시간을 필요로 하며, 새로운 환경을 이루는 일이나 새로운 사람을 만나는 등의 시도를 쉽게 하지 못합니다.

그리고 앞에서 설명한 것과 같이, 속에서 겉으로의 방향으로 작용되는 후두에서의 탈이 나게 되는 자는, 자신의 속에 가진 감정이 왜곡되어 전달되어, 표현하는 수단이 부족하게 살아가 게 되므로, 가까운 가족과도 서로 깊게 인지하지 못하여 가끔 오해를 받는 일이 만들어지기도 합니다.

이렇듯 통로의 장애로서 발생하게 되는 짐스러움은 삶에서의 일어나는 현상과, 병으로 진행되는 병증과 각각의 장부가 하 는 일과 같다는 것을 알 수 있습니다.

타고난 성질과 살면서 이루어지는 성격을 살펴보는 것으로,
나중에 나타나게 되는 병도 일찍 예방하는 지혜로 이루어질
뿐만 아니라, 스스로 질적인 성장을 이루어 이 세상에 태어난
소명으로서 소질로 개발되어 살아가게 됩니다.

새로운 것을 쉽게 받아들이지 못하는 것을 거부라고 합니다.
우리의 인체에서는 거부하게 되는 증상을 거부반응, 즉 알레
르기체질이라 합니다.

알레르기가 있어서 무엇을 먹지 못하는 자에게 억지로 먹게
하면, 체하거나 온몸에 두드러기가 일어나게 되는 이유는, 우
리의 육체는 정신적 작용에서 이어져, 육체로 그 증상이 빛과
그림자처럼 그대로 나타나게 됩니다.

79. 방광염과 영성 치유

방광염과 영성치유와의 관계는 조금은 연관성이 있으리라 짐작할 수 있으나, 예전부터 전해져 오는 천부경과 연관을 지어 생각한다는 것은 조금은 엉뚱한 생각이 아닐까 합니다.

그러나 천부경은 물질적인 세상이 만들어지는 이치를 설명하는 경전이므로, 세상의 병이 만들어지는 것과 다르다고 할 수는 없습니다.

이제까지의 여러 번 언급하였던 내용 중에, ㅇ과 ㅁ과 ㅂ의 서로 이어진 작용을 살펴보면, 뜻글로서의 우리글의 제자원리와 무관하지 않다는 것을 알 수 있으며, 천부경의 이치와 세상 삶에서 병이 만들어져 진행되는 작용에 대해서, 설명 드린 것이 다르지 않다는 것을 알 수 있습니다.

다시 설명을 드리자면
ㅇ은 각도가 없으므로 비물질로서 무형을 의미하며,
ㅁ은 각도가 있으므로 물질로서 유형을 의미합니다.
이는 유형의 ㅁ 속에는 보이지 않는 ㅇ이 들어 있으므로, 보이는 알은 ㅁ로서 그 속에는 보이지 않는 ⚫의 모습으로 얼이 들어 있으며, 이는 🔲 처럼 보이는 것은 ㅁ으로서 알만 보이게 되는 것입니다.
이에 대해서는 아리랑에 대해서 쓴 글을 읽어보시면 이해하기 쉽습니다.
ㅂ은 숨겨진 씨앗으로 볼 수 있는 ㅁ이 싹이 튼 모습을 ㅂ으

로 볼 수 있습니다.

그래서 다시 보면 유전자를 ㅇ이라 표현하며, 여러가지 ㅇ이 조립되어 작용하는 것을 영이라 할 수 있으며, 영이 작용하는 바탕을 터라고 하며, 이를 천부경에서는 하늘이라 하여 숫자 1로서 설명하고 있습니다.

이루고자 하는 유전자를 가진 씨앗을 틀이라 하며, 이는 ㅁ으로 표현하며, 명을 가지게 됩니다.

이를 천부경에서는 땅이라 하며, 숫자 2라고 합니다.

유전자를 가진 씨앗은 수분이나 온도, 시간 등의 조건을 갖추면 싹이 되어 자라게 됩니다.

이는 세상을 이루는 틈이 되며, 틈으로 이루어지는 작용을 ㅂ으로 보게 되며, ㅂ은 완성되지 못한 부족함을 병으로 작용합니다.

그래서 ㅇ → ㅁ → ㅂ, 영 → 명 → 병, 천 → 지 → 인, 1 → 2 → 3, 아버지 → 어머니 → 나로 이어져 삼위일체로 작용합니다.

여기서 '영, 명, 병'으로 진행되는 병은 아픔이나 극복해야 할 문제점, 태어나는 소명 등을 의미합니다.

이러한 연계되는 작용으로 세상을 살아가는 삶에서, 치료하고 치유하며 극복해야 하는 병으로 보면, 병의 원인과 병소의 기능과 병증을 정확하게 앎과, 변화로서 충분하게 치유와 치료로서 더욱 튼튼한 건강과, 세상에 태어난 이유를 알게 되므로 올바른 삶을 보장할 수 있습니다.

방광염은 몸속에서 만들어진 찌꺼기를 배출하는 두 곳 중의 하나로서 방광에서 탈이 생긴 병입니다.

방광은 신장에서 피를 걸러서 재활용하는 것과, 버려야 하는 것을 구분하는 필터의 작용으로, 신장에서 걸러진 찌꺼기를 모아 두었다가 버리는 쓰레기통의 작용을 합니다.

방광염을 현대의학에서는 항문과 소변이 나오는 요도와 거리가 가까워서, 대변에서 대장균 등의 세균으로 감염되어 방광에서 탈이 되는 것으로 보고 있습니다.

앞선 글에서 장황하게 설명을 드린 것으로, 이러한 방광염을 어떻게 볼 것인가를 바르게 이해하기 위함이므로, 이 글을 읽으시는 여러분은 어떻게 볼 수 있는가를 잠시라도 생각해 보시기를 권합니다.

방광염은 남자보다도 여자에게서 많이 발병하는 병입니다.

여자에게서 발병이 많은 이유는 남자보다 항문과 요도의 짧은 거리에서 세균의 감염으로 발병을 하는 것으로 알려져 있습니다.

방광의 작용은 사용한 피의 찌꺼기를 모아 두었다가, 요도를 통하여 배출하게 하는 일을 합니다. 이러한 방광에 염증이 발생하여 여러 가지 통증과 불편함을 가지게 합니다.

이러한 과정을 우리들의 일상적인 생활과 비추어 보면, 다르지 않다는 것을 알 수 있습니다.

일생을 살아가면서 많은 사람들은 부끄럽거나, 치욕스러운 경험을 잊고 싶은 기억을 가지고 있습니다.

잊고 싶은 기억은 잊어야 함에도 잊지 못하고, 가슴의 한편에는 꼭꼭 숨겨서 아무에게도 드러내지도 못하고, 혼자만 가지고서 힘들게 짐을 지듯이, 고통을 감수하면서 살아가고 있습니다.

처음 걸음마를 배울 때는 넘어지면서도 반복하며, 걸음을 배우게 됩니다.

이렇듯 우리의 삶에서도 실패나 좌절뿐만 아니라, 치욕스러움이나 남에게 알리기 부끄러운 경험도 함께 하는 경우가 있습니다.

이러한 충격적인 경험은 스스로의 부족함이나 나약함을 절실하게 알게 하는 기회이나, 이러한 문제를 드러내고 극복하기보다는 숨기게 되는 것은, 삶에서 성장하고 성숙하기 위해 발생하는 찌꺼기와 같습니다.

이를 극복하여 기억에서 사라지게 하지 못하는 것은, 인체의 내부기관 신장에서 걸러진 찌꺼기, 즉 오줌을 버리지 못하고 방광에 모아 두는 것과 같습니다.

소변을 버리지 못하고 방광에 오랫동안 담아 둔다면, 방광은 틀림없이 탈을 일으키는 것이 당연합니다.

방광염은 남성보다도 여성에게서 많이 발병하는 이유도 이와 마찬가지입니다. 일반적으로 여성적인 성질은 수용하는 폭이 좁으며, 기억을 오랫동안 간직하는 습성이기도 합니다.

큰 문제가 아니면 그냥 지나가거나, 기억을 하지 않아도 되는 사소한 일에도 쉽게 잊지 못하므로, 방광에 모아 둔 소변을 버리지 못하고 간직하는 이유와 같으며, 결국에는 방광에 병을 만들게 되므로 소변을 담아 모으는 방광의 기능을 제대로 할 수 없게 되는 것입니다.

쓰레기통은 살면서 만들어지는 찌꺼기를 모으는 일을 하므로 인체에서는 방광이 하는 일과 같습니다.

쓰레기통은 일정량이 모아질 때까지는 비우지 않듯이, 인체의 방광도 일정한 양이 모아질 때까지는 담아두게 됩니다.

이렇듯 모아 둔 오줌을 밖으로 배출하는 일을 하는 기관이 요도입니다.

요도와 방광은 서로 이어져 있으며, 방광이 창고의 일을 한다면, 요도는 문지기와 같은 일을 하는 기관입니다.

요도에서 병이 생긴다면, 당연히 창고지기가 하는 일에서 탈이 생긴 것이므로, 치료법도 창고지기가 제대로 일을 할 수 있는, 스스로 성숙한 가치관을 가지게 하는 것과 같습니다.

최근에 공부하시는 여성분께서 평소에 방광염으로 병원에서 치료받고는 좀 나아졌다가, 또 재발하여 항상 방광에 대해서 오랫동안 민감하게 관심을 가지고 있었던 분이 계셨습니다.

공부의 사무처리의 점검과정에서 방광염에 대한 문제가 대두되어, 서로 대화를 나누다가 처녀시절에 가까운 친척으로부터 성폭력을 당하고서, 이제까지 아무에게도 못 했던 말을 처음으로 저에게 하게 되었습니다.

그 여성분은 공부를 하면서 스스로의 공부가 깊어지면서, 부끄럽고 치욕스러운 삶에서의 버려야 하는 찌꺼기를 스스로 변하여, 성숙한 가치관을 가짐으로서 기억에서 지울 수 있음을 알고, 스스로 방광염을 완벽하게 치유하게 되었습니다.

병은 이렇듯 타고난 명으로서 살아가며 만들어지므로, 성숙하지 못한 영을 성장시키기 위해서는 스스로의 육체를 힘들게 만들어, 극복하게 하는 영적인 작용이라는 것을 알 수 있습니다.

방광은 어느 정도의 양이 채워질 때까지는 비우지 않는 것은 세상이치와 같습니다.

달도 차야 기울 듯이 채운 뒤에 비우게 되므로, 채우지 못 한 자에게 비우라고 한다면 비울 수 없는 일을 하라고 하는 일이므로, 쓸 수 없는 말, 쓸데없는 말이게 됩니다.

세상에서는 많이 배운 자들도 욕심을 비우라고 합니다.

아직 채우지 못한 이들에게 비우라고 한다고 과연 비울 수 있을까요?

'사람'은 '배움'을 통하여 '자람' 이후에 '채움'으로 이어지고 '비움과 나눔'의 과정을 거쳐서 성장과 성숙을 반복하게 되는 세상이치입니다.

삶에서 채우지 못하므로 발생하는 병과, 비우지 못함으로 발생하는 병은 우리의 인체에서 어느 장기에서 병이 만들어지는가에 대해서 한번 정도는 생각을 해 보시기를 권합니다.

이후에 기회가 된다면 채움과 비움에 대한 문제로서 발생되는 인체의 병에 대해서도 전하도록 하겠습니다.

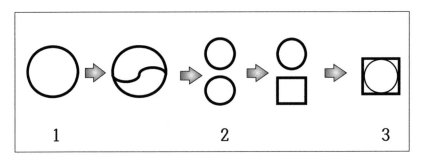

80. 유방암과 전립선암의 발병 원인과 치료법

여성의 유방에 관한 질병은 남성에게만 발생하는 전립선 관련 질병과 반대로 여성만이 가지는 질병입니다.

몸의 내부 기관으로 이루어진 각 장기에 따라서 발생하는 병은 각각 다른 이름을 가지고 있으며, 그 장기에서 작용되는 기능과 장애에 따라서 치료법도 다릅니다.

병이 작용하는 그 뿌리를 살펴보면, 병자의 선천적인 혈통에서 가지고 오는 유전자에 따른 성질에서 시작하여 체질을 만드는 것이므로, 병을 가진 장기의 기능을 살펴보면, 병자가 가진 성질과 같다는 것을 알 수 있습니다.

유방은 어린 여자애가 자라서 어른으로서의 여성으로 성숙함에 따른 육체적 변화이며, 이는 여성으로서 성숙하여 엄마가 되어 자식을 낳고, 키울 수 있음을 보여 주는 것입니다.

자식을 낳고, 키울 수 있는 부모로서의 통로가 되는 매개체로서의 유방은, 젖으로 어린자식과 부모를 이어 주어 탯줄과 같은 의미입니다.

자식이 온전하게 자랄 수 있도록 부모가 젖을 만들어, 자식에게 일방적으로 전달하는 도구로서의 유방이 제대로, 역할을 하지 못하게 되는 것으로 유방에서 발생되는 병이라고 할 수 있습니다.

부모와 자식과의 통로에서 탈로 발생하는 것의 원인을 찾아 보면, 자식의 문제라기보다는 전체적으로 부모에게서 원인이 있습니다.

부모의 자리는 자식을 낳아서 이 세상을 살아가면서, 이루어 지는 외적인 성장과 내적인 성숙을 통해 부모로서 위치에 이 르게 되어, 자식을 낳고 올바르게 키우고 가르칠 수 있을 때 에, 부모의 자격을 갖춘 안정된 자리를 가지게 되는 것입니다.

부모는 자식을 낳고, 키우고, 세상을 바르게 살아갈 수 있도 록 올바르게 가르치는 일을 하는 자리로서, 자식을 낳지 못하 거나, 건강하게 키우지 못하거나, 올바르게 가르칠 수 없다면 부모의 자리에 이르지 못한, 아직은 덜 이루어진 부모로서 더 자라야 하는 어린애와 같은 철없는 부모라는 것입니다.
부모로서 자식을 제대로 키우려면, 부모로서의 갖추어야 할 조건을 제대로 갖추어야, 참 부모로서의 자리에 이르러 존경 을 받으며, 부모로서 자식을 바르게 키우는 일을 하게 되는 것입니다
참 부모는 건강한 태로서 건강한 자식을 낳고, 낳은 자식이 스스로 자라서 세상을 잘살아갈 수 있도록 부모가 올바른 표 가 되어, 살아가는 모습으로 자식에게 보여 주는 것으로 자식 을 가르치면서, 스스로의 성숙된 삶과 자식을 키우는 것을 일 로 삼아서 살아가는 자입니다.

이렇듯 부모와 자식의 관계가 서로 이어져 작용하는 통로의 역할로서, 내면적인 의미로서 부모의 자격으로서 자식을 가 질 수 있는 자격을, 몸 밖으로 드러난 유방이 하는 일과 같 습니다.
보이지 않는 속을 겉으로 드러난 것으로 알게 되는 이치입 니다.

유방에서 발생한 병은 부모로서의 일을 하는 통로에서 탈이 생긴 것과 같으며, 부모가 되어 자식을 올바르게 키울 수 없음으로서, 부모는 부모로서의 역할을 못하게 되는 것이며, 이는 참부모로서의 필요한 조건을 충분하게 갖추지 못하였음과 같습니다.

부모로서의 자식을 낳고 기르는 육체적 성장은 이루었지만, 키우고 가르치며 스스로 자식에게 표가 되는, 내면의 성숙된 부모로서의 조건은 갖추지 못하였음을, 육체적인 탈로서 보여주는 것입니다.
육체적인 탈은 외부의 압박이나 충격에서 만들어지는 상처와, 세상을 살아가면서 이루어야 하는 내면적인 어른스러운 성숙을 하지 못할 때, 육체적인 병으로 보여 지게 되는 것으로서, 병을 자세하게 관찰하면 그 사람의 삶을 이루는 '명'을 알 수 있게 되는 것입니다.

병은 자기의 내면을 구성하는 성질에서 시작하여, 육체적으로 드러나는 증상으로서 그 시작이 되는 뿌리는 성질이므로, 선천적으로 타고난 성질이든, 후천적으로 만들어진 성격이든, 그 치료의 방법은 나무의 가지나 줄기보다는 근원의 뿌리를 치료하여야 하듯이, 겉으로 나타난 육체적인 접근보다는 근원적인 치료방법으로 접근을 해야 바르게 치료되는 것입니다.
육체적인 성장으로 자식을 낳을 수는 있으나, 유방의 탈이 된 이유로서 그 뿌리는 자식을 제대로 키울 수 있는, 부모로서의 성숙된 면을 스스로 갖추지 못 한 데 있는 것입니다.
아직 어른으로서 성숙하지 못한, 즉 육체는 어른으로서 성장을 이루었으나, 내면적으로는 어린애의 수준을 벗어나지 못한 것과 같아서, 어린애가 가지는 성질을 부모가 되는 조건으로 성숙하지 못하고, 이제까지 그대로 가져온 이유입니다.

어린애의 성질을 살펴보면, 연약하며 순수하며, 거짓을 모르고 천진난만하며, 스스로 힘든 일은 해결하지 못하여 남에게 기대거나 포기하며, 스스로 저지른 일에 책임지지 못하며, 나쁜 일인 줄 알면서도 절제하거나 변화하지 못하며, 어떠한 어려움, 싫어함, 무서움, 울음이나 웃음 등의 감정을 참지 못하고 그대로 나타내며, 옳은 일이라도 꾸준하지 못하며, 주변을 돌아보는 넓고 깊은 안목이 모자라서 언제나 자신이 우선시되며, 양보하거나 일처리 하는 능력이 부족하여 계속된 실수에서도 변하지 못하며, 자기가 소유하고자 하는 일을 이루기 위해서는 철저한 노력보다는 애교나 어리광으로 자기가 바라는 것을 이루려 하며, 무작정 떼를 쓰면서라도 가지려고 하는 등의 이러한 어른스럽지 못한, 내면의 덜 자란 어린 성격이 성숙하여야, 내면적으로도 어른스러움을 갖춘 참 부모가 되는 것입니다.

유방의 병은 이렇듯 내면의 성숙한 어른이 되지 못하여, 어린애가 자식을 낳은 결과와도 같이, 자식을 키울 수 있는 통로에 탈이 만들어진 것과 같습니다.
흔히 세상에서는 어린애의 얼굴을 가진 어른을 일컬어 '동안'이라고 하며, 동안을 가진 자의 내면을 살펴보면, 아직 어른스럽지 못한 어린애의 성질을 가지고 있는 순수한 자로서, 얼굴이나 목소리, 몸짓 등을 살펴보면, 어린애의 성질을 쉽게 찾아볼 수가 있으며, 동안을 가진 자를 어리게 또는 젊게 보여서 좋아한다고들 하지만, 나이가 많은 어른이 어린애의 모습을 하고 있다면, 결코 좋은 것만은 아닌 것입니다.

이렇듯 유방에서의 탈을 가진 자를 자세하게 살펴보면, 얼굴에는 '동안'을 가졌으며, 몸짓이나 목소리, 억양 등에서도 어린애와 같은 표현습관이나 성질을 가지고 있으며, 성인이면서도 철없는 어린애의 가치관으로 살아가고 있다는 것을, 조금만 관심을 가지고 살펴보면 알 수 있습니다.

여러 가지 병중에서 암은 전이되는 병으로서, 암을 가진 병자는 주변과 어울리며, 화목하고 부드럽게 함께 잘 살아가기보다는 자기의 영역을 무조건 넓히려고 하는 성질로서, 타인의 의견을 수용하거나 이해하기보다는, 거부하거나 자기만의 주장만으로 상대에게 요구하는, 내면의 어른스러움으로 성숙하지 못한 성질을 그대로 가지고 있으며, 만족하지 못하고 끝까지 자기의 욕심으로 세력을 확장하고 채우려 하며, 삶의 여유가 없이 딱딱하게 살아가는 사람의 성질로 만들어지는 병으로서, 베풀고 나누고 수용하는 여유로움을 가지게 되는 어른스러움이 부족한 자에게 발병하는 병입니다.

또한 암은 암(暗, 어두울 암)과 같이 성격이 밝지 못하여 어두우며, 무엇이든 드러낼 수 있는 자신감이 부족하여 감추게 되며, 자기의 어둡고 부끄러운 치부를 바꾸지 못하고, 점차 고착되어지는 삶에서 발병이 되며, 암은 암(岩, 바위 암)과 같이 생각의 폭이 굳고 딱딱하여 변하기 어려우며, 자기의 가치관이 더욱 넓고 큰 어른스러움의 가치관으로 자라지 못하고, 바위와 같이 아주 딱딱하게 굳은 자기의 사고의 틀을 깨지 못하는 자에게서 발병이 됩니다.

이렇듯 유방암의 치료방법은 어린애와 같이, 아직 덜 자란 가치관을 배우고 익혀서, 자기의 잘못된 문제를 찾아서 극복하며, 책임감을 가지는 어른으로서의 성숙된 가치관을 필요로 합니다.
만족하지 못하고 부족한 스스로의 삶이라 할지라도, 스스로 가진 열정으로 새로운 삶을 발견하면서 가지게 되는 희열과 환희, 그리고 삶에 대한 감사로서, 어린애가 느끼는 성장통과 같은 아픔이라 할지라도 참고 견디며 도전하면서, 어떠한 병이라도 절대로 치료를 포기하지 않겠다는 굳은 의지로서, 자신보다는 가정과 자식을 위해서라면 어떠한 병이나, 어려움이라도 극복하는 참 부모로 자라게 된다면, 치료는 이미 보장을 받은 것이라고 해도 틀림이 없습니다.

이와 같은 원인으로서 여성에게는 유방에서 나타나는 병이 남성에게서 나타나는 병은 전립선과 관련된 병입니다.
전립선에 관한 병도 이와 같아서, 여자의 유방암이나 남자의 전립선암도 인간성의 성장으로서, 그 치료법은 같다고 할 수 있습니다.

흔히 옛말에 남자는 씨앗이라고 말하며, 여자는 밭이라고 합니다.
남자의 정자는 씨앗이 되어 잉태케 하며, 잉태된 태아를 양육하는 것은 여성이므로, 씨앗을 심고 자라게 하는 밭으로 표현하였습니다.

우리글을 살펴보면 여성을 대표하는 것이 유방, 즉 젖입니다. '젖'이라는 글자는 초성 ㅈ과 중성모음 'ㅓ'의 작용으로 이어진 부호입니다.

이는 앞서 말씀을 드린 것과 같이 "오르고자 하는 의도(올)가 모여 얼로서 잉태되고, 알몸으로 태어나 울이 되어 함께 살아가는 세상살이(올이랑—얼이랑—알이랑—울이랑)"라고 하였듯이, ㅗ, ㅓ, ㅏ, ㅜ의 순서로 이어지므로 'ㅗ'에서 시작하여 ㅓ로 이어지는 순서이므로, 여성의 '젖'은 남성의 씨앗, 즉 '좆'과 이어졌음을 알 수 있는 글자입니다.

'젖'은 부모가 자식에게 일방적으로 전해 주는 태중에서의 탯줄과, 태어난 후의 젖줄로서 작용합니다.

그래서 부모는 자식에게로 향하는 위에서 아래로의 일방적인 방향으로 작용하므로, 내리사랑이라고 하며 '젖'은 **'저절로 축'**의 의미를 가지고 있으며, 'ㅣ'와 같이 위와 아래를 이어 주는 왕조시대와 같이 선택할 수 있는 폭은 좁으면서, 위와 아래의 계층을 이루는 질서가 선명한 높이의 작용을 의미하고 있습니다.

이와 반대로 민중시대에서는, 그 작용력의 표현 방향은 'ㅡ'로서 표현할 수 있으며, 위와 아래의 계층보다는 동등한 높이에서 많은 선택을 할 수 있는, 넓이의 작용을 의미하는 부호입니다.

현대시대와 같이 수평적으로 선택할 수 있는 폭이 넓으며, 평등과 같은 **'스스로 축'**의 운동성과 방향을 가지고 있습니다.

이는 부모에게서 일방적으로 태어나 자라는 **저절로의 축(ㅣ)**
과, 스스로 판단하고 살아가게 되는 **스스로의 축(ㅡ)** 이 서로
합해져서 **十** 로 이루어지게 됩니다.

그래서 유방은 '저절로'의 작용으로 태어나 살아가면서 '스스
로' 성숙하지 못함으로서 탈이 된 병이므로, 치료의 방법은
환자가 생활하는 사고방식이나, 가치관에서도 수직적인 접근
보다는 수평적인 문제의 접근으로 치료방법을 찾아야 합니다.
여성으로서 유방이나, 남성의 전립선에 병을 가진 자는 수평
적인 스스로의 문제에서 탈이 난 것이므로, 권위적이며 위아
래의 위계질서를 강조하면서도, 스스로 불리한 환경에서는 잘
못을 인정하거나, 변화로서 성숙되지 못함에서 발생되는 병이
라는 보여주고 있습니다.

물론 삶의 모든 방향에서 탈이 생긴 것이 아니므로, 환자와
생활하면서 가까이에서 자세하게 관찰하시면, 어떤 부분에서
통하지 못하고 막혔는가를 알게 됩니다.

맛있는 음식을 앞에 둔 부모는 자식이 맛있게 먹는 것으로
보람으로 알며, 스스로는 먹고 싶은 마음을 참는 것이 일반적
이지만, 유방이나 전립선으로 병 된 부모의 생각은 그렇지 않
아서, 자식은 앞으로 살아가면서 맛있는 음식을 먹을 수 있는
기회가 많으므로, 지금 앞에 놓인 맛있는 음식은 살아갈 날이
자식보다 많지 않은 부모가 당연히 먹어야 한다고 생각한다
는 것입니다.

이렇듯 통해야 하는 혈이 막혀 탈이 되고 병으로 이루어지는
것은, 막연하게 발병이 되는 것이 아니라, 관심을 가지고 살

펴보면 알 수 있을 뿐만 아니라, 심각한 병으로 만들어지기 이전에 먼저 병의 시작도 알 수 있으며, 스스로의 부족하고 미숙한 점을 찾아 내면적인 성숙을 함으로서, 자식에게 건강한 유전자를 물려주게 되며, 또한 살면서 만들어지는 스스로의 큰 병을 예방하게 되는 지혜이기도 합니다.

81. 비만과 게으름

몸집이 뚱뚱한 사람 중에는, 자신의 몸무게를 편하게 느끼는
사람들이 있습니다.
뚱뚱한 사람들 중에 아주 드물게 볼 수 있는, 이런 사람들은
진짜 축복받은 사람들이다.
이런 사람들은 자신의 현재 상태를 변화시키려고, 노력할 필
요가 없다.
오히려 자신의 뚱뚱한 생활방식 속에서 합리적인 길을 찾기
만 하면 된다.
그러나 대부분의 뚱뚱한 사람들은, 자신의 상황으로 인해 고
통을 받고 있으며, 불행하다고 느끼고 있다.
또한 자신의 비만 상태로 인해 정서적으로 억눌리고 있으며,
손해를 보고 있다는 생각을 가지고 있다.

- 요쉬카 피셔의 《나는 달린다》 중에서 -

요쉬카 피셔는 뚱뚱한 사람 중에서 드물게 행복을 느끼는 사
람들은 축복받은 사람들이라고 했으나, 그들이 설령 행복을
느낀다고 하더라도 뚱뚱한 사람이 그렇지 않은 사람을 보고
부러워하지 않는다면, 그것은 거짓이거나 날씬함의 즐거움을
모르는 자이다.
만약 뚱뚱한 그가 날씬함의 자유스러움과 뚱뚱함의 부자유스
러움을 안다면 말이다.
야윈 사람이 야윈 자신에 대해서 불만이 없다고 하더라도, 야
위지 않기를 바라는 것은 당연한 것이다.

뚱뚱한 자가 스스로 편안하다 하여 변화하기를 거부한다면,
그는 축복받은 자가 아니라 게으른 자이다.
만약, 언제든지 뚱뚱한 자신을 야위게 보일 정도로 변화하게
할 수 있다면, 그는 이미 축복을 줄 수도 있는 자유인이다.

* 비만은 바라는 만큼의 결과를 이루기 위한 노력을 포기하
는, 욕심 많고 게으른 자의 모습입니다.

82. 딸꾹질의 치료법

딸꾹질의 정도에 따라서 각각의 처방이 다릅니다.
아주 심한 경우를 제외하고, 일상에서 당장 해볼 수 있는 치료법은
'따뜻한 물 마시기'
'갑자기 꼬집거나 어깨, 등을 쳐서 놀래키기'
'울리거나 놀라게 해서 시각의 방향을 돌려서, 딸꾹질을 잊게 하는 방법'
'온몸의 근육을 풀어 주기' 등의 방법을 사용하면 효과를 볼 수 있습니다.
그러나 예고 없이 갑자기 생기는 딸꾹질이 심할 경우에는, 한 방의 처방으로 약재를 달여 마셔야 하지만, 평소에 준비해 놓고 있는 경우도 많지 않아서, 어디를 방문하여 치료받을 때까지는 아주 괴로운 시간이게 됩니다.

제일 좋은 방법은 스스로 인체와 병리공부를 하여 스스로 처방하고, 준비된 약재나 의료기구나 운동기구 등으로 치료를 일상에서 할 수 있다면, 제일 좋은 방법이라고 할 수 있습니다.
시간이나 장소에 따라서 작용하지 않는 우리의 인체는 병이나, 부작용들을 특별한 약재나 치료기구를 사용하지 않고도, 치료할 수 있는 도구로서의 아주 좋은 몸으로 구성되어 있습니다.
몇 시간을 멈추지 않고 아주 심하게, 딸꾹질을 하는 경우에는

가슴과 머리에까지 고통을 주게 됩니다.

이러한 경우에는 우선 숨을 크게 들여 마시고, 천천히 길게 내쉬면서 계속하여 반복하십시오.

그리고 두 팔 중에 힘이 센 팔로서, 보통은 오른손잡이이므로 오른손의 힘이 가장 센 엄지손가락으로 사용하십시오.

가슴과 목뼈가 시작되는 경계 지점에 있는 양쪽 어깨로 가로 놓인 쇄골(빗장뼈)을 찾으시고, 쇄골의 중간 지점에 있는 뼈가 오목하게 움푹 파인 곳을 찾아서, 그곳을 중심으로 해서 왼쪽으로 5cm, 그리고 아래쪽으로 5cm 옮기면 평원처럼 평평한 부분을 찾을 수 있습니다.

그 평평한 곳을 아주 강한 힘으로 엄지손가락의 끝부분에 힘을 모아서, 강하게 누르면서 비비고 문질러 주십시오.

그렇게 하면 많이 아프지만, 점차 긴장되어 경직된 혈이 풀어지면서, 조금씩 덜 아프게 된다는 것도 알게 됩니다.

처음엔 강하게 눌러서 아픈가 하고 생각하지만, 아주 약하게 문질러도 아프다는 것을 알 수 있습니다.

그렇게 아프더라도 참으며 스스로 치료하여 딸꾹질을 멈출 수만 있다면, 이 정도의 아픔 정도는 별 문제도 아니겠지요.

정말 많이 아픕니다.

막히고 굳은 혈을 풀어내는 방법이므로, 참을 수 있을 정도의 아픔까지는 참으면서, 계속하여 강하게 비벼 주십시오.

그리고 아픈 부위에 잠시 휴식 삼아서, 다시 쇄골의 중심부에서 오른쪽으로 5cm, 아랫쪽으로 5cm의 지점을 찾아서, 앞서 왼쪽 부위에서 하셨던 것처럼, 아주 강하게 누르면서 주변으로 문질러 주십시오.

비벼 주다 보면 특히 많이 아픈 부분을 찾을 수 있습니다.

그곳을 집중적으로 강하게 누르면서 주변을 문질러 주십시오.

딸꾹질의 정도와 건강의 정도에 따라서 치료시간도 다르지만, 10시간 이상 멈추지 않고 딸꾹질을 계속하는 여성의 치료에서는 30분 정도의 치료로서, 완전하게 멈추게 되었습니다.

그 환자는 가끔 딸꾹질을 한번 시작하면 워낙에 멈추지 않고, 계속하므로 주변의 지인에게도 모두 알려져 있을 정도로, 상태가 아주 심각하였던 경우였습니다.

일반적으로 딸꾹질을 하게 되는 경우는, 위장과 심장의 기혈이 원활하지 않으므로, 탈이 될 수 있다는 적신호로서 병을 일찍 예견할 수 있는 척도이기도 합니다.

심장에 있는 횡경막의 경련이라고 합니다만, 무엇보다도 평소의 생활에서 긴장되어, 딱딱하게 굳어져 가는 몸을 운동이나, 산행으로 부드럽게 풀어 주어, 몸도 마음도 부드럽게 살아갈 수 있도록 많은 노력을 해야 합니다.

강하고 딱딱한 생활과 생각, 성격을 부드럽고 긍정적으로 바꾸도록 노력하는 것도 아주 중요합니다.

치료를 받아서 당장의 딸꾹질을 멈추게 하는 것도 중요하지만, 처음엔 힘들더라도 조금씩 멈추지 말고, 포기하지 말고 혈을 풀어내는 방법으로 계속해 보시면 스스로의 치료뿐만 아니라, 다른 분을 치료할 수 있을 만큼의 전문가가 될 수 있습니다.

딸꾹질로 힘들어하는 주변 분들을 도와줄 수 있을 만큼 전문가가 된다면, 지금의 딸꾹질은 나를 전문가로 만들게 되는 계기가 되므로, 딸꾹질은 나에게는 아주 똑똑한 효자로서의 작용이 되기도 합니다.

83. 불임여성에 대한 치료법

현대병의 원인을 스트레스라고 한다면, 만병이 적용되는 시대에 살아가고 있습니다.

스트레스는 반복적인 충격으로 발생하는 병원입니다.

예를 들어 어떤 작업을 할 때, 사용하는 철사처럼 감아서 계속 조이기만 한다면, 아무리 강한 철사도 끊어지게 됩니다.

사람의 인체도 그와 같아서, 각 장부의 기능을 잘못하게 될 뿐만 아니라, 여러 혈관도 막히거나 끊어지고, 그 영향으로 관련된 각 기관에서 탈을 일으키게 됩니다.

이러한 문제로 남자에게서 발생하는 정자의 감소, 발기부전, 또는 무정자의 작용으로 수정이 불가하게 됩니다.

이러한 현상은 우리가 흔히 알고 있는 상식이기도 합니다.

오늘 말씀을 드리고 싶은 것은 여성을 탓하려고 하는 것이 아니라, 여성에게서 발생하는 불임의 원인은 어떻게 만들어지며, 그 치료법은 어떻게 해야 하는가에 대해서, 세상에서 알려지지 않은 저의 말씀을 알려 드리려고 합니다.

우리가 알고 있는 상식과 같이, 여성은 애기집에서 정자와 난자가 만나서 수정을 하게 되며, 여성은 태를 가지게 되어 수정란은 비로소, 태벽에 자리를 잡고 애기를 잉태하는 것이 순서입니다.

이렇게 자라는 애기가 잘 자라서 탯줄을 자르고, 비로소 엄마와 분리된 인격체로 태어나게 됩니다.

오늘은 여성의 불임에 대해서 말씀을 드리려 하므로, 임신해서 유산되기 쉬운 여성과 너무 자주 임신하는 여성의 체질은 다음의 기회로 미루기로 하겠습니다.

정자와 난자가 만나면 정자의 강한 침투력으로, 저절로 문을 열고 맞이하는 난자는 쉽게 수정이 됩니다만, 여성의 난자가 쉽게 문을 열어 주지 않으면, 정자는 아무리 강력한 힘이라 하더라도 문을 부수듯이 강제로 수정할 수는 없습니다.

난자가 문을 열어 주고 싶어도 스스로 문을 열지 못하면, 인공수정으로 아기를 가지게 됩니다.

이때 사용하는 방법은 주사기 속에 들어 있는 정자를, 아주 쉽게 여성의 배란기 때에 나타나는 난자에게 다가가서 정자를 난자 속으로 강제로 주입하여 수정케 하는 것입니다.

그러나 정자의 힘이 약함으로 인해서 임신이 되지 않는 경우에 사용하는 방법이지만, 여성의 난자가 건강한 정자를 만나도 스스로 문을 열지 못할 때도 이렇게 인공수정을 합니다,

이렇게 서론을 장황하게 설명을 드리는 이유는, 여성이 불임의 원인일 때에 인공수정을 하지 않고서, 임신을 할 수 있는 방법과 그 원인을 말씀을 드리려고 하는 것입니다.

우선 여성에게서 불임의 원인이 무엇이 있을까요?

이 글을 읽는 여성분은 아직 임신하기 전이라면, 스스로 판단해 볼 수 있습니다.

우리의 몸은 자기의 가치관이나, 정신적 사고방식, 환경 등의 요인으로 몸이 변화하므로, 몸을 보면 그의 현재까지의 삶을 전부는 아니라도 많은 부분을 알 수 있습니다.

또한 그가 가진 병을 보면 어떻게 살고 있는가를 알 수 있습

니다.

그래서 병의 치료도 몸집만 치료하면, 완치 후 약간의 시간이 지나면, 또 병이 자라게 되는 경우를 자주 볼 수 있습니다.

그 이유는 근원적 원인인 정신이나, 가치관, 사고방식의 변화 없이는 일시적인 통증 완화의 연장과 같기 때문입니다.

병이 정신을 바꾼다고 합니다,

병과 정신은 서로 이어져 있으므로 영향을 줄 수 있습니다. 그러나 정신을 변화시키지 못하고, 몸집만 치료해서는 틀림없이 재발하므로, 병의 뿌리가 되는 정신이 꼭 변화하여야 건강한 유전자를 전할 수 있습니다.

몸집의 주인은 몸, 즉 정신이라는 뜻입니다.

그래서 여성의 불임 원인을 살펴보면 난자, 즉 알입니다.

알은 알의 껍질과 속으로 이루어져 있으며, 알의 껍질이 너무 단단하면 병아리가 스스로 알의 껍질을 깨고 나올 수 없듯이, 난자는 건강한 정자를 만나고서도 스스로 문을 열지 못하는 이유로서, 그의 알껍질이 너무나 단단하기 때문입니다.

이렇게 알의 껍질이 단단한 자는, 평소 생활하면서 보람있는 일에서 감동받지 않거나, 스스로의 가치관이 고정되어 변화되는 환경을 너무 어려워한다는 것을, 평소의 생활로서 관찰할 수가 있습니다.

속으로는 진짜 좋아하거나 싫어해도, 좋다거나 싫다고 자기의 감정을 밖으로 드러내지 못하고, 상식적이거나 지식으로 스스로를 꽉 조이면서 살아가므로, 스스로 대문을 열고 나올 수 없을 정도로 새로움을 접하는 세상에 대한 두려움도 가지고 있습니다.

이런 여성분에게는 병원을 찾기보다는 옆에서 다독이며, 함께 여행을 하면서 스스로 자기감정을 표현할 수 있는 기회를 주고, 스스로 문을 열고 나오기를 기다려야 합니다.

이때 설령 부모나 남편이라 하더라도 주변에서 너무 강하게 문을 열게 되면, 성인으로서도 더욱 문을 강하게 잠궈 버리거나, 상처를 받아 고통도 표현하지 못하고, 또 다른 병을 키우면서 살아가게 됩니다.

육체가 건강하게 성장한 여인이라 하더라도, 그의 내면에는 아직 성숙하지 못하면, 아주 여린 여자애와 같이 영적인 성장이 아주 느리게 자라므로, 난자의 딱딱한 알껍질과 같이 딱딱하게 고정된 자기의 가치관을 가졌음을 알 수 있습니다.

그래서 성급해하지 말고, 먼저 보여 주고 스스로 다가오기를 기다리면서, 자기 속에 가진 감정을 자연스럽게 표현하는 법을 알려 주며, 연습을 하면서 기다려야 합니다.

그렇게 함으로서 내면의 성장을 도우는 것으로, 난자의 알껍질은 부드러워지게 되어, 스스로 문을 열고 나오게 되는 치료법이며, 집안 혈통의 유전자를 바꾸는 방법이며, 다시는 자손이 귀한 집안이 아닌, 자손이 번성하게 되는 이유입니다.

그리고 그 자손까지도 다시는 같은 병으로 힘들어 하지 않아도 되는, 근원의 뿌리를 뽑는 완전한 치료법이기도 합니다.

84. 우울증 치료법과 결과

우울증은
정반대의 방법으로 치료되는 병증입니다.
매주 연속해서 자기의 집과 가까운 산에 오르시면 저절로 치
료되므로 아기처럼 보채지 마시고,
성급하게 하지 마시고
천천히 시작하십시오.
약속할 수 있습니다.

혜자가 살아가는 동네의 주변에 우울증을 앓는 분을 어떠한
모임에서 알게 되었습니다.
그분께서는 저에게 우울증의 치료를 도와달라는 요청을 하였
습니다.
우울증의 치료는 조그만 주변의 언덕길을 오르면, 저절로 치
료가 된다고 여러 번을 말씀을 드렸으나, 너무 쉬웠는지 아니
면, 얘기하는 사람을 믿지 못하였는지는 모르겠으나, 저의 말
에 따르지 않았습니다.
그 후 몇 개월이 지나고, 제게 다시 연락을 하면서 우울증으
로 고생을 하고 있으며, 병원에서 치료를 받아도 차도가 없음
을 호소하며, 우울증의 치료를 간곡히 요청하였습니다.
그러나 저는 "제가 드린 말씀에 따르지 않는데, 어찌 제게 치
료를 원하십니까?"라고 말씀을 드리면서, 또 예전과 같은 방
법으로 치료할 것을 권했습니다.

내가 장담컨대 실천하기가 쉽지 않을 텐데, 그래도 치료하시려면 언덕보다도 처음에는 걷는 운동부터 꼭 실천하라고 신신당부하면서, 그분도 그렇게 하겠노라고 하면서 전화통화를 마쳤습니다.

그 후 2개월이 좀 더 지나고서, 치료법의 실천과 병세의 차도가 궁금하여 제가 연락을 드렸습니다.

전화를 받으시는 목소리가 예전과 다름을 금방 알 수 있을 정도로 목소리가 맑으며, 힘이 들어 있음을 느끼면서 그간의 실천에 대해서 물었습니다.

그분은 걷기운동과 집에서는 백팔배를 매일 하고 있다고 했습니다.

그래서 전보다는 건강상태가 훨씬 좋아졌음을 알리고, 이제는 조그만 언덕이나 동산에 오를 것을 권했습니다.

저는 그분의 목소리를 듣는 순간, 이미 그의 우울증은 곧 완치가 예정되었음을 알았습니다.

우울증은 혼자 살아가는 분보다는, 보통은 부부가 함께 살아가는 분에게 많이 나타납니다.

우울증은 자기가 살아가는 삶의 방향을 잃어버린, 이유로서 나타나는 육체적 병증이며, 가장 큰 근원적 이유로서 스스로 내면의 성숙한 어른으로서, 자람이 되지 못 한 데 있습니다.

물질적 육체에서 나타나는 증상은 비물질적 정신으로 치료되며, 비물질적 정신의 문제는 물질적 육체로서 치료를 해야 합니다.

이는 정신의 작용에서 육체를 움직이며, 육체의 제한되는 움직임은 자유로운 정신의 기능을 유지하지 못하게 하므로, 치료법은 반대의 방법에서 찾아야 하는 것입니다.

우울증의 증상은 육체적 문제는 전혀 없으나, 아무 일도 할
수 없을 만큼 무기력하여, 모든 것에 의욕이 없어서 스스로의
목숨까지도 포기하는 무서운 병입니다.
바다에서 크고 작은 파도를 만나면서 헤쳐 나가는 배의 선장
은 유능한 선장이라 할 수 있습니다.
인생의 항해를 오랫동안 운항하다가 지나온 세월을 돌이켜보
니, 바다 한가운데서 예전에 내가 소원했던 일들과는 너무 멀
어지는 삶을 돌아보게 되면서, 앞으로 항해해야 하는 삶의 가
치를 상실한 것과 같습니다.
그러나 이제껏 타고 온 배에는 파손된 곳도 없으며, 기름도
많아서 운행하는 데는 전혀 문제가 없음에도, 선장으로서 지
금까지 힘들게 살아온 과거를 돌아보면, 자신이 이루어 놓은
것이 특별하게 내세울 것이 없음에, 자신감을 상실하여 발생
하는 현상입니다.

이러한 증상에서의 치료법은, 지금까지의 삶에서 타고 온 배
는 전혀 문제없이, 앞으로도 충분하게 잘 나아갈 수 있음을
스스로 알게 하며, 지금까지 힘들게 살아온 과정이 평범하지
만, 평범함이 결코 쉽거나 헛되지 않으며, 지금까지의 삶에서
의 경험으로서 새롭게 도전하며, 이룰 수 있는 희망을 가지기
에 충분함을 바르게 인식하는 것입니다.
자신의 육체적인 조그만 어려움을 만들어, 반복적으로 지속하
면서 우울증을 치료 할 수 있다는 자신감을 회복하는 것이
그 치료법입니다.

85. 호언장담과 쓸개

호언이라 함은 '의기양양하게 하는 말'이라는 뜻이며, '장담'이라 함은 '확신에 찬 호기로운 말'의 의미입니다.

그래서 '호언장담'이라는 말은, 분수에 맞지 않게 가볍고 쉽게, 사실 이상으로 과장하는 말이라는 뜻이게 됩니다.

말은 알고 있는 것을 밖으로 표현하여 전달되게 하는 도구로서, 소리와는 다르게 조리가 있어야 하며, 전하고자 하는 정보가 정확하게 함축되어져야, 비로소 '말'이라고 할 수 있습니다.

말은 이렇듯 '속으로 알고 있음'의 의미를 속으로 가지고 있으므로, 초성자음 ㅁ은 ⬚처럼 말의 속을 보면 **알**로서 보이듯이, 자세하게 살피지 않으면 보이지 않고 알 수 없는 열정과 같습니다.

열정이 많은 사람은 어떤 일이든지, 열심히 하므로 열정으로 살아가게 됩니다.

열정이 많으면 말도 많아지게 됩니다.

이런 이치로서 '말 많은 사람은 일이 없다.'라고 하면 틀린 말이지만, 다시 살펴보면 '일이 없다.'라는 뜻은 연속적이지 못할 때면, 언제나 하던 일도 일손을 놓게 되므로, 해야 할 일을 열정으로 하게 됩니다.

또 다른 일은 더 이상 할 일이 없어지게 되어, 결과적으로는 해야 할 일이 전혀 없어지게 된다는 말입니다.

도(道)도 마찬가지입니다.

도라고 하는 것을 만약 도적질하는 방법이라고 한다면, 누구나 비웃겠지만 잘 살펴보면 맞는 말이라는 것을 알게 됩니다. 우리가 알고 있는 도(道)를 이룬 사람은 도와주고, 알려 주고, 할 일 해 주고, 준비되지 못한 자에게는 준비를 할 수 있게 지도하는 자를 말합니다.

그러나 도와준다는 것은 '도'와 '주는 것'을 뜻하며, 다시 이어서 읽어 보면 '도로 와주는 것'으로 읽혀지듯이, '도'와 '주는 것'의 의미는 '받아 주다'라는 말과 같습니다.

'받아 주다'라는 말은 '받는 것'과 '주는 것'을 함께하는 의미로서, 겉으로 보이는 것은 받는 것으로 보이지만, 보이지 않는 속으로의 의미는 주는 것으로 알게 합니다.

'주다'라는 것의 의미는, '줌으로써 줄어지게 하다'는 의미를 함께 가지고 있는 말입니다.

그렇게 본다면 '주어야 줄어지는 것'은 어떤 것이 있을까요?

알고 있는 지식일까요? 사랑?, 희생?, 재물?

그렇습니다.

재물은 남에게 주면 줄어드는 것으로 보이지만, 오히려 늘어나게 되는 것이 재물입니다.

왜냐하면, 이 세상은 공짜가 없다는 것을 여러분은 모두가 알고 있습니다.

그렇다면 무엇이 주는 만큼 줄어들게 될까요?

그렇습니다.

없습니다.

이 세상에서 주는 만큼 줄어드는 것은 아무것도 없습니다.

여기 오신 여러분께서는 이렇게 호언장담 하십시오.
"주는 만큼 줄어드는 것은 없다."라고 하셔도 됩니다.
다시 읽어 보십시오.
'받아 주는' 이유가 여기에 있습니다.
받고서도 줄 수 있는 이유는 오히려 줌으로서 늘어나게 된다
는 것을 알고 있는 자의 마음입니다.
말이면서 마음이 담겨져 있어야, 비로소 '호언'할 수 있습니다.
'호언'은 큰소리 떵떵 치는 허풍 같은 말과는 다르다는 것을
말씀드리면서, '장담'하는 한 가지는 **"이 세상에는 주어야 늘
어난다."**는 것입니다.

이글을 읽으시는 여러분은 장담하십시오.
주어야 하는 이유에 대해서, 여기 오지 못한 분들에게 가셔서
장담하셔도 됩니다.
인생이 지금처럼 이렇게만 유지할 수 있어도 좋은 이유는, 점
점 나빠지고 있다는 것을 이미 알고 있음입니다.
여러분께서는 주저하지 마시고, 준비하지 않으시고도, 그저
그렇게 여기저기에서 호언장담하셔도 됩니다.
"인정사정 볼 거 없다."라고요.
왜냐 구요?
인정사정 볼 거 다 봐 주면서 살아가기에는 너무 짧은 게 인
생이라고 합니다.
이 말은 여기 오시는 나이 많이 드신 분일수록 공감하시는
말입니다.
인생은 정말 짧습니다.
우리가 언제 태어나서 어떻게 배우고 자라서, 이렇게 살아 왔

다는 것을 쉽게 얘기할 수 있을 정도로, 간단한 인생이기 때문입니다.

인생은 아무나 살게 하듯이, 아무도 잘 사는 법에 대해서는 모르고 있습니다.

이제는 호언장담하십시오.

"인생이 너무 짧다."라는 것을 인생을 많이 살아 보신 분들에게 물어보시면 확실합니다.

오늘 이글을 읽으시는 분들은 이제부터 호언장담하십시오.

"우리의 몸속에 있는 어느 장기는, 준비된 자리에서 보호를 받으면서 살아가고 있다."라고요.

우리의 몸에서 준비된 자리에서 보호받으면서 살아가는 장기는 '쓸개(담)'입니다.

쓸개는 씁쓸한 맛을 가지므로 쓸개라고, 이름 지어졌으리라고 생각하신다면 크게 잘못 생각하시는 겁니다.

'쓸개'는 '쓸 수 있는 장기'라는 의미로, 쓰여 지도록 만들어졌습니다.

어디에 어떻게 쓰이느냐 구요?

간의 아랫부분에 숨겨져 붙어 있는 쓸개의 일반적인 작용은, 쓸개관을 통하여 위장으로 흘러가서, 위장에 모여 있는 음식물의 영양분이 쉽게 흡수될 수 있도록, 삭히는 작용을 합니다.

그러나 쓸개는 알려진 일반적인 작용 외에도, 길이가 6m 정도나 되는 소장이 꼬이게 되면, 쓸개의 즙(담즙)을 흘려보내어 힘을 주게 함으로서, 꼬여진 창자를 풀어지게 합니다.

우리는 보이는 것으로만 알고 판단하므로, 무시하고 함부로 하기 때문에 이렇게 보이지 않는 곳에서도, 쓸개는 쓰이고 있습니다.

두 사람이 서로 싸움을 하게 되면, 쓸개처럼 나아가서 풀어 주십시오.

누가 옳고 무엇이 틀렸는지 말하지 마시고, 주연배우와 조연배우가 함께하는 연극처럼, 여기 이글을 읽으신 분들께서는 일성으로 일갈하십시오.

"둘 다 오늘은 참아라."라고요.

그러면 둘 다 오늘이 무슨 날인가 싶어서, 한숨을 돌리게 됩니다.

이럴 때에 쓸개가 쓰이게 됩니다.

"오늘은 이렇게 싸우고 있을 때, 쓸개는 터지려고 준비를 하고 있다."라고 하십시오.

그러면 싸우던 두 분은 무슨 뜻인지 몰라서, 의아하여 쳐다보겠지요.

그리고는 이렇게 말씀하십시오.

"오늘은 좋은 날이다."라고요.

그렇게 말하면, 싸우던 두 분은 더욱 궁금해 여기겠지요.

준비된 자가 탈출하는 것은, 함께하고 있어도 준비되지 못하면 탈출하지 못하듯이, 간에게 둘러 싸여서 지탱하고 있는 작은 쓸개는, "일찍 일어나는 자에게는 일을 하도록 하고, 자주 싸우게 하는 자에게는 말을 하게 만든다."라고 하십시오.

'말 많은 사람이 일 없다.'라는 말은 틀리지 않았다는 것을 알려 드리면서, 장담하는 말이 길면 대문과 함께하는 경계로서의 담도 길게 되는 것을 장담이라 하므로, 담을 줄이게 하는 의미로서, 대문을 크게 지으면 담을 줄이게 되므로, 장담(긴

담벼락, 긴 쓸개)은, 단담(짧은 담벼락, 짧은 쓸개)으로 되겠지요.

'대문 단담', '소문 장담' 이렇게 대문을 크게 만듦으로서, 담을 줄이기보다는 우리집의 담을 허물어서 줄이면 쉽게 되는 것을, 대문만 크게 만들려고 하므로 서로 다투게 되는 이치입니다.
호언장담. 이렇게 하셔도 됩니다.
여기 오신 분들은 닫힌 마음의 문을 허물어 크게 이룬 자와, 문을 꼭꼭 걸어 잠궈서 큰 대문조차도 담이 되어버린 담이 큰 자와, 서로 싸우면 누가 이길 것으로 생각이 됩니까?
호언장담하셔도 됩니다.

"참체질은
자기를 낮추고
모여서도 안 보이게 도와주는 자입니다."

86. 묶여 있는 인생

인생을 새처럼 자유롭게 살아가려는 자는

묶여 있어야 힘을 기르게 되는 것으로

인간은

확연하여야 새로움에 도전하는 자로서

묶여 있어야 남게 되는 것이다.

이것이 인간과 신이 다른 이유이다.

묶인 줄을 끝까지 포기하지 않고 헤쳐 나가다 보면,

이미 하늘을 날고 있는 자신을 알게 되는 것이다.

줄은 이렇게 묶어 놓기도 하지만,

힘을 기르게 하여 스스로를 안정되게 하기도 하므로

줄은 자기의 마음과도 같은 것이다.

'**힘들다**'라는 말은 '**힘 들어 있다**'라는 말과 같습니다.

87. 청실홍실

업보인가 하다가도 만족하고,
세상살이인가 하다가도 불만이고,
인정하자라고 하다가도 잊어버리는
청실과 홍실은
서로 다른 색이어야 세상을 아름답게 수놓을
좋은 한 필의 옷감이다.

88. 부부의 자리

부부의 자리는 한 이불을 덮고 자면 좋은 자리입니다.
부부의 애정은
한 개의 베개로서 베면 애정은 자라나게 됩니다.

부부의 할 일은
한마디 말보다 신뢰하는 정으로 만들어지게 살짝 안아 주시면
신혼처럼 재미있게 살아가게 됩니다.

부부의 보람은
밥이 가지는 맛과 같아서 찾아보면 보이게 되며,
약속으로 지키고 살아가는 책임이면서 재미나게 살아가는 법
입니다.

주전자와 베개처럼 속에는 밥처럼 맛을 알아보는 자에게만
보이듯이,
주전자도 주전자의 속에 들어 있는 술이
술잔에 따라서 마시게 되어야 술맛을 알게 되듯이
술잔 없이 마시는 술은
밥맛 모르고 밥 먹는 것과 같습니다.

베개의 속은 푹신한 속으로 채우지만,
아무도 매일 살피지 않으며,
좋은 잠자리를 만들어 주는 것이 베개의 하는 일로서

우연히 만나서 평생을 살아가는 부부와 같이
그의 속을 살피지 않는 것과 같습니다.

이렇게 베개가 하는 일은 중요하지만,
그 속을 살피지 않는 이유는
그만큼 무관심하게 살아가면서
재미없게 살아가는 이유이기도 합니다.

보이는 것으로 살펴보면, 잘 보여 주는 이 세상은
참으로 애매한 자들이 살아가고 있습니다.
애를 써야 할지
매를 써야 할지
모르는 것을 '애매하다'라고 하듯이,
애정과 매정으로 살아가는 우리의 속처럼
조금씩 가진 것으로서도 충분하게 재미나게 살아갈 수 있습
니다.

주어진 자기의 환경에서 배우고
살아가는 세상이 참으로 아름답습니다.

89. 법청사 돌부처님은 효험도 많으시지

공부를 하다가보면 여러 과정마다 마무리가 될 때면, 그러한 공부를 직접 사용해 볼 수 있는 동기가 저절로 만들어짐과, 그 능력을 사용함으로서 알게 되는 메카니즘으로, 세상을 또는 자신의 속을 좀 더 깊이 있게 알도록 합니다.

10년도 훨씬 더 지난 일입니다.
최근에 제가 10년도 더 지난 오래전의 이야기를 하느냐고 묻는 분이 계셨습니다.
답변을 드리기를 최근의 일을 말씀을 드리면, 당사자가 드러나서 혹시나 개인적 정보나, 명예에 영향을 미칠 수 있어서 가능한 피하고 있습니다. 라고 말씀을 드렸습니다.

평소에 알고 지내던 단식요가원 원장님에게 볼일이 있어서 잠시 들러서 차를 마시고 있을 때, 서로 인사정도 할 만큼 알고 지내던 비구니스님께서, 안면이 없는 어떤 아가씨를 데리고 요가원으로 들어 오셨습니다.
몇 번 뵌 스님이라 서로 인사를 하고, 절에 놀러오라는 말씀을 들으면서, 저는 볼일을 마치고 요가원을 나왔습니다.
2일정도 지나서 문득 비구니스님이 하신 말씀이 생각나서, 퇴근길에 들러 볼 수 있는 곳이라서 발걸음을 절로 옮겼습니다.
절은 창원시내에 있는 창원병원의 뒤쪽에 작은 동네에 있습니다.

법청사라는 조그마한 절인데, 다른 절과는 다르게 부처님을 대웅전이 아닌, 바깥에 누각을 지어 모셔져 있습니다.

예전에 어느 스님께서 선몽으로 법당 마당에 부처님이 묻혀 있는 꿈을 꾸고서, 마당을 파니까 석불이 나오게 되어, 그래서 지금은 석불을 모시고 있는 절이기도 합니다.

퇴근 후 날씨가 어두워질 무렵에 도착했는데, 스님은 보이지 않고 이틀 전에 보았던 아가씨 혼자서 저녁밥을 먹고 있었습니다. 스님께서는 동네의 어린애들을 모아, 법당에서 천자문을 가르친다고 하였습니다.

아가씨는 저녁을 마친 후, 한약 한 봉지를 마신 뒤에 바로 앉은자리에서 꾸벅꾸벅 조는 것이었습니다.

외부의 손님과 함께 자리하고 있음에도 졸고 있으므로, 제가 묻기를 저녁을 먹고 금방 약을 먹고서는 조는데, 무슨 연유냐고 물었습니다.

그 아가씨는 이틀 전에 요가단식원에서 뵈었을 때, 그날 처음 이곳으로 법청사에 왔으며, 이곳 부처님께서 영험이 있다는 소문을 경기도에서 듣고, 치료차 왔다고 했습니다.

스님이 애들을 가르치고 오실 때까지는 시간 여유가 있어서, 몸을 조금 도와줄 요량으로, 제가 아가씨의 등을 볼 수 있도록 돌아앉게 했습니다.

아가씨의 몸에서 어떤 변화의 작용이나, 현상이 있는가를 잘 관찰하게 하고는 기치료를 하기 시작했습니다.

이윽고 10분 정도가 지나자 치료의 마무리가 되었습니다.

그래서 서로 마주앉게 하고는, 몸에서 어떤 변화가 있었는가를 물었습니다.

제가 기치료를 한 뒤 조금 지나자, 자신의 몸속에서 무엇인가를 밖으로 내보내는 힘을 저절로 쓰게 되는데, 몸속에서는 무엇인가가 나가지 않으려고 버티다가, 결국에는 몸 밖으로 빠져나갔으며, 앉은 자리의 옆에 있는 쇼파 밑으로 기어가듯이 빠져나가는 것이 보였는데, 모양이 아주 큰 뱀의 형상이라고 했습니다.

기치료를 받은 지금의 몸은 아주 가볍고, 머리도 훨씬 맑아졌다고 하였습니다.

그러면서 몸과 마음이 엉망이 된 지나온 과거를 이야기를 하였습니다.

자기가 고등학교 다닐 때에, 아버지가 집 담벼락에 기어가는 큰 구렁이를 잡아 죽였던 일이 있었는데, 그 이후에 아버지와 어머니, 작은아버지가 원인도 모르게 차례로 죽었으며, 친언니가 이상한 행동을 해서 무당을 불러, 큰 굿을 하고서야 정상이 되었다는 얘기를 하였습니다.

그 이후에 무엇인가 자기에게서 이상한 작용이 일어났는데, 동맥을 끊는 자살을 두 번이나 했었으며, 가정은 완전히 풍비박산이 되고, 자신은 직장도 잃고 벌어둔 돈 조차 치료비로 다 쓰고, 겨우 창원으로 오는 차비만 마련하여 꼭 치료하고자 하는 간절함으로, 법청사로 오게 되었다는 지금까지의 가족 이야기를 했습니다.

이야기를 다 들으며, 치료도 다 되었음을 말하면서 다시는 그러한 일이 없을 것이라고 하였습니다.

아가씨는 고마움으로 치료비로 감사의 마음을 표하고 싶다고 해서, 웃으며 창원으로 올 때도 겨우 차비만 가지고 왔는데, 어떻게 그렇게 할 수 있겠느냐면서 웃었습니다.

잠시 애기를 나누는 중에, 혼자서 아가씨의 변화된 몸 상태를 점검하고, 마무리 처리를 모르게 하였습니다.

스님께서는 시간이 지났음에도 수업을 마치지 않으셨는지, 오시지 않는 것을 보고서는, 아가씨의 치료를 위해서 방해가 되지 않도록, 저절로 이루어지는 당연한 결과라는 생각이 들면서, 내가 할 일을 다 했다는 느낌을 가지며 자리에서 일어났습니다.

아가씨에게는 제가 왔다갔다라고 전해달라고 하면서 절문을 나섰습니다.

돌아오는 중에 혼자 생각하기를 참으로 기구한 운명임과 그리고, 본인과 전혀 관련이 없는 일에 혈통으로 이어진 가족이라는 이유로, 너무나 큰 고통을 받아야 하는 이유를 알 수가 없었습니다.

그래서 옛말에 '애꿎은 놈 옆에 있으면 벼락 맞는다'라고 했을까요?

한 개의 통에 함께하는 것을 '한통속'이라고 합니다.

바른 공부하는 수도자의 옆에 있으면 함께 공부하게 되고, 바른 지도자 옆에서는 바른 지도를 받게 되는 것은, 어두운 밤길이라 하더라도 한 개의 횃불로서 주변을 밝히게 되는 것처럼, 함께 하는 것으로도 밝은 길을 살아가게 됩니다.

3일후에 그 아가씨의 근황이 궁금하여 법청사의 스님에게 전화를 드렸더니, 치료받은 다음날 집으로 돌아갔다는 애기를 전해 들었습니다.

전화를 끊고 혼자서 빙긋이 미소를 짓습니다.

이글을 쓰는 오늘날까지도 법청사에 다시 들러볼 일이 없는
것은, 필요로 하는 분이 없음이 아닌가 하는 생각도 합니다.
혹시 인연이 되시는 분들은 한번 들러서 기도를 하셔도 좋을
듯합니다.

정말, 법청사 돌부처님은 효험이 있구나.
그것도 아주 큰 효험이.....ㅎㅎ

90. 애플의 심벌마크

최근 자료에 의하면 스마트 폰 시장의 시장점유율은 삼성과 애플이 비슷하지만, 전체수익을 보면 애플이 50% 이상 차지하고, 삼성이 20%정도를 차지한다고 합니다.
애플의 심벌마크를 얘기하려다가 각사의 수익에 대해서 먼저 말씀드리는 것은, 애플과 창업자 스티브잡스의 정신이 깃든 회사와 제품의 독특하고, 우수함은 누구나 알고 있는 사실입니다.
애플사의 심벌마크는 누구나 알고 있듯이, 한 개의 사과를 크게 한입 베어 먹은 그림입니다.
창업당시 사무실 겸 개발실로 사용하던 스티브잡스의 차고에서, 공동창업자와 함께 심벌마크를 고민하다가 먹다가 잠시 놔둔 사과를 보고서, 이이디어를 얻어 회사이름과 심벌마크를 만들었다고 전해집니다.

오늘 제가 많은 분들이 이미 알고 계시는 내용을 말씀드리는 이유는, 제가 처음 이러한 내용을 접했을 때 뭔가 사용 동기가 가려졌거나, 속을 보지 못하고 겉만 보여지는듯해서, 조금의 의문을 가졌습니다.
천재로 알려진 스티브잡스가 먹다가 놔둔 사과에게서, 도대체 어떤 의미를 찾았었길래 그 아이디어를 사용하게 되었을까?
만약, 이글을 읽으시는 여러분은 스티브잡스의 입장에서 볼 때, 한입 베어 먹은 사과를 심벌마크로 사용하신다면 어떤 의미로 살려내겠습니까?

이미 죽은 스티브 잡스에게서 다시 물어볼 수는 없지만, 이제까지 애플사에서 만든 제품을 보면, 조금은 그 의도가 이해가 되기도 합니다.

무슨 의도였을까요?

최근 애플사의 핸드폰은 스마트 폰의 효시이기도 합니다.

그리고 지금 우리가 사용하는 컴퓨터는 애플의 덕분으로 누구나 쉽게 사용하고 있습니다.

지금은 없어진 컴퓨터학원을 기억하실 겁니다.

그 당시에는 컴퓨터학원에서 배우고도 쉽게 사용하지 못했는데, 지금은 누구나 쉽게 쓸 수 있게 만든 것은, 애플에서 개발한 윈도우 방식으로서 애플컴퓨터를 만들어, 미국에서 시장 점유율 85%를 장악한 IBM과 경쟁하면서도, 전체 컴퓨터시장의 수익율 50%를 가졌던 이유였습니다.

그러다가 여러 가지 이유로 IBM에서, 애플의 윈도우 시스템을 매입하여, 예전의 컴퓨터학원서 배우던 도스나 프로그래밍 등의 시스템을 배우지 않고서도, 초보자도 누구나 쉽게 바탕화면에서 그림으로 보듯이, 쉽게 사용하게 된 것입니다.

이렇듯 애플사의 우수한 제품을 보면, 한입 베어 먹다가 놔둔 사과와는 너무나 어울리지 않은 듯 보이나, 그 속에 깃든 스티브잡스의 의도를 알 수 있다면, 그와 충분하게 공감하지 않을까 생각합니다.

죽은 자를 살려서 확인해 볼 수도 없으니, 이것은 저의 의도로서 짐작해봅니다.

아직까지도 다 먹지 않고 남겨서, 한입만 베어 먹다가 놓아둔 붉은 사과로서, 지금까지도 우리들이 어디에서나 쉽게 볼 수 있도록 애플의 심벌마크로 대신하여 놓아두는 이유는, 내가 이렇게 한입 먹은 사과가 너무도 맛이 있으니, 남은 사과처럼 너희들도 이 맛있는 사과를 한번 먹어보시오.

즉 스티브잡스가 개발한 제품을 맛있는 사과를 먹듯이, 즐겁게 사용해 보십시오.

이런 의도로서 먹다 놔둔 사과그림을 사용했으리라 확신합니다만, 확인 해볼 방법이 없으니 55세로 일찍 생을 마감한 스티브잡스가 조금 원망되기도 합니다만, 그러나 그의 생애에서는 어려운 환경이었지만, 세상을 위하여 하고 싶었던 일을 마치고 떠날 수 있었던, 그의 업적과 누구나 쉽게 컴퓨터를 사용 할 수 있게 만든, 그의 철학에 조금이나마 감사하면서 이 글을 마칩니다.

91. 우주 빅뱅과 우리글의 이치, 그리고 삶의 정답

이제까지 여러 글로서 우리글이 표현하고자 하는 의미는 우주의 생성논리와 다르지 않음을 알 수 있었습니다.

그리고 우리글의 자음의 순서와 모음이 가지는 각각의 의미를 살펴보면, 사람이 알몸으로 태어나 배우고 자라면서 삶에 대한 가치를 채움으로서 영적인 진화를 하게 된다는 것을 선명하게 보여주고 있음을 알게 됩니다.

우주생성의 기원은 빅뱅논리를 정설로 인정하고 있습니다.

거대한 우주는 물질로 만들어지기 이전에는 진공으로서만 존재하다가, 어떠한 요소가 충족되지 못함을 스스로 알고서 그 필요한 조건을 충족하기 위하여, 스스로 거대한 움직임으로 일을 시작하게 됩니다.

그 움직임은 거대한 태풍과 같은 ㅇ운동의 회전을 반복함으로서, 밀도는 점점 높아져 서로의 마찰에 의해서 압력과 온도는 상승하게 됩니다.

아주 높은 밀도의 마찰력은 높은 압력과 온도로서 대폭발을 하며, 그 폭발열은 점점 식으면서 물질화를 이루어, 지금의 우주행성들이 만들어졌다는 것이 빅뱅이론입니다.

그래서 그 폭발력의 여파로, 지금도 우주는 회전하면서 팽창하고 있다고 합니다.

이것이 우리글의 ㅇ에서 물질로 만들어지는 ㅁ이 가지는 의미이며, 사람이 어떠한 일을 이루기 위해서 ㅇ의 작용으로 태

를 받아, 알몸으로 태어나는 것을 ㅁ으로 표현되며, 몸을 가
지고 살아가면서 점점 자라게 되는 것으로, ㅂ의 의미로 만들
어졌음을 이미 앞글에서 밝힌 것과 같습니다.

절대적인 완성된 존재를 ㅣ로 표기하며, 미완성의 존재하는 사
람의 의미를 ／, ＼로 표현되며, 이를 모음을 이루는 자기 ㅣ와
상대자와의 만남을 ㅐ와 ㅛ 또는 ∧로 표현합니다.

이렇게 상대적으로 존립하는 관계로 이루어지며, 절대자의 씨
앗으로서 태어난 자신과 상대와의 관계로서, 자신의 발전과
진화의 목적을 이루기 위한 관계로서 함께 살아가게 됩니다.

이것은 부족하고 불완전하여 기울어진 사람의 표현으로 ∧ 에
서 ㅈ으로 자라고 ㅊ으로 채워져, ㅎ과 같이 ㅇ에서 확장된
씀으로 이어지게 되며, 이는 바탕의 ㅇ이 ㅗ와 같이 더욱 위
로 확대발전하게 된다는 것을 표현하고 있습니다.

이렇게 우리글은 태초로부터 인간으로서 부족한 사랑을 배우
고 자라서, 채운 것을 씀으로 이루어지는 ㅇ적인 향상을 위하
여, 태어나 존재하는 삶의 지침을 가르쳐주고 있습니다.

우리글이 이렇게 매일 사용하면서도, 의미를 가진 부호라는
것을 모르고 살아 왔습니다.

자음과 모음이 가진 각각의 의미는, 부호로서 조립되는 질서
에 따라 전달하는 메세지를 이루게 됩니다.

우리글의 속에 들어있는 의미를 찾아서 살펴보면, 틀림없는
뜻글자임을 누구나 쉽게 알 수 있습니다.

그러나 아무도 그 뜻을 찾지 않아 알지 못하여 이해하지 못
하는 이유는, 지금까지 앵무새처럼 따르는 훈민정음에서의 자

음은 혀 모양을 본떠서 만들었다고 했던 이유입니다.

그러나 지금까지의 글에서 밝혔듯이, 우리글이 뜻글이 아니라고 할 수 없을 만큼, 사용하는 순서조차도 철저하게 삶의 지침으로서 방향을 제시하고 있습니다.

세종대왕께서 훈민정음의 창제는 우주와 자연과 삶을 통찰하는 관점에서 창제하였다고 밝혔으나, 자음과 모음이 가지는 각각의 의미와 구조는, 훈민정음에서 전혀 언급하지 못하였음을 지적하고, 이 글에서 사용예와 구조를 이루는 이치를 설명하고 있습니다.

흔히 인생의 정답이 없다고 합니다만, 아닙니다.

틀렸습니다. 각각의 정답을 모르거나 서로 다르다고 해서, 없다고 단정해서는 안 됩니다.

지금까지 너무나 흔하게 사용하고 있는 우리글을 살펴보면, 너무나 선명하게 인생의 정답을 보여주고 있습니다.

이제까지 살면서 인생의 정답이 없다고 단정하여, 더 이상 정답을 찾으려는 노력을 하지 않고, 포기하였던 것이라는 것을 알 수 있습니다.

사물을 볼 수 있는 사람의 눈은 가시광선이나, 가시거리로서 육안의 한계를 가지고 있습니다만, 가시광선의 파장을 크게 넘어서거나, 미시적인 파장으로서 사람의 육안으로는 볼 수 없는 빛의 파장은 아주 많습니다.

가시거리도 마찬가지입니다. 손가락을 눈동자 앞에 가까이 대어서 보면, 아주 가깝게 두고 있음에도 볼 수 없으며, 아주 멀리 있어도 볼 수 없다는 것을 알 수 있습니다.

이렇듯 가시거리 이상이나 이하의 거리에서는 아주 많은 것들이 존재함에도, 우리는 알지 못한다고 해서 존재하지 않는다라고 할 수는 없습니다.

인생의 정답도 이와 같아서 보이지 않는다고 해서, 정답이 없다라고 해서는 안 되는 것입니다.
다만 모를 뿐입니다.
모르면 물어야 합니다.
누구든 아는 자를 찾아 물어야 합니다.
포기하지 않고 스스로에게 갈구하며 묻지 않으면, 그 해답은 찾을 수 없습니다.
인생의 정답은 없는 것이 아니라, 모른다고 생각하는 자는 정답을 찾으려고 애쓰며 살아가게 됩니다.
인생에는 정답은 없다라고 단정하며 살아가는 자는, 정답을 보거나 경험을 하고서도 찾지도 않으며 알지도 못하여, 자식에게도 전해줄 수 없는 삶을 살아가게 됩니다.
이렇듯 인생의 정답이 없다거나, 정답이 있다라고 하는 생각이 서로 다른 조그만 차이에서, 살아가게 되는 삶의 결과는 아주 다르게 나타나게 됩니다.

우리가 어릴 때부터 흔히 쓰는 우리말과 글의 의미도 바라보는, 관점에 따라서 가지는 결과도 마찬가지이며, 포기하지 않고 묻는 자에게는, 이와 같이 삶의 큰 지혜를 보여줍니다.
우리글은 이어서도 보며, 풀어서도 보며, 겉과 속을 살펴보는 것으로, 참된 삶의 지혜와 방향으로 이루게 하는 정답을 알게 하는, 경전과 같다고 할 수 있습니다.

92. 기공수련을 시작할 때

많은 분들이 기공에 대해서 관심을 가지고 있으나, 선뜻 이루어지지 않는 것은 여러 곳에서 각기, 다른 얘기를 함으로서 망설이는 경우가 많습니다.

그리고 지금처럼 글을 읽으면서도 가능할까라는 의심이 또한 스스로의 수련을 어렵게 하고 있습니다. 가장 쉬운 법은 종교도 마찬가지입니다만, 가장 첫째의 단계는 "된다"라는 "믿음"이 필수 조건입니다.

의심을 하는 만큼 스스로의 수련을 어렵게 하는 것입니다.

혼자서 수련을 하다가 어떻게 잘못되는 경우는 없을까하고 걱정하지 마십시오. 이 우주의 법칙은 콩 심은데 콩이 나는 법입니다. 스스로의 수련을 바른 마음, 바른 자세, 바른 삶으로서 살아가고 또한 수련할진데, 절대자라 할지라도 어찌 콩 심은데 팥이 나게 되겠습니까?

스스로의 수련을 하다가 궁금하거나, 의외의 신기한 체험을 하시게 되시면 지도를 받도록 하십시오.

둘째의 단계는 기공을 배우겠다고 마음을 정하셨다면, 밝은몸의 지도를 믿고 따르는 것입니다.

나중에는 성숙하여 밝은몸과 함께 있으려 해도, 떠나보내야 하는 단계도 있습니다.

아무쪼록 이런 단계까지 성숙되기를 진심으로 기원 드립니다.

93. 독자를 위한 기 체득 7일간의 프로그램

지금까지 혜자는 기氣를 사용하여 공부하고 있으며, 방법은 직접 그리고, 간접적인 즉, 유위법과 무위법으로서 또는, 스스로와 저절로의 방법으로 일상적인 생활을 하고 있습니다.

'밝은몸 기 문화원' 카페를 방문하시는 많은 분들께서 아직도 기를 체험하지 못하여, 기를 이해하는데 있어 많은 어려움이 있음을 알고, 오늘부터 일주일간 집중적으로 기를 체득할 수 있는 방법을 알려드립니다.

물론 하지 않으실 분은 하지 않아도 됩니다.

그러나 꼭 체험정도가 아니라, 체득으로까지 이르게 되므로 가능한 많은 분들의 동참을 권합니다.

체험하시면서 궁금한 것은 게시판을 이용하시면, 답변과 설명으로 알려 드리겠습니다.

정해진 시간에 함께 하시면, 기의 성질은 증폭하므로 수월하게도 됩니다.

매일 게시판으로 방법을 지도하므로, 번거롭더라도 정성으로 배우시기를 당부합니다.

이미 기를 체험 또는 체득하신 분은 함께 하시면, 이제까지와 다른 새로운 경험을 하게 되므로 동참을 권합니다.

기체득 강좌 - 첫째 날
반갑습니다.

지금부터 첫째 날의 강좌를 시작하겠습니다.

우선 지금 계시는 주변을 둘러보시고, 정리정돈 하십시오.

방석이 있으면 준비해 앉으시고, 얇은 담요라도 접어서 앉으시면 좋습니다.

자리의 위치는 중심에 앉거나, 벽을 가까이 마주하거나 기대는 것은 좋지 않습니다.

편안하게 앉아 허리를 펴고, 아주 편하게 몸을 비틀거나 움직여 보십시오.

온몸에 힘을 빼고, 목을 돌려보시고, 팔도 흔들어 긴장을 풀도록 하십시오.

가만히 앉아서 천천히 눈을 감고 서서히 팔을 들어, 앉은 무릎위의 배꼽높이의 정도로 올려서, 두 손은 손바닥이 아래로 향하며, 무릎 앞의 모닥불을 쬐듯이 45도 정도로 세우고, 두 손의 간격은 10Cm 정도를 띄우면 됩니다.

어깨를 펴고 허리를 펴도록 하십시오.

어깨를 움직여 긴장된 힘을 다시 빼도록 하십시오.

눈을 감고 모닥불을 쬐는 듯 하는 자세로서, 가만히 손끝으로 감각을 모우도록 하십시오.

손이 차갑거나 따뜻함을 느끼기도 하지만, 자석과 같이 밀거나 당겨지기도 합니다.

이런 느낌이 올 때까지 기다리면서, 손끝에 감각을 모으고 관찰하시면, 천천히 손이 저절로 당기거나 밀리듯이 움직이게 되는 것을 알게 됩니다.

그냥 속으로 움직임을 느끼면서, 계속 움직임대로 손을 움직이며 따라 가십시오.

기의 실체를 완전하게 익히고, 혼자서도 할 수 있도록 계속하여 기감을 익히셔야 합니다.

오늘은 밤 11시 부터 12시 까지 혜자와 함께하면서, 메세지를 전하므로 편안하게 시도하십시오.

정해진 자세는 없으나, 편안하게 마음의 문을 여는 것이 중요합니다.

특별한 체험이나 느낌과 궁금한 것은 계속하여 메모해 두시면, 나중에 저절로 해결된다는 것도 알게 됩니다.

이글을 읽고 머리로 기억하는 것보다 반복하여 연습을 해보시고, 자연스럽게 기운의 흐름대로 따라서 손을 움직여 가시면 쉽습니다.

반복하는 것도 중요하지만, 한번을 하더라도 깊게 하는 것이 효율적입니다.

금방 포기하지 마십시오.

어려운 것이 아니며, 모르는 이유이므로 긴가민가하므로 천천히 기다리시면 됩니다.

오늘은 이것으로 지도를 마칩니다.

밤 11시에 기로서 만납시다.

※ 긴가민가 = 기인가? 미는 것인가? 라는 뜻으로서, 기는 밀고 당기는 힘의 작용을 하며, 기는 작용하는 힘의 속에는 정보를 가지고 있으며, 주고받을 수 있습니다.)

둘째 날 기체득 강좌 - 기 동작유도회로를 사용하는 방법

기동작 유도회로는 책의 뒤쪽에 있으며, 에너지 작용을 하므로 직접 사용할 수 있습니다.

<동작유도회로>

컴퓨터의 화면이나 프린트로 출력하셔서 앞에다 두고, 손으로 불을 쬐듯이 하면 발생된 기가 전달되므로, 손과 어깨의 힘을 빼고 살며시 들고 있으면, 저절로 손이나 몸이 움직이게 됩니다.

빨리 작용되는 분과 아주 느리게 움직이는 분이 있으므로, 포기하지 마시고 기다리면 됩니다.

눈을 감고 손으로 기를 감지하게 되므로 손에다가 관심을 집중하십시오.

기는 차갑거나 따뜻하기도 하지만, 밀고 당기는 작용을 하므로 밀리면 밀리는대로 밀려나시고, 당기는 기운을 느끼시면 당겨지면서 적극적으로 기운을 따라 움직여 가십시오.

그러면서 천천히 손이 움직이거나, 몸이 뒤로 밀리는 것을 알 수 있으므로 참지 마시고, 앉아서 할 경우에는 몸을 뒤로 밀려가면 누워지게 되므로, 다시 앉아서 새로 시작하십시오.

평소의 허리가 좋지 않으신 분이나, 오래 앉아 있지 못하는 분에게 많이 나타나는 현상이며, 계속하시면 허리가 아주 좋아지게 된다는 것을 직접 확인할 수 있습니다.

혼자서도 할 수 있도록 완전히 체득하셔야 합니다.

첨부된 동작유도회로(별첨)를 깨끗하게 잘라서 방바닥에 놓고, 반가부좌나 편하게 앉아서 회로를 무릎 앞에다 두시고,

손으로 불을 쬐듯이 하면 됩니다.

처음에는 눈은 감는 것이 쉬우므로, 손끝에 감각을 집중하면서 몸에서 일어나는 현상을 관찰하십시오.

혜자가 함께한다는 것을 명심하시고, 정성으로 이루도록 하십시오.

동작유도회로는 수명이 작용하므로, 일정기간의 이후에는 효력이 약화되므로, 스스로 기체득을 하셔야 하는 이유입니다.

본인이 사용하는 동작유도회로는 본인과 이어진 작용을 하므로, 구기거나 접지마시고, 회로의 위에 다른 물건을 얹지 말고, 정결하게 보관하십시오.

기를 체득 후 일주일이 지나서는 불에 태우면 도움이 됩니다.

궁금한 것은 언제든지 물어보셔서, 답답함을 풀어주십시오.

오늘부터 6 일간 매일 지도 됩니다.

셋째 날 기체득 강좌 - 공부는 혼자서 하는 것

오늘이 삼일 째 되는 날입니다.

오늘은 혼자서 가는 지도입니다.

잠시 주변도 둘러보며 길을 가듯이, 천천히 자신을 살펴보십시오.

지나온 과거도 돌이켜 보고, 다가올 미래도 계획하면서, 천천히 첫째 날의 지도부터 다시 해보는 날입니다.

앞으로만 나아간다고 빠른 것은 아니다 는 것을 알고서, 철저해지는 배움의 날입니다.

혼자서 조용히 점검하시고, 정리하면서 계속 이어가십시오.

혜자는 조용히 물러갑니다. 내일 뵙겠습니다.

넷째 날 기체득 강좌 – 오늘은 이 글을 읽고 기동작을 하십시오.

나는 한마디의 말도 하지 않았다는 석가 부처님은, 깨달음으로 이루는 길을 안내하였던 안내자입니다.

수없이 많은 설법을 하셨던 부처님은 무엇을 말하지 않았다는 것일까요?

말하고 싶었던 것은 무엇일까요?

그렇게 많은 법문과 경전으로도 전할 수 없었던, 진실로 전하고 싶었던 것은 무엇이었을까요?

오늘은 이글을 읽고, 기동작을 하십시오.

다섯째 날 기체득 강좌 – 혜자가 처음으로 기동작을 했던 날

지금으로부터 시간이 흘렀지만, 그때의 기억은 아직도 생생합니다.

오늘 기체험 다섯째 날에 왜 옛날이야기를 하는가하면, 그때 처음으로 경험했던 신기함과 호기심으로 지금까지 지내오면서, 그때의 기회가 얼마나 중요한가는 지금까지 한 번도 잊지 않았기 때문입니다.

우리는 보석을 호주머니 속에서 잠재우듯이, 있는 줄을 아는 듯 모르는 듯 그렇게 살아가고 있습니다.

왜냐하면 보석의 가치를 모르기 때문입니다.

아직도 세상에서는 기(氣)가 있다 없다 로, 또는 건강이 어떻다거나 종교적인 관점과 다르다 고해서 이러쿵저러쿵 하는 현실입니다.

그러나 빛과 소리와 정보의 에너지로서 이루어진 기氣는, 우리가 생각하는 그 이상이라는 것을 지금부터 스스로 확인할 수 있습니다.

기는 미명의 어두움을 밝히는 빛으로서, 서로 이어져 작용하게 되는 소리, 즉 에너지로서 진리와 생명의 메세지를 우리에게 전하여 성숙하게 하는 작용으로서 실질적이며, 실제적으로 우리의 몸을 통해서 표현되고 있습니다.

우리의 생각으로는 규정할 수 없다는 것이, 이제까지 공부해온 혜자의 생각입니다.

그렇다면 가보지 않은 길을 어떻게 가는가라고 반문할 수도 있습니다.

그렇습니다.

그러나 아주 정확하게 알 수 있는 확신은, 지금까지 살면서 기를 모르고 살았을 때와 기를 공부하면서 지나온 길을 비교하여, 얼마나 많이 차이로 변하였는가를 살펴보는 것으로도 충분합니다.

오늘이 5일째 되는 날입니다.

오늘과 5일전의 생각의 차이를 비교하면서, 스스로에게 물어보시고 기동작으로서 전해주는 해답을 얻어 보십시오.

여섯째 날 기체득 강좌 - 오늘은 실전으로

오늘까지 배운 것으로도 충분하게 쓸 수 있을 정도가 되었습니다.

주변의 친한 분과 함께 시험해 보십시오.

손바닥을 펴고 상대방의 등에 손을 얹고, 가만히 기운을 느껴보십시오. 직접적으로 닿지 않아도 됩니다.

손끝에서의 감각과 감정의 변화를 읽어 보십시오.

아주 천천히 하시면 됩니다.

통증이나 야릇한 기분, 그리고 답답함 등의 여러 가지의 느낌을 느낄 수 있습니다.

그렇게 느끼시면 좀 더 세밀하게 상대방의 어느 곳에서 발생하는가를 찾아보십시오.

나중에는 손을 쓰지 않아도 됩니다.

그냥 바라만 보아도 가능합니다.

더 나중에는 그냥 그를 생각하는 것으로도 충분합니다.

먼 거리에 있더라도 알 수 있으며, 변하게 할 수도 있으므로 차근차근 알아가도록 하십시오.

이제 약속한 날짜가 하루 남았습니다.

앞으로 이런 기회가 다시 올지는 모르겠습니다만, 이번의 기회가 얼마나 중요한가는 곧 스스로 알게 됩니다.

일곱째 날 기체득 강좌 - 기 체득을 마무리 하며

자리를 정하고 가만히 앉아서, 일주일간의 공부를 정리하십시오.

시작이 있으면 마무리가 있듯이, 오늘은 마무리의 날입니다.

밝은몸 기 문화원의 배움과 지도는 기氣로서 합니다.

기氣를 익히지 못하면, 한걸음도 나아갈 수 없다는 것을 알고 부족한 것이 있다면,

스스로 반복해서 익히도록 하십시오.

"사랑과 사람은 서로 이어진 글로서 사람은 겉이고 사랑은 속이니라.

사람에게 속았다는 것은 사랑에 속은 것이므로, 사랑도 변하니라"

94. 기(氣)와 회로(回路)
- 직접 기를 쓰세요

기(氣)

세상은 기(氣)로서 이루어진

애정과 열정으로 살아가는 서로 이어진 햇볕과 같아서

함께하게도 하고, 나누게도 하고, 도와주게도 하고, 알리게도 하고, 자라게도 하고, 열리게도 하고, 두게도 하고, 서로서로 사이좋게도 하고, 도란도란 애기꽃이 되기도 하고, 소란하고 주장하게도 하고, 아무도 모르게 일하는 일꾼이지만, 일속에서 보람되는 정열이기도, 바라는 것 채워주는 주인이기도, 아침 잠속에서 꿈꾸듯이 장소 가리지 않는 자유로운 영혼이다.

짐 속의 힘이며, 힘 속에 지어지는 집이며, 집 속에 살아가는 몸이며, 운명으로 책처럼 묶여 소리 없이 일하는 영혼이다.

열면 보이는 문이며, 문 열고 들어가면 방이며, 방 속에 있는 점이며, 보여주지 않아도 알아보는 지혜이며, 환생하는 자의 모자람이며, 할아버지의 할아버지로부터 물려받은 유전자이며, 장바구니속의 생선이며, 할 말 못하지만 전할 수 있는 메세지이며, 휘여서 가기도 꼬여서 가기도 하는 뒤틀림이며, 만족하게 하는, 포기이기도 하는, 속에서 일어나 겉으로 보여주려는 몸짓이기도하는, 아프게 하기도 하는, 약하게 하기도 하는, 독보다 강하게 하기도 하는 속성을 지닌 변화로 지도하는 영

혼의 스승이기도 하는

기(氣)는
무애와 무아와 무진장으로 살아가는
운영과 운명으로 천지창조하는 절대자로서
봄으로 소생하게 하고
열중하므로 자라게 하는 여름이며
저절로 고개 숙이는 가을이며
도와주는 겨울이기도 하는
발 없이도 일하는 사람속의 사랑이다.

사랑은 사람에게도 만물에게도 살피는 자에게만 가질 수 있
는 형체 없는 정으로서, 아래와 위와 앞과 뒤와 안과 밖으로
이어져 흐르는 문으로 이루어진 방이라고 하는, 자랑하지 않
아도 편안하고 소용 있는 자리로서
몸집 속에 몸을 바로 보면 몸이며,
옆에서 보면 맘이며,
안에서 보면 옴이며,
위에서 보면 움이라고 하는,
모든 자에게도 모난 자에게도 모르는 자에게도, 마약이 되기
도 마음의 약이기도, 되게 하면서도 신처럼 군림하지도, 산처
럼 보여주지도, 물처럼 속을 감추지도 않고, 그저 그렇게 존
재하는 속을 보면, 사랑은 사라지지 않고 살아가는 이유를
기(氣)로 보면 기가 되고
소(素)로 보면 소가 되며
나로 보면 나가 되는

소나기같이 소와 나와 기는 같다라고 할 수 있습니다.

기는 모아야(축기) 쓸 수 있는 것이 아니라, 모 이어서 보면
같다는 뜻으로 보아야 영력으로 작용합니다.
매일 기수련하시는 분은 지금부터 축기하지 마십시오.
명문혈 막히게 됩니다.
매일 풀도록 하십시오.

풀지 않으면 한이 되며 한은 차가운 작용을 하므로 처음에는
따뜻하다가 나중에는 차가운 몸으로 변하는 분은 오늘부터
재미있게 살아가시면 몸은 대답하게 됩니다.
병(病)속에 명(命)들어 있으므로 잘 보면 보이게 됩니다.
부디 건강보다는 영혼의 질을 키우도록 하는 것이 훨씬 수월
합니다.
지금부터 세상에서는
애정과 매정과 열정과 인정으로 배운자로서 배운 도리를 전
하고자 합니다.
문 속은 어둡지만, 문 밖은 밝은 것이 당연합니다.
보지 않아도 알 수 있습니다.
속지 않게 됩니다.
보채지 마십시오.
충분한 자신과의 대화로서 기에 대한 앎과 씀이 됩니다.

95. 제1권을 마치며

우선 쉽지 않으며 생소한 내용을, 끝까지 읽어 오신 분들께 감사의 말씀을 드립니다.

이 책에서의 많은 글들은 어느 누구에게서도 들을 수 없는 새로운 내용들이며, 그 내용이 많아서 아쉽게도 한권의 책으로는 집필한 내용을 다 담지 못하여, 두 권의 책으로 나누어 발간하게 되었습니다.

여기에 쓴 글들은 잠시의 짧은 시간으로 스쳐지나가는 생각으로 이루어진 글이 아니라, 30년이 넘는 아주 오랫동안 깊은 내면의 세계를 명상을 하면서 알게 된 내용입니다.

그래서 혹시 여기의 글을 임의로 사용하더라도 출처를 밝히고 사용하시기를 바라며, 영업적인 효과를 얻을 수 있는 내용은 저자와 꼭 협의하여 주시기 바랍니다.

앞으로 우리말과 우리글에 대한 깊은 관심을 가지고 살펴보면, 미처 알지 못하는 것들이 아주 많음을 알 수 있습니다.

아직은 그 이치와 내용이 숨겨져 알지 못하고 있으나, 금광처럼 찾을수록 빛나는 광맥을 발견하는 재미와, 큰 지혜와 보람을 가지게 된다는 것을 장담할 수 있습니다.

제1권에 이어 제2권에서는 우리글의 세부적인 의미와 사용례와, 삶의 지혜에 대해서 연장되는 내용으로 엮었으므로, 많은 기대와 관심을 부탁드립니다.

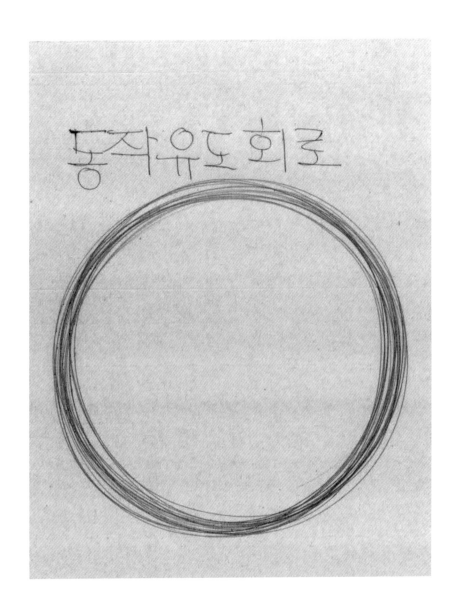

동작유도회로

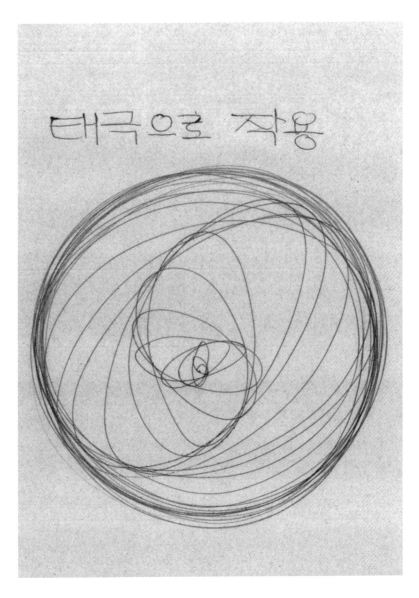

태극으로 작용

※ 반복되는 원운동에서 작은 각도의 뒤틀림으로 이루어지는 태
극은 각각의 ○으로의 개체분리를 하게 된다.

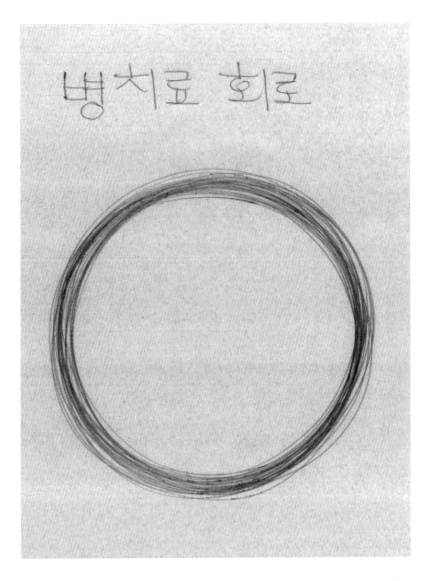

병치료 회로

※ 기를 습득하신 분은 병치료회로를 앞에 두고서 기대사를 하시면, 병치료회로에 담긴 병을 치료할 수 있는 기를 습득하게 되며, 병을 치료할 수 있는 치료능력을 가지게 됩니다.

- 끝 -

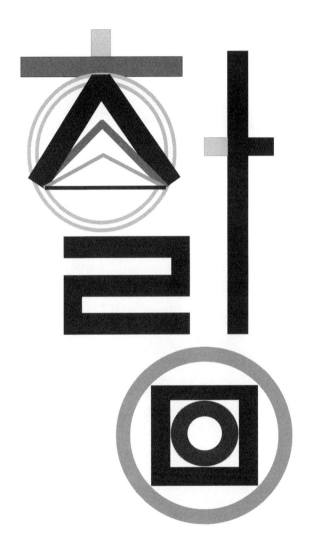

※ 사람이 살면서 자라며 채운 참으로, 사랑을 이루게 되는
과정을 기호로 나타낸 도형입니다.